21世纪高等学校工商管理类系列教材

新编基础会计学

刘建徽 主 编

马锦前 王雅军 副主编

U0912861

西南師範大學出版社
国家一级出版社 全国百佳图书出版单位

图书在版编目(CIP)数据

新编基础会计学/刘建徽主编.—2版.—重庆:
西南师范大学出版社,2012.3
ISBN 978-7-5621-5698-7

Ⅰ.①新… Ⅱ.①刘… Ⅲ.①会计学 Ⅳ.①F230

中国版本图书馆CIP数据核字(2012)第055902号

新编基础会计学

刘建徽 主编
马锦前 王雅军 副主编

责任编辑:李 红 张浩宇
封面设计:汤 立
版式设计:汤 立
出版发行:西南师范大学出版社
地址:重庆市北碚区天生路1号 邮编:400715
http://www.xscbs.com E-mail:xscbs@swu.edu.cn
电话:(023)68860895 传真:(023)68208984
印 刷:重庆紫石东南印务有限公司
开 本:787mm×1092mm 1/16
印 张:16.25
字 数:350千字
版 次:2012年4月 第2版
印 次:2017年4月 第6次印刷
书 号:ISBN 978-7-5621-5698-7
定 价:38.00元

前言

基础会计学是会计学专业的一门基础骨干课程，同时也是经济管理专业重要的基础课程。由于会计是一门实践性和政策性都很强的学科，因此随着经济环境的变化和新企业会计准则及随后的一系列会计规范的出台，需要对会计教学内容和教学方法作相应的调整。《新编基础会计学》依据财政部 2006 年 2 月 15 日颁布的《企业会计准则 2006》以及随后发布的《企业会计准则——应用指南 2006》，系统地阐述了会计的基本原理，包括会计的确认、计量、记录、报告的基本理论与方法，为初学者进一步学习会计专业的其他后继课程奠定坚实的基础。

本书是在第一版的基础上，结合我国近期出台的一系列相关规范改编而成。

本书的主要特点如下：

(1)以会计学的基本原理和方法为编写主线。本教材的主要内容包括总论、会计科目与账户、复式记账、制造业企业经济业务的核算、账户的分类、会计凭证、会计账簿、财产清查、财务报表、账务处理程序、会计工作的组织等十一章，系统地阐述了会计的基础理论与实务。

(2)本教材在对会计基本原理的论述过程中，充分体现了最新的会计规范与研究成果，并根据财政部颁布的《企业会计准则 2006》，对会计基本理论作了较大幅度的充实与更新。例如，对有关会计的目标、会计信息质量要求、会计确认与计量以及会计要素等内容，都进行了及时更新和增补。

(3)《新编基础会计学》教材能与《中级财务会计》、《税务会计》更好地衔接。本次再版汲取了最新的增值税改革相关规定，并对教材相关内容作了进一步完善和修订。同时，尽可能地反映了编制会计凭证、登记账簿等会计实务操作的内在联系，使初学者易于理解。

(4)在编写体例上注重启发学生对会计基本知识的学习与领悟。为便于学生把握总体内容和重点知识，巩固所学内容，每章都配有“学习目标”、“本章小结”、“思考题”和“练习题”。

本书既可作为高等院校会计学专业的基础课教材，也可作为相关专业的基础课教材，还可作为各类成人教育(如函授教育、网络教育)的教材和广大会计从业人员的自学参考书。

本书由西南大学经济管理学院教师刘建徽担任主编，西南大学经济管理学院副教授马锦前和王雅军任副主编。各章撰写的具体分工如下：王雅军撰写第一章；刘建徽撰写第二、三、八、十一章；马锦前撰写第四、五、六、七、九章；王晓芳撰写第十章。刘建徽对全书进行总体修改与定稿。

本书在编写过程，虽借鉴了同类教材的先进经验，并结合作者长期教学的经验，但疏漏和不足之处在所难免，恳请读者批评指正。

编　者

2012年3月

目录

第一章 总论

【学习目标】

◇ 了解会计产生和发展的历史。
◇ 理解会计的目标和会计的基本职能。
◇ 深刻理解会计基本前提和会计信息质量的要求。
◇ 了解会计核算方法。

第一节 会计与会计学

一、会计的定义

会计是人类社会发展到一定阶段的产物。它随着生产的发展、经济管理水平的提高和科技的进步，经历了一个从低级到高级、从简单到复杂、从不完善到逐步完善的演进过程。会计的定义，即对会计本质的认识，是人们对会计这一事物根本性质的认识。随着会计的不断发展，人们对其本质的认识也是不断变化的。

在我国，“会计”一词最早出现在西周。清代学者焦循在《孟子正义》一书中将会计解释为“零星算之为计，总合算之为会”，就是“月计岁会”的意思。这反映了人们当时对会计的认识。新中国成立以来，我国会计理论界对会计本质的认识，归纳起来主要有以下几种观点：

第一种观点是"方法论"。这种观点认为,会计是一种技术方法。它是以货币为主要计量单位,进行连续、系统、全面的记录和计算的方法,即记账、算账和报账的方法。

第二种观点是"工具论"。这种观点认为,会计是管理经济的一种工具。它主要运用货币形式,通过记账、算账、报账和用账等方法,核算和分析企业和行政、事业单位的经济活动或财务收支,反映和监督经济过程及其成果。

第三种观点是"信息系统论"。这种观点认为,会计是一个以提供财务信息为主的经济信息系统。"信息系统论"把会计对各种经济活动的数据进行汇集、加工、整理和提供看作是一个信息系统,把会计部门看作是企业的一个服务部门,为企业管理当局进行管理决策和有效经营提供信息,为企业外部会计信息使用者提供其决策有用的信息。

第四种观点是"管理活动论"。这种观点认为,会计是一种价值管理活动。会计是用货币量度对经济业务进行计量、计算、记录、分析和检查,提供反映经济活动的有关信息,但提供有关的会计信息资料,并不是会计的目的,而是会计的手段。会计的目的在于通过所提供的信息资料,加强对经济活动的管理,以提高经济效益。

综上所述,会计的定义可以概括为:会计是以货币作为主要计量单位,反映和监督一个单位经济活动的一种经济管理工作。

二、会计的产生和发展

在人类社会中,生产活动是最基本的实践活动。人类要生存,要使社会发展,就必须进行物质资料的生产。生产活动一方面要创造物质财富,另一方面又要发生劳动耗费。如果生产的东西扣除消耗以后没有多余,社会就无法发展;反之,如果有多余,再生产就能在扩大的规模上进行,社会就能不断地发展。为此,人们在生产中必然非常关心自己的劳动耗费和劳动成果,总是力求以尽可能少的耗费取得尽可能多的成果。为了达到这一目的,必须在不断采用先进生产技术的同时,加强对生产活动的管理,即需要对劳动耗费和劳动成果进行计量、记录、计算和对比,这样就产生了会计。所以,会计是适应社会生产的发展和经济管理的需要而产生的。

在人类社会的发展历史上,会计很早就产生了。在原始社会,人们为具体掌握生产成果和安排生活需要,逐步产生了计数和计算的要求。在文字产生以前,这种计算只是用"结绳记事"、"刻木记数"或凭头脑的记忆来进行。在文字产生以后,人们对物质资料的生产与耗费开始有了专门的记载,这种文字与数字相结合的专门记载,就是最初形态的会计。但是,由于当时的生产力十分低下,生产的规模非常小,因此用来计算生产和耗费的会计极为简单和粗略,它只是生产者在从事生产活动中的一项附带工作。

随着社会生产力的发展和生产规模的不断扩大,社会产品逐渐增多,生产管理日趋复杂,会计的重要性也越来越明显。管理生产活动的会计工作,已经不再是生产者所能胜任的一项附带工作,于是会计便开始从生产职能中分离出来,成为一种特殊的独立的职能。

随着社会生产的日益发展和生产规模的社会化，会计经历了一个由简单到复杂、由低级到高级的发展过程，即从早期对实物数量的简单记录和计算，逐渐发展成为用货币作为计量单位来综合核算和监督经济活动的过程。会计的技术和方法，经过长期的社会实践以及吸收先进的科学技术成果，也逐渐完善起来。

中华人民共和国成立后，为了适应社会主义建设的需要，我国以复式记账为基础的现代会计得到迅速而全面的推广。1985 年颁布了《中华人民共和国会计法》，1992 年～1993 年财政部颁布实施了《企业会计准则》、《企业财务通则》和分行业的企业财务会计制度（以下简称“两则两制”）。从 1997 年起，财政部又陆续颁布了一系列具体的会计准则，还于 1998 年制定并颁布了《股份有限公司会计制度》。1999 年重新修订了《会计法》，2000 年颁布了《企业财务会计报告条例》和《企业会计制度》。2006 年 2 月 15 日，财政部发布了 39 项企业会计准则，这是我国会计改革史上一个重要的里程碑，它标志着适应我国市场经济发展要求，与国际惯例趋同的企业会计准则体系正式建立。

三、会计学及其学科体系

会计学是研究会计规律的一门科学，它是在会计实践不断发展的基础上，总结、概括并上升到理论而形成的一套完整的会计知识体系。会计学是一门经济管理类的社会科学，其内容将随着会计实践的不断发展而更加丰富、充实和完备。会计学的形成和发展极大地指导和推动会计实践的提高和发展。

会计学研究的对象不同于会计核算的对象，它着重研究会计的目标、本质、职能、对象和原则，会计信息处理的方法、程序、技术以及组织。具体地说，会计学主要研究如何正确地输入会计数据；怎样科学地把会计数据转换为会计信息；怎样有效地运用会计信息对企业经营活动进行监督、控制、预测、决策和业绩评价。

会计学肩负的任务在于揭示会计经济信息系统运作的规律，探求旨在更好地发挥会计独特的核算和监督职能而应采取的方法、程序、技术等，从而为提高经济效益服务。

会计学按其研究的主要内容可分为基础会计学、财务会计学、高级财务会计学、成本会计学、管理会计学、审计学、会计信息系统等重要分支。其中：

基础会计学主要阐明会计的基本理论、基本方法和基本技能，探讨会计信息系统的建立、发展和传递，分析会计信息的来源和用途，为其他会计学科提供理论基础。本书就是肩负着这方面的任务。

财务会计学主要阐明会计处理各项资产、负债、所有者权益、收入、费用和利润等的基本理论和方法，它主要包括资产会计、负债会计、所有者权益会计、收入会计、费用会计，以及利润实现和分配会计等。

成本会计学主要阐明成本预测、计算、分析、控制和决策的基本理论和方法，研究降低成本提高经济效益的途径等，主要包括实际成本的计算，成本预测的方法和成本计划的编制，成本决策、成本分析和成本控制，以及目标成本的计算等。

管理会计学主要阐明如何结合企业经营管理，综合地利用企业内部会计信息和有关外部信息的基本理论和方法，以求提高经济效益。它主要包括各种经营业务的计划和控制，责任会计、决策会计，以及成本效益分析等。

审计学主要阐明对经济活动的合法性、合规性、合理性以及效益性进行检查监督的基本理论和方法，主要包括财务审计、经济效益审计和内部审计等。注册会计师事业的兴起和发展有力地促进了这门学科的确立和内容的丰富、发展。

除此以外，会计学的分支还有：专门研究会计产生和发展历史的“会计史”；专门研究探讨会计本质、对象、职能、属性、概念、准则、计量等一系列理论问题的“会计理论”；专门研究会计方法和会计工作组织原则和形式的“会计制度设计”；专门研究外国会计理论和方法，以便有所借鉴的“国际会计”；专门用比较方法研究并阐明中国和外国会计之间异同之处的“比较会计”等等。

会计学是人们长期的会计实践经验的总结和概括。随着科学技术的突飞猛进，社会生产力的空前提高，新技术、新工艺、新产品不断涌现，对会计管理的要求越来越高，会计学的内容必将得到不断的丰富和发展。应当指出，会计学科体系是当前会计理论界正在研究的问题，众说纷纭，尚无统一说法。以上所介绍的各门会计学科是会计学科体系的主要组成部分，这是大家所共识的。

第二节　会计目标和会计职能

一、会计目标

会计目标是指通过会计工作所应达到的目的和要求。会计目标一般可分为两个层次：基本目标与具体目标。

会计基本目标是指在会计工作中处于支配地位、起着主导作用的目标。由于会计是整个经济管理的重要组成部分，会计目标自然要从属于经济管理的总目标，或者说会计目标是经济管理总目标下的子目标。在社会主义市场经济条件下，经济管理的总目标是提高经济效益。因此，作为经济管理重要组成部分的会计工作，也应该以提高经济效益作为基本目标。

会计具体目标是会计基本目标在会计工作中的具体化。会计的服务对象可分为对内和对外两个方面，会计对内和对外的具体目标有所不同。对内的具体目标可以概括为：为内部会计信息使用者提供有用的会计信息，并利用会计信息参与生产经营活动的预测、决策、计划、控制等管理工作。对外的具体目标可以概括为：为外部会计信息使用者提供决策有用的会计信息。在实际工作中，会计对外提供会计信息主要是通过财务会计报告的形式。我国《企业会计准则——基本准则》规定，企业应当编制财务会计报告，财务会计报告的目标是向财务会计报告使用者提供与企业财务状况、经营成果和现金流量等有关的会计信息，反映企业管理层受托责任履行情况，有助于财务会计报告使用者做出经济决策。财务会计报告的外部使用者包括投资者、债权人、政府有关部门和社会公众等。

二、会计职能

会计职能是会计固有的功能，它集中体现着会计本质。由于会计的本质是由生产发展特别是由商品经济对信息的客观需求所决定的，会计的职能（尤其是基本职能）就具有客观性和相对稳定性。从会计产生发展的历史来看，会计的基本职能有两个：核算与监督。

（一）会计的核算职能

会计的核算职能，也称反映职能，是会计的首要职能，也是全部会计工作的基础。任何经济实体单位要进行经济活动，都要求会计提供真实的、完整的会计信息，这就需要对经济活动进行记录、计算、分类和汇总，将经济活动的内容转换成会计信息，成为能够在会计报告中概括并综合反映各单位经济活动状况的会计资料。会计核算具有四个特点：

1. 会计主要核算过去已经发生的经济活动；
2. 会计核算从数量上反映各单位的经济活动状况，以货币量度为主，兼用实物量度及劳动量度；
3. 会计核算具有连续性、系统性和全面性；
4. 会计核算既包括事后核算也包括事中核算及事前核算。

（二）会计的监督职能

会计的监督职能，也称控制职能，是指对特定对象所发生的经济活动的合法性、合理性和有效性，以及会计核算资料的真实性、正确性、完整性进行审核和检查。

会计必须对经济活动全过程的合法性、合理性和有效性进行全面监督。合法性监督，主要是审查各项经济活动是否符合国家的财经政策、财经制度和财经纪律，对于违法乱纪的行为，必须坚决加以制止。合理性监督，主要是审核、检查经济活动在正常或特定的情况下是否应该发生，是否符合事物发展的常理，是否符合经济管理的原理和原则。合法性和合理性监督，主要是为了正确处理国家与企业之间的关系，协调局部利益与整体利益之间的关系，以提高宏观经济效益。有效性监督，主要是从提高企业内部微观经济效益出发，把监督贯穿于经济活动的全过程，检查、评价每项经济活动能否提高经济效益，是否遵守节约原则，有无损失浪费。

会计监督具有以下两个方面的特点：

1. 会计监督主要是通过价值指标来进行；

2. 会计监督既有事后监督又有事中监督及事前监督。

会计核算和会计监督两项职能是相辅相成、不可分割的。会计核算是会计监督的基础，没有核算就无法进行监督；只有正确地核算，监督才能有真实可靠的依据。监督则是核算的继续，如果只有核算而不进行监督，核算也就失去了可靠的保证，就不能发挥会计工作的应有作用；只有严格地进行监督，核算所提供的数据资料才能在经济管理中发挥更大的作用。

核算和监督是会计的两大基本职能，体现了会计的本质特征。随着社会生产力水平的不断提高和生产过程与生产关系的日益复杂化，会计职能所涉及的范围和内容都在发生很大的变化。传统的职能得到不断充实，新的职能不断出现。预测经济前景、参与经济决策、控制经济过程、分析财务状况、考核经营业绩等职能已显得日趋重要，而且正逐渐地形成独立的职能。

第三节　会计对象

一、会计的一般对象

会计对象是指会计所要核算和监督的内容。只有明确了会计对象才能界定会计在经济管理中的活动范围。

在社会主义市场经济中，由于商品货币关系的存在，产品的计算和分配、交换和流通都必须以货币形式进行，货币成为所有商品的一般等价物，一切商品交换都要将货币作为价值尺度，都要通过货币来计量，任何单位的经济活动和财务收支也都要广泛运用一系列价值指标进行核算和监督。因此，在社会再生产过程中，客观地存在着一种价值运动，即资金运动。

社会再生产过程中的资金运动是在国民经济各部门、各企事业单位中进行的。各个企业、事业单位的资金运动，从微观来看是本单位的资金运动，从宏观来看又是社会再生产总资金运动的构成部分。

二、会计的具体对象

为了全面地了解资金的运动过程，从而正确地把握会计对象，需要进一步具体研究国民经济各部门和各类企业、事业单位的资金运动。

工业企业为了进行生产经营活动，必须拥有一定的财产物资作为其物质基础。这些财产物资的货币表现被称为资金。各资金占用项目，会计学上统称为资产。

工业企业资金运动的起点是资金投入。企业的所有者向企业投入的资本金是企业进行生产经营活动的启动资金。另外，在生产经营过程中，企业还可以向债权人负债来形成资金投入。

工业企业利用所有者和债权人投入企业的资金，开展生产经营活动。在生产经营活动过程中，经过供应、生产和销售三个阶段，资金会不断地改变形态，由货币资金转变为储备资金，再由储备资金转变为生产资金和成品资金，最后回到货币资金，如此周而复始地循环周转。

在供应阶段，企业要用货币资金购买各种材料、物资。这时，资金从货币资金转化为储备资金。

在生产阶段，工人利用机器设备对材料进行加工，这时，资金从储备资金转化为生产资金。同时，在生产过程中，一部分货币资金由于支付职工的工资和其他生产费用，也形成生产资金。此外，厂房、机器设备等劳动资料因使用而磨损，这部分磨损的价值也转移到正在加工中的产品上，形成生产资金。产品制造完工以后，资金又从生产资金转化为成品资金。

在销售阶段，企业将产品销售出去，取得销售收入，这时成品资金又转化为货币资金。企业在这部分货币资金中，将一部分以税金等形式上交国家，以及偿还债务和支付投资者利润以后，又用以购买材料物资，支付生产费用，继续进行周转。

工业企业在生产经营过程中，会用货币资金向国家缴纳税金，也会用货币资金等形式向投资者分配利润。此外，还会用资金偿还债务。这样，一部分资金就会退出企业的生产经营过程。

可见，工业企业的资金运动主要包括资金投入、资金循环周转和资金退出三个方面的内容。其他各种从事物质生产的企业，如建筑安装施工企业、农业企业等，其资金运动的具体内容与工业企业基本相同或相似。

在商品流通企业中，资金运动的基本内容也包括资金投入、资金循环周转和资金退出三个方面。但是，由于商品流通企业的经营活动一般只限于流通领域，其经营过程只包括采购和销售两个阶段，因此商品流通企业的资金循环周转与工业企业的资金循环周转有所不同。在采购阶段，用货币购进商品，货币资金转化为商品资金。在销售阶段，将商品销售出去，收到货币，商品资金又转化为货币资金，如此不断循环周转。

在行政、事业单位中，为了完成国家赋予的工作任务，也必须拥有一定数量的资金。这些资金主要来自财政预算，由国家拨给，并按批准的预算来支出，一般称为预算资金。这样，行政、事业单位一方面按预算向国家取得货币或其他形式的资金，另一方面又按预算以货币等形式支付各项支出，形成一收一付的预算资金运动。

综上所述，会计所要核算和监督的内容，就是社会再生产过程中的资金运动。这种资金运动具体到企业，即为经营资金运动，包括资金投入、资金循环周转和资金退出三大方面；具体到行政、事业单位，即为预算资金运动，包括资金收入和资金支出两大方面。

第四节　会计核算的基本前提和会计信息质量要求

一、会计核算的基本前提

在市场经济条件下，会计所面对的经济活动错综复杂，存在着许多不确定的因素。为了使会计工作顺利进行，就必须对会计工作中存在的一些不确定性因素，根据正常情况或者客观需要作出合理的假定或规定。这种假定或规定就是会计核算的基本前提，也称会计基本假设。

会计核算的基本前提是在长期的会计实践中人们逐步认识并加以总结而形成的。我国《企业会计准则——基本准则》明确规定了四项基本前提，即会计主体、持续经营、会计分期和货币计量。

(一)会计主体

会计主体也称会计实体，是指会计工作为其服务的特定单位或组织。

会计主体规定的是会计核算的空间范围。它要求会计核算应当区分会计主体自身的经济活动与其他单位的经济活动；区分会计主体(企业)的经济活动与企业投资者的经济活动。某一会计主体的会计记录和会计报表涉及的只是该会计主体的活动，既不反映企业投资者的经济活动也不反映其他单位的经济活动。只有明确了会计核算的空间范围，才能正确反映某一会计主体的资产、负债、所有者权益、收入、费用和利润情况，才能正确提供反映这一会计主体财务状况和经营成果的会计报表。

会计主体必须具备三个条件：

1. 具有一定数量的经济资源；
2. 进行独立的生产经营活动或其他活动；
3. 实行独立核算。

法人主体是指在政府部门注册登记，有独立的财产，能够承担民事责任的实体。

会计主体与法人主体不是同一概念。一般来说，法人主体必然是会计主体，但会计主体并不一定都是法人主体。任何企业，无论是独资企业、合伙企业还是公司制企业，都是一个会计主体。在企业规模较大的情况下，为了便于掌握其分支机构的生产经营活动和收支情况，可以将分支机构作为一个会计主体，要求其定期编制会计报表。此外，在控股经营的情况下，母公司及其子公司均为独立的法人主体，都是会计主体，但在编制合并会计报表时，也可将母公司和子公司这些独立的法人主体组成的企业集团视为一个会计主体，将其各自的会计报表予以合并，以反映企业集团的整体财务状况和经营成果。也就是说，会计主体可以是法人企业，如国有企事业单位和公司制企业；也可以是非法人企业，如一般独资企业、合伙企业；可以是一个企业，也可以是企业内部的独立核算部门；可以是单一企业，也可以是由若干个企业组成的企业集团等。

（二）持续经营

持续经营是指会计主体的生产经营活动将无限期地延续下去，在可预见的未来（指在资产负债表日后 12 个月内）不会进行清算。它要求会计人员以会计主体持续、正常的经营活动为前提，在此前提下选择会计程序及会计处理的方法，进行会计核算。

持续经营规定的是会计核算的时间范围。会计核算上所使用的一系列会计处理方法都是建立在持续经营前提的基础上的。在持续经营的前提下，企业对它所使用的机器设备、厂房等固定资产可以在预计使用年限内，分期计提折旧费用；对其所负担的债务，如应付款项，企业可以按照约定的条件去偿还。只有在持续经营的前提下，企业在会计信息的收集和处理上所使用的会计处理方法才能保持稳定，企业的会计记录和会计报表才能真实可靠。一旦企业不能持续经营，如破产清算，资产的价值则必须按照实际变现的价值计算，负债必须按照资产变现后的实际负担能力清偿，此时的会计核算不能采用建立在持续经营前提基础上的公认会计原则和会计处理方法。

（三）会计分期

会计分期是指将会计主体持续不断的生产经营活动人为分割为相等的会计期间，据以分期结算账目，分期编制会计报表，从而及时地提供有关会计主体财务状况和经营成果等会计信息。

在持续经营的情况下，要计算企业的盈亏、反映企业的经营成果，从理论上来说，只有等到企业所有的生产经营活动最终结束后才能通过收入和费用的归集进行准确的计算，但实际上，这种做法是不可行的。因为，企业的投资者、债权人、国家财税部门需要及时了解企业的经营情况，需要企业定期提供对决策有用的会计信息。这就需要会计人员人为地将企业持续不断的经营活动划分为若干个相等的期间来计算利润，反映企业的财务状况和经营成果。这种人为的分期就是会计期间。

会计期间通常是一年，称为会计年度。会计年度可以与日历年度相一致，也可以不一致。我国会计法规定以日历年度作为企业的会计年度，即以公历 1 月 1 日至 12 月 31 日为一会计年度。每一会计年度还可具体划分为半年度、季度和月度。半年度、季度和月度均称为会计中期。

会计期间的划分对于确定会计核算程序和方法具有极为重要的作用。由于有了会计期间，才产生了本期与非本期的区别；由于有了本期与非本期的区别，才产生了权责发生制和收付实现制，才使不同类型的会计主体有了记账的基准。

会计期间的划分，使企业连续不断的经营活动分为若干个较短的会计期间，有利于企业分期结算账目、编制会计报表，及时对外提供会计信息，满足企业内部加强经营管理和其他有关方面进行决策的需要。

（四）货币计量

货币计量是指企业在会计核算过程中采用货币作为计量单位，记录、反映企业的经营情况。

企业的生产经营活动既有实物运动又有价值运动。由于不同生产要素的耗费在量上无法比较，为了全面反映企业的生产经营活动，会计核算客观上需要一种统一的计量单位作为会计核算的计量尺度。在商品经济条件下，货币是商品的一般等价物，是衡量一般商品价值的共同尺度。货币具有价值尺度、流通手段、价值贮藏手段和支付手段的功能。因此，会计核算就必然选择货币作为会计核算上的计量单位，以货币形式来反映企业生产经营活动的全过程。

由于人民币是我国法定的货币，在我国境内具有广泛的流通性，所以，我国会计法规定，会计核算以人民币为记账本位币，业务收支以某一种外币为主的企业，也可选定某种外币作为记账本位币，但编制和提供会计报表时，应当折合为人民币反映。对于在境外设立的企业，一般是以当地的币种进行经营活动，用当地的币种进行日常会计核算。但是，为了便于国内有关部门了解企业的财务状况和经营成果，在向国内报送会计报表时，应当折合为人民币反映。

以货币作为统一的计量单位，包含着币值稳定的假设。在商品经济条件下，由于货币本身是商品，因此其价值（币值）并不是一个固定的常量，而与价格间存在着一定程度的背离。选择货币作为会计计量单位，必须假定币值本身是稳定的，或基本稳定的，其波动幅度不至于使会计计量结果偏差大到使会计信息使用者在应用时产生误解。只有以币值稳定为前提，选择货币计量单位作为会计核算的尺度才具有现实意义。

二、会计信息质量要求

会计的目标是通过对经济活动的确认、计量、记录和报告，向会计信息使用者提供有助于其进行正确决策的会计信息。因此，会计信息质量的高低直接影响会计目标的实现程度。为了保证会计信息的质量，我国《企业会计准则——基本准则》明确规定了可靠性、相关性、可理解性、可比性、实质重于形式、重要性、谨慎性和及时性八项要求。

(一)可靠性

可靠性要求企业应当以实际发生的交易或者事项为依据进行会计确认、计量和报告，如实反映符合确认和计量要求的各项会计要素及其他相关信息，保证会计信息真实可靠、内容完整。

可靠性是对会计信息质量最基本的也是最重要的要求，离开了可靠性，会计信息也就成了一大堆毫无意义的虚假数字，会计的作用也就无从谈起。可靠性原则要求在确认会计事项时必须依据真实的经济活动，会计的计量、记录和报告不得伪造，会计报告必须如实反映情况，不得掩饰。

(二)相关性

相关性要求企业提供的会计信息应当与财务会计报告使用者的经济决策需要相关，有助于财务会计报告使用者对企业过去、现在或者未来的情况作出评价或者预测。

相关性也是会计信息的基本质量要求。相关性要求在收集、加工、处理和提供会计信息的过程中，必须充分考虑包括债权人、投资者、国家有关职能部门和企业内部管理当局等会计信息使用者的信息需求，做到有的放矢。

(三)可理解性

可理解性要求企业提供的会计信息应当清晰明了，便于财务会计报告使用者理解和使用。

提供会计信息的目的在于使用，要使用会计信息首先就必须了解会计信息的内涵，弄懂会计信息的内容，否则，就谈不上信息的使用。可理解性要求账簿记录必须以审核无误的会计凭证为依据，账户对应关系清楚，文字摘要简明扼要，数量关系正确，记录、计算发生错误时应按规定的要求更正；会计报表按要求编制，对需要说明的重要事项应力求简明易懂。

(四)可比性

可比性要求企业提供的会计信息应当具有可比性。

可比性要求同一企业不同时期发生的相同或者相似的交易或者事项应当采用一致的会计政策，不得随意变更。确需变更的，应当在附注中说明。企业在会计核算中，对经济业务的发生存在多种处理方法，如存货发出的计价、折旧的计提就有多种方法可供选择。但为了保证指标的可比性，提高会计信息的使用价值，要求采用的方法应有连续性，前后各期应保持一致。如确有必要变更，应当将变更的内容、变更的原因及其对企业财务状况和经营成果的影响在财务报告附注中加以说明。

可比性要求不同企业发生的相同或者相似的交易或者事项，应当采用规定的会计政策，确保会计信息口径一致、相互可比。不同的企业可能处于不同行业、不同地区，为了保证会计信息能够满足决策的需要，便于比较不同企业的财务状况和经营成果，只要是相同或者相似的交易或者事项，就应当采用相同的会计处理方法。

（五）实质重于形式

实质重于形式要求企业应当按照交易或者事项的经济实质进行会计确认、计量和报告，不应仅以交易或者事项的法律形式为依据。

在会计核算过程中，可能会出现一些经济实质与法律形式不吻合的经济业务或事项，例如，融资租入固定资产，在租期未满之前，从法律形式上看，所有权并未转移给承租人，但从经济实质上讲，与该项固定资产相联系的收益和风险已经转移给了承租人，承租人实际上也能行使对该项固定资产的控制，因此，承租人应该将其视为自有的固定资产入账，并计提折旧。这样体现了对经济实质的尊重，能够保证会计核算信息与客观经济事实相符。

（六）重要性

重要性要求企业提供的会计信息应当反映与企业财务状况、经营成果和现金流量等有关的所有重要交易或者事项。

重要性要求会计核算在全面反映财务状况和经营成果的同时，对于重要的经济业务和事项，应当详细核算，在会计报表中单独反映；对于不重要的经济业务和事项，可以简化核算，在会计报表中合并反映，如资产负债表中的货币资金、存货项目等。判断经济业务和事项是否重要，很大程度上取决于会计人员的职业判断。一般来说，应当从质和量两个方面来分析。从性质方面来说，当某一业务或事项有可能对会计信息使用者的决策产生一定的影响时，就属于重要项目；从数量方面来说，当某一项目的数量达到一定规模时，就可能对决策产生影响，应认为其具有重要性，应当将其作为具有重要性的会计事项来处理。

（七）谨慎性

谨慎性要求企业对交易或者事项进行会计确认、计量和报告应当保持应有的谨慎，不应高估资产或者收益、低估负债或者费用。

在市场经济条件下，企业不可避免地会遇到风险。比如，企业应收账款由于债权人破产、死亡等原因，不能收回；固定资产由于技术进步而提前报废。为了避免损失发生时对企业正常经营产生不利影响，必须对面临的风险和可能发生的损失与费用作出合理预计。谨慎性要求合理核算可能发生的损失和费用，既不高估资产，也不低估负债。遵循谨慎性可以使企业在会计核算中充分估计风险和损失，从而有利于企业的经营决策，有利于保护投资者和债权人的利益，有利于提高企业的市场竞争能力。

谨慎性在会计核算中的具体应用包括：应收款项计提坏账准备、固定资产加速折旧等。

需要注意的是，遵循谨慎性并不意味着企业可以任意设置各种秘密准备，否则，就属于滥用谨慎性要求。

（八）及时性

及时性要求企业对于已经发生的交易或者事项应当及时进行会计确认、计量和报告，不得提前或者延后。

会计信息的价值在于帮助所有者或其他相关人员作出经济决策。在会计核算过程中坚持及时性，一是要求及时收集会计信息，即在经济业务发生后，及时收集、整理各种原始单据；二是要求及时处理会计信息，即在国家统一的会计制度规定的时限内，及时编制出财务会计报告；三是要求及时传递会计信息，即在国家统一的会计制度规定的时限内，及时将编制出的财务会计报告传递给财务会计报告使用者。如上市公司半年度财务报告在当年八月底以前必须向社会发公告，年终结算报表必须在次年四月底以前向社会发公告。

如果企业的会计核算不能及时进行，会计信息不能及时提供，则必将丧失会计信息的使用价值。

第五节 会计确认与会计计量

一、会计确认

（一）会计确认的含义

确认是运用特定会计方法，以文字和金额同时描述某一交易或者事项，使其金额反映在特定主体财务报表的合计数中的会计程序。会计确认分为初始确认和后续确认。

会计确认主要涉及以下三个问题：一是企业的哪些经济业务信息应该进入会计核算

系统;二是这种经济业务信息应该在什么时间进入会计核算系统;三是这些经济业务信息应归入会计核算系统的什么会计要素。

1. 初始确认

初始确认是对进入会计核算系统的原始经济信息进行的确认。原始经济信息的载体是伴随经济业务的发生而填制或取得的各种原始凭证。初始确认要依据会计目标或会计核算的要求,从审核各种原始凭证开始,通过对各种原始凭证上记载的经济业务的种类、执行单位、经手人、时间、地点以及业务的数量、单价和金额等内容进行具体的识别、判断和选择,从中接收有用的原始经济信息,按预定的账户进行分类,运用复式记账法填制记账凭证,并登记有关账簿。由此可见,初始确认实际上是将原始经济信息转化为账簿资料形式的会计信息的过程。

2. 后续确认

后续确认是对会计核算系统输出的会计信息进行的确认。企业经济活动产生的大量经济信息,经过初始确认转化为账簿资料形式的会计信息。但账簿资料形式的会计信息并不能满足会计信息使用者的需要。为了满足会计信息使用者的需要,还必须对账簿资料形式的会计信息继续进行加工、浓缩和提炼,或加以扩充、重新归类、汇总和组合,编制成为财务报表,这就是后续确认。后续确认主要解决会计账簿中的哪些信息应当列入财务报表,或者在财务报表上应揭示多少会计信息和何种会计信息等问题。

(二)会计确认标准

会计确认的核心问题是根据什么标准,对进入会计核算系统的原始经济信息进行初始确认;对会计核算系统输出的会计信息进行后续确认。概括而言,会计确认的基本标准有以下几个方面:

1. 可定义性

会计核算的对象是企业生产经营活动过程中发生的能够以货币计量的经济信息,一般具体化为资产、负债、所有者权益、收入、费用和利润六项会计要素。可定义性标准就是要求会计所确认的各个项目应符合各项会计要素的定义。

2. 可计量性

可计量性标准要求会计所确认的对象必须具有足够可靠的和相关的可计量属性,能够用货币进行计量。因此,凡是不能用货币计量的,会计都不予确认;凡是能够用货币计量的,都应纳入会计核算系统。

3. 可靠性

可靠性标准要求会计所确认的经济信息必须是如实的、可验证的和不偏不倚的。为此,在会计确认时,要认真审核原始凭证所记载的经济信息是否真实,辨别有关经济数据能否加以查证,输入的经济信息是否有客观可信的证据。

4. 相关性

相关性标准要求会计所确认的财务报表信息能与会计信息使用者的决策相关。为此，在会计确认时，要根据会计信息使用者的需求和理解能力以及影响决策的重要性，确定会计核算系统应输出的会计信息。

二、会计计量

(一)会计计量的含义

会计计量是确定会计确认中用以描述某一交易或事项的金额的会计程序。

会计计量所解决的问题是经济业务以多大的数额进入会计核算系统并最终被对外报告和传递出去。由于会计主要是提供量化信息的，所以会计计量一直被人们看作是会计核算的核心。

会计计量和会计确认在会计核算过程中总是密不可分的。如前所述，企业经济业务中大量的原始经济信息要通过初始确认才能进入会计核算系统，进入会计核算系统的会计信息要经过后续确认才能从会计核算系统中输出。而无论是初始确认还是后续确认，都离不开会计计量。只有经过计量，应进入会计核算系统的数据才能被正式记录，要输出会计核算系统的数据才能最终列入财务报告。未经确认，就不能进行计量；没有计量，确认也就失去了意义。

会计计量中最主要的问题是如何选择计量单位和计量属性。

(二)会计计量单位

广义上的计量单位包括两个方面：一是计量手段，即货币计量手段、实物计量手段和劳动计量手段；二是所确定的计量手段的衡量尺度。以货币为例，包括何种货币以及体现方式。由于会计上对货币计量手段极其重视，因而人们经常对计量单位作狭义上的理解，即把它看成是货币及其具体体现方式。

除货币外，会计上也要使用其他计量手段，包括实物计量手段和劳动计量手段。实物计量手段和劳动计量手段虽有其内在缺陷(无法形成一个统一概念和统一指标)，但也确有其优点(具体和形象)，而且，在许多情况下，这两种计量手段还是货币计量的基础。因此，会计上在以货币计量为主的同时还要采用另外这两种计量手段。

(三)会计计量属性

会计计量属性又称会计计量基础，是指会计计量对象的数量特性或外在表现形式，即会计计量对象可用货币表现的数量方面。会计计量属性通常有以下五种：

1. 历史成本。在历史成本计量下，资产按照购置时支付的现金或者现金等价物的金额，或者按照购置资产时所付出的公允价值计量。负债按照因承担现时义务而实际收到的款项或者资产的金额，或者承担现时义务的合同金额，或者按照日常活动中为偿还负债预期需要支付的现金或者现金等价物的金额计量。

2. 重置成本。在重置成本计量下，资产按照现在购买相同或者相似资产所需支付的现金或者现金等价物的金额计量。负债按照现在偿付该项债务所需支付的现金或者现金等价物的金额计量。

3. 可变现净值。在可变现净值计量下，资产按照其正常对外销售所能收到的现金或者现金等价物的金额扣减该资产至完工时估计将要发生的成本、估计的销售费用以及相关税费后的金额计量。

4. 现值。在现值计量下，资产按照预计从其持续使用和最终处置中所产生的未来净现金流入量的折现金额计量。负债按照预计期限内需要偿还的未来净现金流出量的折现金额计量。

5. 公允价值。在公允价值计量下，资产和负债按照在公平交易中，熟悉情况的交易双方自愿进行资产交换或者债务清偿的金额计量。

会计计量属性的确定是一个复杂的问题，就其主要方面来看，取决于企业的外部经济环境、企业的信息使用者以及他们对信息的需要。如历史成本计量属性能够满足对企业经营责任评价和考核的信息需要；重置成本计量属性可以避免在物价上涨时虚记收益，确切反映企业维持再生产能力所需生产耗费的补偿水平；公允价值计量属性能够提供企业财务应变能力和变现价值的相关信息。

由于历史成本计量属性比较可靠、简便，符合会计核算真实性等原则，因此，在会计实务中，通常选用历史成本计量属性进行会计计量。我国《企业会计准则——基本准则》第四十三条规定，企业在对会计要素进行计量时，一般应当采用历史成本，采用重置成本、可变现净值、现值、公允价值计量的，应当保证所确定的会计要素金额能够取得并可靠计量。

三、权责发生制

《企业会计准则——基本准则》第九条指出："企业应当以权责发生制为基础进行会计确认、计量和报告。"

权责发生制是指以款项的应收应付为标准来确认各会计期间的收入和费用。

企业发生的货币收支业务与交易或事项本身并不完全一致。例如，款项已经收到，但销售并未实现；或者款项已经支付，但并不是为本期生产经营活动而发生的。为了更真实地反映特定会计期间的财务状况和经营成果，就要求企业在会计核算过程中以权责发生制为基础。

1. 权责发生制是指以款项的应收应付为标准来确认各会计期间的收入和费用。

在权责发生制基础下，凡是当期已经实现的收入和已经发生或应当负担的费用，不论款项是否收付，都应当作为当期的收入和费用；凡是不属于当期的收入和费用，即使款项已在当期收付，也不应当作为当期的收入和费用。

2.收付实现制是与权责发生制相对应的一种确认各会计期间收入和费用的基础，它是以收到或支付现金作为确认收入和费用的依据。

适用范围：

1.企业会计采用权责发生制；

2.财政会计、行政单位会计采用收付实现制；

3.事业单位会计对专业业务的会计核算采用收付实现制，对经营业务的会计核算采用权责发生制。

这是因为：

1.企业会计要求按月结账，核算当月的利润，所以采用权责发生制；

2.财政会计、行政单位会计对资金实行预算管理，不核算利润，也不按月结账，所以采用收付实现制。

【例 1-1】某企业用银行存款支付上月拖欠的水电费 4 万元。

分析：按权责发生制，这 4 万元的水电费是上月的消耗，属于上月的费用。本月只是偿还欠款。

【例 1-2】某企业本月赊销产品一批，产品已发出，货款 10 万元尚未收到。

分析：按权责发生制，这 10 万元的收入应确认为本月收入。因为产品已销售，并且取得了收款的权利，销售业务已完成。

第六节　会计方法

一、会计方法概述

会计方法是指从事会计工作所使用的各种技术方法，是用来核算和监督会计对象、实现会计目标的手段。会计方法是从长期的会计实践中总结出来，并为经济管理这个总目标服务的。随着会计核算和监督的内容日趋复杂以及在经济管理工作中对会计不断提出新的要求，会计的方法也在不断地改进和发展，经历了由简单到复杂、由不完备到完备的漫长发展过程。会计方法在一定程度上依存于会计采用的数据处理技术。随着科学技术的发展，会计所采用的数据处理技术不断进步，使得会计方法在手工数据处理和电子数据处理条件下有了很大差别。本书所讲的方法主要是手工数据处理的会计方法。

现代会计的方法究竟包括哪些内容，会计界存在着不同的看法。但是，有一个共同的认识是，会计核算的方法是会计方法的基本组成内容，它也是会计初学者必须掌握的基础知识。本书只讲述会计核算的方法。

二、会计核算方法

会计核算方法是指对会计对象进行全面、连续、系统、综合的记录、计算和报告所采用的方法。简单地说是指在进行记账、算账和报账时所采用的方法。一般包括设置账户、复式记账、填制和审核凭证、登记账簿、成本计算、财产清查和编制会计报表七种方法。

(一)设置账户

设置账户就是对会计对象的具体内容，按其不同的特点和经济管理的需要，分门别类地进行核算的一种专门方法。对会计对象的具体内容所作的科学分类的类别名称称为会计科目；设置账户，则是根据会计科目在账簿中设置一系列账户，以便提供它们增减变动情况的资料。设置账户对于正确运用填制凭证、登记账簿和编制报表等核算方法都具有重要的意义。账户的具体内容见第二章。

(二)复式记账

复式记账是指对每一项经济业务都以相等的金额在两个或两个以上相互联系的账户中进行登记的方法。企业单位的全部经济活动是由各种具体的经济业务构成的。运用复式记账法记录经济业务，就是对每一项经济业务以相等的金额同时记入两个或两个以上相互联系的账户。

采用这种方法记账，可使每项经济业务所涉及的两个或两个以上的账户发生对应关系，能够对企业单位的经济活动和财务收支进行相互联系的反映，便于利用会计信息对经济活动和财务收支进行控制。同时，在对应账户上所记金额相等，即保持平衡关系。通过账户的平衡关系，可以检查有关经济业务的记录是否正确。由此可见，采用复式记账法记录各项经济业务，可以相互联系地核算经济业务的全貌，也便于检查账簿记录是否正确。复式记账法的具体内容见第三章。

(三)填制和审核凭证

会计凭证是记录经济业务、明确经济责任的书面证明，是登记账簿的重要依据。填制凭证就是由经办人员或有关单位将发生的各项经济业务记录在凭证中，逐项反映经济业务的发生或完成情况。对于已经发生或已经完成的经济业务，都要由经办人员或有关单位填制凭证，并签名盖章。审核凭证就是由会计部门和有关部门对填制的凭证进行审阅核对，检查经济业务是否合理、合法，凭证记录是否真实、正确和完整。所有凭证都要经过会计部门和有关部门的审核。只有经过审核并认为正确无误的凭证才能作为记账的根据。

填制和审核凭证是对经济业务进行逐项核算和监督的一种专门方法。通过填制和审核凭证,可以为经济管理提供真实可靠的数据资料,并且可以对企业单位的经济活动和财务收支进行日常监督。会计凭证的具体内容见第六章。

(四)登记账簿

账簿是由具有一定格式的账页组成的、用以记录各项经济业务的簿籍,也是保存会计数据资料的重要工具。登记账簿就是把所有的经济业务按其发生的顺序,根据审核无误的会计凭证,分门别类地记入有关账簿,以便为经营管理提供完整的、系统的数据资料。

登记账簿必须按照规定的会计科目,在账簿中分设账户,把所有的经济业务分别记入有关账户;定期进行结账,计算和累计各项核算指标;定期核对账目,使账簿记录同实际情况保持一致。账簿所提供的各种数据资料,是编制会计报表的主要依据。账簿的具体内容见第七章。

(五)成本计算

成本计算就是企业将生产经营过程中发生的直接费用和间接费用按照不同的成本计算对象进行归类,从而计算不同成本对象的总成本和单位成本。通过成本计算所提供的资料,可以了解成本的构成情况,核算成本的高低,并据此确定企业的盈亏。做好成本计算工作,对于挖掘降低成本的潜力、提高经济效益有着重要的意义。成本计算的具体内容见第四章。

(六)财产清查

财产清查是通过盘点实物、核对账目,查明各项财产物资和资金的实有数,保证账实相符的一种专门方法。通过财产清查,可以查明各项财产物资的保管和使用是否合理、有无积压呆滞以及债权债务的结算是否及时、有无长期拖欠。因此,财产清查对于保证会计核算资料的正确完整、加强财产的管理、挖掘物资潜力和加速资金周转都有重要作用。财产清查的具体内容见第八章。

(七)编制会计报表

会计报表是以货币为主要计量单位,根据日常核算资料编制的总括反映企业在一定时期内经济活动情况的报告性文件。编制会计报表,是以书面报告的形式,定期并总括地反映企业财务状况和经营成果的一种专门方法。编制会计报表是提供会计信息的一种重要方式。编制会计报表,对于保证国家宏观经济管理和调控的需要,满足有关各方了解企业单位财务状况、经营成果和现金流量的需要,满足企业单位加强内部管理的需要,都有重要的作用。会计报表的具体内容见第九章。

上述会计核算的各种专门方法并不是各自孤立的,而是相互联系、密切配合的。它们构成了一个完整的会计核算方法体系。它们之间的基本关系可以归纳如下:对于日常发生的经济业务,要填制和审核凭证,按照设定的会计科目开设会计账户,运用复式记账法记入有关账户;对于生产过程中发生的生产费用,应当进行成本计算;对于账簿记录,要通过财产清查加以核实,在保证账实相符的基础上,根据账簿记录定期编制会计报表。

阅读资料　企业概述

企业是以盈利为主要目的经济组织。

例如,重庆百货大楼股份有限公司、新世纪、家乐福、四川仪表股份有限公司、长安汽车、中国嘉陵、中国旅行社、中国工商银行等都是企业。我国目前有各类企业4 000多万家。

一、不同企业的性质

企业按生产经营特征可分为三类:

1. 工业企业(从事产品制造、电力和自来水生产、采矿等生产活动的企业)

2. 商品流通企业(批发、零售)

3. 服务业企业(银行、保险公司、运输、娱乐、旅游、饭店等)

二、企业组织类型

企业的组织类型有以下三种:独资企业、合伙企业和公司制企业。

1. 独资企业

独资企业是指所有者权益归一个人所独有的企业。独资企业的业主对企业债务承担无限责任。国有独资企业是法人,一般独资企业不是企业法人。

法人主体是指在政府部门注册登记,有独立的财产,能够承担民事责任的实体。

2. 合伙企业

合伙企业是指两人以上按照协议投资、共同经营、共负盈亏的企业。合伙企业一般不是企业法人。合伙人对企业负债负有无限连带责任。

3. 公司制企业

公司制企业包括:有限责任公司和股份有限公司。

(1)有限责任公司(简称有限公司)是指由两个以上股东共同出资,每个股东以其所认缴的出资额对公司债务承担有限责任,公司以其全部资产对债务承担责任的企业法人。

全国现有有限责任公司 120 多万家。按《公司法》规定,国有独资企业是有限责任公司。

(2)股份有限公司

股份有限公司(简称股份公司,即上市公司),是指注册资本由等额股份构成,并通过发行股票(或股权证)筹集资本,股东以其所认购的股份对公司承担有限责任,公司以其全部资产对公司债务承担责任的企业法人。全国现有股份公司1600多家。

例如,重庆百货、中国嘉陵、四川长虹、五粮液等都是股份公司。

本章小结

1. 会计是经济管理的重要组成部分。

2. 会计学可分为基础会计学、财务会计学、成本会计学、管理会计学、审计学、会计信息系统等分支。会计基本目标是提高经济效益。

3. 会计具体目标是为会计信息使用者提供有用的会计信息,并利用会计信息参与管理。

4. 会计的基本职能是核算与监督。

5. 会计的对象是社会再生产过程中的资金运动。

6. 会计核算的基本前提包括会计主体、持续经营、会计分期和货币计量。

7. 会计信息质量要求包括可靠性、相关性、明晰性、可比性、实质重于形式、重要性、谨慎性和及时性等。

8. 会计计量属性通常有以下五种:历史成本、重置成本、可变现净值、公允价值和现值。

9. 会计核算方法包括设置账户、复式记账、填制和审核凭证、登记账簿、成本计算、财产清查、编制会计报表等。

思考题

1. 什么是会计? 会计产生和发展的规律是什么?

2. 什么是会计学? 按其研究的主要内容可分为哪些学科?

3. 会计的基本目标是什么? 会计的具体目标是什么?

4. 会计的基本职能有哪些? 它们各有什么特点? 它们之间的关系是什么?

5. 什么是会计对象?

6. 什么是会计基本前提? 会计有哪些基本前提? 如何理解?

7. 会计信息质量要求有哪些? 如何理解?

8. 什么是会计确认? 会计确认分为几次确认? 什么是会计计量? 会计有几种计量属性?

9. 会计核算的方法有哪些? 它们之间的关系是什么?

第二章　会计科目与账户

【学习目标】

◇ 掌握会计要素及其基本内容。
◇ 理解会计等式和经济业务对它的影响。
◇ 熟悉会计科目的分类。
◇ 熟悉账户及其基本结构。

第一节　会计要素

会计核算和监督的对象是企业再生产过程中的资金运动，但这只是会计对象的一般的、抽象的描述。为了便于会计的确认、计量、记录和报告，还需要引入会计要素概念，使会计对象更加具体化。

会计要素是根据交易或事项的经济特征所确定的财务会计对象的基本分类。财政部2006年2月15日颁布的《企业会计准则——基本准则》将会计对象划分为资产、负债、所有者权益、收入、费用和利润这六大会计要素。该六要素可以划分为两大类，即反映财务状况的会计要素和反映经营成果的会计要素。资产、负债和所有者权益属于静态会计要素，它们反映企业在某一时点的财务状况；收入、费用和利润属于动态会计要素，它们反映企业在一定时期内的经营成果。

一、资产

(一)资产的定义

资产是指企业过去的交易或者事项形成的、由企业拥有或者控制的、预期会给企业带来经济利益的资源。

(二)资产的特征

1. 资产是由企业过去的交易或者事项形成的

"企业过去的交易或者事项"包括购买、生产、建造行为或其他交易或者事项，它是资产形成的前提。资产必须是现实的，而非预期的，预期在未来发生的交易或者事项不形成资产。只有过去发生的交易或事项才能增加企业的资产，而不能根据购买计划或谈判合同的经济业务来确认资产。如企业欲购买设备一台，只签订了购买合同，但这项交易还未发生，因此该设备不形成企业的资产。

2. 资产是企业拥有或者控制的资源

会计中所计量的资产必须归属于某一特定的主体，这是会计主体假设的必然要求。"拥有"是指企业享有某项资源的所有权，能够排他性地从中获得经济利益。如企业拥有的各种财产、债权等；"控制"则是指企业虽然不拥有某项资源的所有权，但该项资源的风险与收益都转移到企业内部，企业可以自主使用并长期支配该项资源，也能够排他性地从中获取经济利益，如企业融资租入设备等。如果不是企业拥有或者控制的资源，就不属于企业的资产。

3. 资产预期会给企业带来经济利益

"预期会给企业带来经济利益"是指直接或者间接导致现金或现金等价物流入企业的潜力。能带来未来经济利益是企业持有资产的目的。资产作为一种资源，能够独立地或与其他资源结合在一起，通过有效配置，在未来一定时期内，有能力为企业带来经济利益。如果某项资产预期不能给企业带来经济利益，它就不能确认为企业的资产。如企业的待处理财产损失，预期不能导致经济利益流入企业，也就不能作为企业的资产列入资产负债表。

(三)资产的确认条件

根据《企业会计准则——基本准则》的规定，符合资产定义的资源，在同时满足以下条件时，才能确认为资产：

1. 与该资源有关的经济利益很可能流入企业

"很可能"是指发生的可能性超过 50%。对于资产而言，其预期会给企业带来经济利益，所以，在确认资产时，只有当其包含的经济利益流入企业的可能性超过50%，并同时满足其他确认条件时，才能加以确认；否则，不能将其确认为资产。

2. 该资源的成本或者价值能够可靠地计量

如果与资源有关的经济利益能够可靠地计量，并同时满足资产确认的其他条件，就可以在财务报表中加以确认；否则，企业不应该加以确认。例如，高科技企业的科技人员，如果与企业签订了服务合同，并且合同规定在规定的期限内其不能为其他企业提供服务，在这种情况下，虽然这些科技人才的知识在规定的期限内预期能够给企业带来经济利益，但是，由于这些技术人才的知识难以辨认，同时为形成这些知识所发生的支出难以可靠计量，因此，也不能作为企业的资产加以确认。

符合资产定义和资产确认条件的项目，应当列入资产负债表；符合资产定义，但不符合资产确认条件的项目，不应当列入资产负债表。

（四）资产的分类

企业的资产按其流动性的强弱，可以分为流动资产和非流动资产。

1. 流动资产

流动资产是指主要为交易目的而持有的、可以在一年或者在超过一年的一个营业周期内变现或耗用的资产，主要包括货币资金、交易性金融资产、应收及预付款项、存货、一年内到期的非流动资产等。

货币资金是指以货币形态存在的资金，包括库存现金、银行存款和其他货币资金。库存现金是指企业财务部门出纳员保管的库存现金，不包括企业其他职能部门周转使用的备用金；银行存款是指企业存入银行或其他金融机构的各种存款；其他货币资金是指除了库存现金和银行存款之外的企业的其他货币资金。

交易性金融资产是指企业持有的债券投资、股票投资、基金投资等交易性金融资产。

应收及预付款项是指企业在日常生产经营过程中发生的各项债权，包括应收款项（应收账款、应收票据和其他应收款）和预付账款等。

存货是指企业在日常活动中持有以备出售的产成品或商品、处在生产过程中的在产品、在生产过程中或提供劳务过程中耗用的材料和物料等。包括原材料、在途物资、在产品、库存商品、周转材料、发出商品、委托加工物资等。

2. 非流动资产

非流动资产是指除流动资产以外的其他资产，主要包括可供出售金融资产、持有至到期投资、投资性房地产、长期股权投资、长期应收款、固定资产、无形资产、商誉、长期待摊费用和其他非流动资产等。

长期应收款是指企业在日常生产经营中发生的超过一个正常营业周期的各项债权。包括融资租赁产生的应收款项、采用递延方式具有融资性质的销售商品和提供劳务等产生的应收款项等。

固定资产是指企业为生产商品、提供劳务、出租或经营管理而持有的、使用寿命超过一个会计年度的具有实物形态的资产。包括房屋、建筑物、机器设备、运输设备等等。

无形资产是指企业拥有或者控制的没有实物形态的可辨认非货币性资产。如专利权、非专利技术、商标权、著作权、土地使用权等。

商誉指企业合并中形成的商誉。商誉的价值表现为一家企业的获利能力超过一般的获利水平。由于其不可辨认性,新企业会计准则将其从原来的无形资产项目中划分出来,并作为一个单独项目在资产负债表中列示。按现行制度,企业自创商誉平时不予确认。

其他非流动资产是指持有期限超过一个正常营业周期,但又不能归入上述各项的资产,如银行冻结存款、诉讼中财产等。

二、负债

(一)负债的含义

负债是指企业过去的交易或者事项形成的、预期会导致经济利益流出企业的现时义务。

(二)负债的特征

1. 负债是企业过去的交易或事项形成的现时义务

负债是由企业过去已经发生的交易或事项所产生的债务,是企业在现行条件下已承担的义务,即"现时义务"。未来发生的交易或者事项形成的义务,不属于现时义务,不应当确认为负债。

2. 负债的偿还会导致经济利益流出企业

负债的清偿需要在未来通过转让资产、提供劳务或举借新债来实现,无论采用何种方式偿还,最终都会导致经济利益流出企业。

(三)负债的确认

根据《企业会计准则——基本准则》的规定,符合负债定义的义务,在同时满足以下条件时,才可确认为负债:

1. 与该义务有关的经济利益很可能流出企业

在确认负债时,只有当其包含的经济利益流出企业的可能性超过50%,并同时满足其他确认条件,企业才能加以确认;否则,不能将其确认为负债。

2. 未来流出的经济利益的金额能够可靠地计量

如果与利益有关的经济利益能够可靠地计量，并同时满足负债确认的其他条件，就可以在财务报表中加以确认；否则，企业不应加以确认。例如，某企业涉及一桩诉讼案，根据以往的审判结果判断，企业败诉的可能性很大，相关的赔偿金额也可以估算出一个范围，此时，可以认为该企业因未决诉讼承担的现时义务的金额能够可靠地估计，从而可以确认为负债；如果企业不能对相关的赔偿额作出可靠的估计，即使符合负债确认的其他条件，也不能作为企业的负债予以确认。

符合负债定义和负债确认条件的项目，应当列入资产负债表；符合负债定义、但不符合负债确认条件的项目，不应当列入资产负债表。

(四)负债的分类

负债按其流动性(即偿还期限的长短)可分为流动负债和非流动负债。

1. 流动负债

流动负债是指将在一年内(含一年)或者在超过一年的一个营业周期内偿还的债务，包括短期借款、应付票据、应付账款、预收账款、应付职工薪酬、应付股利、其他应付款、应交税费、一年内到期的长期负债等。

短期借款是指企业为维持正常生产经营周转所需而向银行或其他金融机构借入的偿还期限在一年以内(含一年)的各种借款。

应付票据是指企业通过商业汇票支付方式发生购买活动时须偿付给持票人的债务。

应付账款是指企业因购买材料、商品或接受劳务等而发生的、应该付给供应单位的款项。

预收账款是指买卖双方根据协议的规定，由购买方预先支付部分货款给供应方，从而给供应方所带来的一项债务。

应付职工薪酬是指企业应付而未付给职工个人的各种薪酬。

应付股利是指企业应当分配给投资者的现金股利(或者利润)在未付之前所形成的一项负债。非上市公司称为应付利润。

应交税费是指企业按照税法等规定计算应缴纳的各种税费，

2. 非流动负债

非流动负债，又称为长期负债，是指偿还期在一年或超过一年的一个营业周期以上的债务，包括长期借款、应付债券、长期应付款、预计负债、专项应付款等。

长期借款是指企业向银行或其他金融机构借入的期限在一年以上(不含一年)的各项借款。

应付债券是指企业为筹集长期资金而对外发行债券(期限超过一年)所形成的一种负债。

长期应付款主要包括应付融资租入固定资产的租赁费、以分期付款方式购入固定资产等发生的应付款项等。

三、所有者权益

(一)所有者权益的含义

所有者权益是指企业资产扣除负债后由所有者享有的剩余权益。公司的所有者权益又称为股东权益。所有者权益是所有者对企业资产的剩余索取权,它是企业资产中扣除债权人权益后应由所有者享有的部分。

所有者权益的来源包括所有者投入的资本、直接计入所有者权益的利得和损失、留存收益等,由实收资本(或股本)、资本公积、盈余公积和未分配利润构成。其中,盈余公积和未分配利润统称为留存收益。

(二)所有者权益的特征

1.所有者权益表明了企业的产权关系,即企业归谁所有,是谁投资的。所有者对企业投资,形成了企业资产的主要来源,从而为企业的生产经营提供了资金方面的保证。同时因为投资者拥有所有权,这就决定了投资者对企业利润的分享权。

2.所有者投资所形成的资产可供企业长期使用,除非发生减资、清算,企业不需要偿还所有者权益。

3.所有者权益金额上等于企业资产减去企业负债后的差额,即净资产的数额。用公式可以表示为:

所有者权益=净资产=资产-负债

(三)所有者权益的内容

1.所有者投入资本

所有者投入资本是指企业所有者按照企业章程或合同、协议的约定,实际投入企业的资本。它包括实收资本及其衍生的资本公积等。

2.直接计入所有者权益的利得和损失

直接计入所有者权益的利得和损失是指不应计入当期损益、会导致所有者权益发生增减变动的、与所有者投入资本或者向所有者分配利润无关的利得和损失。

利得是指由企业非日常活动所形成的、会导致所有者权益增加的、与所有者投入资本无关的经济利益的流入。损失是指由企业非日常活动所发生的、会导致所有者权益减少的、与所有者分配利润无关的经济利益的流出。

3.留存收益

留存收益是企业从逐年实现的净利润中形成的企业内部尚未使用或分配的利润。

它包括盈余公积、未分配利润等。盈余公积是指企业按照规定比例从净利润中提取的公积金，未分配利润是指企业的税后利润按照规定进行分配以后的剩余部分，这部分可在以后年度进行分配。

四、收入

(一)收入的定义

收入是指企业在日常活动中所形成的、最终会导致所有者权益增加的、与所有者投入资本无关的经济利益的总流入。

(二)收入的特征

1. 收入是从企业日常活动中形成的

日常活动是指企业为完成其经营目标而从事的经常性活动，以及与之相关的活动。如工业企业销售产品、商业企业销售商品活动等。有些活动在企业中不经常发生，但与日常活动有关，如工业企业出售不需用的原材料，其取得的经济利益构成收入。有些偶然发生的交易或事项也能为企业带来经济利益，但它不属于企业日常活动，也不属于与日常活动相关的活动，其流入的经济利益不能确认为收入。如企业出售固定资产利得，应当确认为营业外收入。

2. 收入最终会导致所有者权益增加

收入可能表现为企业资产的增加或者企业负债的减少，或者两者兼而有之，从而最终会导致所有者权益增加。如企业销售产品会增加银行存款或应收账款，从而增加企业的资产；企业销售预收货款的商品，就表现为负债的减少；企业销售商品，抵消前欠债务，并补收部分款项，就表现为资产的增加和负债的减少。

3. 收入只包括本企业经济利益的流入，不包括为第三方或客户代收的款项。如企业销售商品时代收的增值税，不属于本企业的经济利益，因此，不能确认为本企业的收入。

(三)收入的确认条件

收入是企业在销售商品、提供劳务或让渡资产使用权等日常经营活动中形成的经济利益总流入。收入只有在经济利益很可能流入从而导致企业资产增加或者负债减少，且经济利益的流入额能够可靠计量时才能予以确认。即收入的确认至少应符合三个条件：一是与收入相关的经济利益应当很可能流入企业；二是经济利益流入企业的结果会导致企业资产的增加或者负债的减少；三是经济利益流入额能可靠计量。

注意：企业收到投资者投入资本金、从银行取得借款和收回欠款都不属于企业的收入。

（四）收入的分类

收入有广义和狭义之分。上述收入概念是狭义的，包括营业收入和投资收益。营业收入按照企业从事的日常活动在企业中的重要性，可进一步划分为主营业务收入和其他业务收入。广义的收入将企业经营和非经营活动中能够导致企业所有者权益增加（且与所有者投入资本无关）的都称为收入。它包括主营业务收入、其他业务收入、投资收益、营业外收入等。

1. 主营业务收入

主营业务收入是指企业为完成其经营目标而从事的日常活动中实现的收入。如制造业企业产品销售收入和对外提供工业性劳务的收入，商业企业的商品销售收入等。

2. 其他业务收入

其他业务收入是指企业从事的除主营业务活动以外的其他日常活动实现的收入。如制造业企业材料销售收入，出租固定资产、无形资产和包装物等业务取得的租金收入。

3. 投资收益

投资收益是指企业对外投资所取得的收益。

4. 营业外收入

营业外收入是指企业发生的与其生产经营活动无直接关系的各项利得，包括非流动资产处置利得、非货币性交换利得、债务重组利得、政府补助、盘盈利得、捐赠利得等。

五、费用

（一）费用的定义

费用是指企业在日常活动中发生的、最终会导致所有者权益减少的、与向所有者分配利润无关的经济利益的总流出。

（二）费用的特征

费用是与收入相对应的概念，可以将其看作是企业为取得收入而付出的代价。因此，与收入相对应，费用具有如下特征：

1. 费用是企业日常活动中形成的

费用是在企业日常活动中形成的，而非由偶然的交易或事项形成。如营业成本、期间费用等所发生的经济利益的流出，都属于费用。有些偶发的交易或事项，如自然灾害损失、企业违约罚款支出等，虽然也引起经济利益流出企业，但不属于费用，而应当作为损失。

2. 费用最终会导致所有者权益减少

费用可能表现为企业资产的减少，或者企业负债的增加，或者两者兼而有之。如企业用银行存款支付广告费，会导致企业的资产的减少；企业当月发生的水电费，如果款未付，会导致企业的负债的增加。不难看出，费用的发生会导致净资产减少，从而导致所有者权益减少。

3. 费用是与向所有者分配利润无关的经济利益的总流出

注意：企业向所有者分配利润导致的经济利益流出，企业不能确认为费用。企业对外投资支出、购置资产支出、偿还债务等都不是企业的费用。

（三）费用的确认条件

根据《企业会计准则——基本准则》的规定，费用只有在经济利益很可能流出从而导致企业资产减少或者负债增加、经济利益的流出额能够可靠计量时才能予以确认。费用的确认至少应当符合以下条件：一是与费用相关的经济利益应当很可能流出企业；二是经济利益流出企业的结果会导致资产减少或者负债增加；三是经济利益的流出能够可靠计量。

（四）费用的分类

费用的概念有广义和狭义之分。上述费用概念是狭义的，它包括营业成本、期间费用、营业税金及附加、投资损失、资产减值损失等。广义的费用还包括营业外支出和所得税费用。

1. 营业成本

营业成本可以分为主营业务成本和其他业务成本。主营业务成本是指企业销售商品、提供劳务或让渡资产使用权等日常活动而发生的实际成本。其他业务成本是指除主营业务以外的其他活动所发生的支出，包括销售材料的成本、出租固定资产的折旧额、出租无形资产的摊销额、出租包装物的成本或摊销额等。

2. 期间费用

期间费用是指与生产产品或提供劳务无直接关系的费用，包括销售费用、管理费用和财务费用，这些费用在发生的当期应直接计入当期损益。

销售费用是指企业在销售商品和材料、提供劳务的过程中所发生的费用。包括保险费、包装费、展览费和广告费、商品维修费、预计产品质量保证损失、运输费、装卸费等以及为销售本企业商品而专设的销售机构（含销售网点、售后服务网点等）的职工薪酬、业务费、折旧费等经营费用。

管理费用是指企业行政管理部门为组织和管理生产经营活动所发生的费用。包括企业在筹建期间内发生的开办费、董事会和行政管理部门在企业的经营管理中发生的或者应由企业统一负担的公司经费、工会经费、董事会费、聘请中介机构费、咨询费、诉讼费、业务招待费、房产税、车船使用税、土地使用税、印花税、技术转让费、矿产资源补偿费、研究费用、排污费等。

财务费用是指企业为筹集生产经营所需资金而发生的费用。包括利息支出(减利息收入)、汇兑损益以及相关的手续费、企业发生的现金折扣或收到的现金折扣等。

注意:生产产品发生的生产费用构成了产品的制造成本,当产品销售以后结转销售成本时才转为费用。费用应计入当期损益,而生产费用构成了产品的制造成本。应严格区分费用和成本。

六、利润

(一)利润的含义

利润是指企业在一定会计期间内的经营成果。利润包括收入减去费用后的净额、直接计入当期利润的利得和损失等。

直接计入当期利润的利得和损失是指应当计入当期损益、会导致所有者权益发生增减变动的、与所有者投入资本或者向所有者分配利润无关的利得或者损失。其中收入减去费用后的净额反映的是企业日常活动的经营业绩;直接计入当期的利得和损失反映的是非日常活动的业绩。利润金额的计量取决于收入和费用、直接计入当期利润的利得和损失金额的计量。

(二)利润的特征

1. 收入的实现是利润形成的重要前提。
2. 利润可以看作是收入与费用相配比的结果。

我们可以用如下公式来表示:

利润=收入-费用

上述公式中的费用不包括生产费用。收入、费用与利润属于同一会计期间的价值指标。

当收入大于费用时表现为利润;反之,则表现为亏损。利润会导致所有者权益增加;而亏损会导致所有者权益减少。

(三)利润的组成

利润按其形成情况不同,可分为营业利润、利润总额和净利润。

1. 营业利润=营业收入-营业成本-营业税金及附加-销售费用-管理费用-财务费用-资产减值损失+公允价值变动收益+投资收益
2. 利润总额是指营业利润加上营业外收支净额后的金额。
3. 净利润是指利润总额减去所得税费用后的净额。

第二节 会计等式

一、会计等式

会计等式[①]，又称为会计恒等式，是指运用数学方程的原理来描述会计要素之间的相互关系的一种表达式。它是设置账户、复式记账和编制会计报表的理论基础。

（一）基本会计等式

企业的资产主要来自两个方面，即从债权人处取得和企业投资者投入。显然，一般人们不会将其拥有的资本无偿地让渡出去，也就是说，企业中任何资产都有相应的权益要求，谁提供了资金，则他对于企业资产拥有相应的索取权，即权益。从价值的角度来讲，我们可以用如下公式来表示：

资产＝权益 ①

权益包括两种：一是以投资者的身份向企业投入资产而形成的所有者权益；二是以债权人的身份向企业提供资产而形成的债权人权益，即企业的负债。因此，等式(1)又可转化为：

资产＝债权人权益＋所有者权益 ②

或 **资产＝负债＋所有者权益** ③

公式③就是基本会计等式，它反映了某一特定时点企业资产、负债和所有者权益三者的平衡关系，所以，我们又称之为静态会计等式。它是编制资产负债表的基础，是现代会计核算方法的基石。

理解上述等式时应该注意，负债、所有者权益与资产的具体项目之间不存在具体的一一对应关系，而是在总额上与企业资产保持数量上的相等关系。

（二）动态会计等式

将企业在一定会计期间的收入和费用进行配比，以此可判断企业的盈亏。如果收入大于费用，则企业为盈利；如果收入小于费用，则企业为亏损。对这种收入与费用配比关系，我们可以用如下公式表示：

收入－费用＝利润 ④

---

① 会计等式中所涉及的收入和费用均属广义范畴。

该等式反映了收入、费用和利润三要素之间的关系，它反映了企业在某一会计期间的最终经营成果。我们称之为动态的会计等式，该等式是编制利润表的基础。

(三)扩展会计等式

企业在生产经营过程中实现的收入和发生的费用会影响到资产、负债和所有者权益的变化。如前所述，收入的取得表现为企业资产的增加或者负债的减少，最终会导致企业所有者权益增加；费用的发生表现为企业资产的减少或者负债的增加，最终会导致企业所有者权益减少。但是资产或负债的变动与所有者权益发生变动的时点是不一致的。企业销售产品获得收入，会同时增加资产(或者减少负债)，而该项业务对所有者权益的影响会在当期期末通过收入与费用对比的结果反映在本年利润之中，从而导致所有者权益项目未分配利润发生变动。因此，在会计期间，基本会计等式需要作相应的转换。

资产＝负债＋所有者权益＋(收入－费用) ⑤

或 **资产＋费用＝负债＋所有者权益＋收入** ⑥

我们把公式⑥称作扩展会计等式。这一等式是复式记账的理论依据。

期末结账时，将收入和费用转入本年利润后，归入所有者权益项目，会计等式又恢复到期初的基本会计等式③的形式。

二、经济业务的发生对会计等式的影响

企业在进行生产经营活动过程中发生的经济业务(又称为交易或事项)，必然引起会计要素发生增减变化，但是，这些变化是否会破坏会计等式的数量平衡关系呢？下面我们通过举例来加以说明。

(一)只涉及资产、权益变动的经济业务对会计等式的影响

1.引起资产和权益项目同时增加相同金额的经济业务

【例 2-1】企业收到投资者投入资本金 100 000 元，款项已转入企业在开户银行的存款账户中。

该项经济业务的发生，一方面使资产项目银行存款增加了 100 000 元，另一方面又使所有者权益项目实收资本增加了 100 000 元，从而使会计等式两边金额同时增加了 100 000元，但会计等式仍然保持平衡。

资产	＋费用＝负债＋	所有者权益	＋收入
(银行存款)		(实收资本)	
(＋100 000)		(＋100 000)	

2.引起资产和权益项目同时减少相同金额的经济业务

【例 2-2】企业以银行存款偿还短期借款 500 000 元。

该项经济业务的发生，一方面使企业的资产项目银行存款减少了 500 000 元，另一方面又使负债项目短期借款减少了 500 000 元。会计等式仍然保持平衡。

资产　＋费用 ＝　负债　＋ 所有者权益＋收入

（银行存款）　（短期借款）

（－500 000）　（－500 000）

3.引起资产项目之间发生此增彼减相同金额的经济业务

【例 2-3】企业从银行提取现金 10 000 元备用。

该项经济业务的发生，一方面使资产项目库存现金增加了 10 000 元；另一方面使资产项目银行存款减少了 10 000 元。等式两边各会计要素金额不变，会计等式仍然保持平衡。

资产　＋费用＝负债＋所有者权益＋收入

(库存现金)　(银行存款)

(+10 000)　(-10 000)

4.引起权益项目之间发生此增彼减相同金额的经济业务

【例 2-4】企业向银行借入短期借款 85 000 元，直接偿还所欠民生公司的应付账款。

该项经济业务的发生，一方面使负债项目短期借款增加了 85 000 元；另一方面使负债项目应付账款减少了 85 000 元，负债总额不变。会计等式仍然保持平衡。

资产＋费用＝ 负债 ＋所有者权益＋收入

(短期借款)　(应付账款)

(+85 000)　(-85 000)

上述四种类型经济业务可进一步细分为九种类型，对会计要素的影响可以用图 2-1 反映：

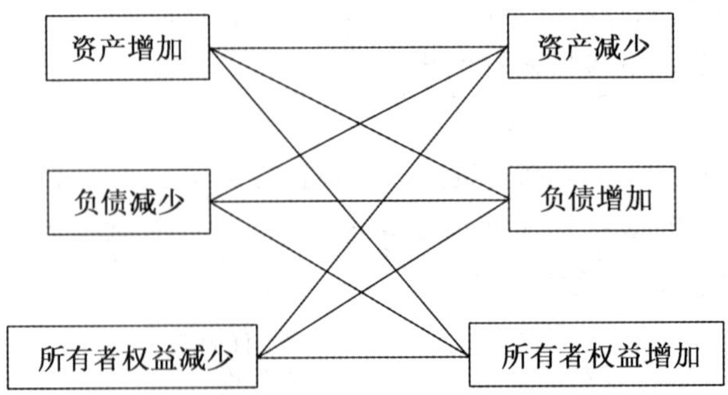

图 2-1　经济业务对会计等式的影响

(二)涉及收入、费用的经济业务对会计等式的影响

【例 2-5】企业赊销产品一批,售价为 72 000 元。暂不考虑增值税。

该项经济业务的发生,一方面使收入项目主营业务收入增加了 72 000 元;另一方面使资产项目应收账款增加了 72 000 元。会计等式仍然保持平衡。

资产	＋费用＝负债＋所有者权益＋	收入
(应收账款)		(主营业务收入)
(＋72 000)		(＋72 000)

【例 2-6】企业购买办公用品 150 元,用库存现金支付。办公用品当即交行政管理部门使用。

该项经济业务的发生,一方面使企业的资产项目库存现金减少了 150 元;另一方面费用项目管理费用增加 150 元。该项经济业务使得扩展会计等式左边资产和费用要素此增彼减,且增减金额相等。会计等式仍然保持平衡。

资产	＋	费用	＝负债＋所有者权益＋收入
(库存现金)		(管理费用)	
(－150)		(＋150)	

用群举法可以证明,任何类型的经济业务发生,扩展会计等式之间的平衡关系始终成立。

第三节　会计科目

一、会计科目的含义及意义

通过前面的学习,我们知道,会计要素是对会计对象的具体内容进行的分类,资产、负债、所有者权益、收入、费用和利润六项会计要素构成了会计核算和监督的内容。为了全面、系统地反映和监督各项会计要素的增减变动情况,分门别类地为经济管理提供会计核算资料,需要设置会计科目。会计科目就是对会计对象的具体内容(即会计要素)进一步分类所形成的项目。

设置会计科目是会计核算的专门方法之一。

二、会计科目设置的原则

设置会计科目就是根据会计科目的具体内容和经济管理的要求,事先规定分类核算的项目或标志的一种专门的方法。在设置时需要遵循以下原则:

1.会计科目的设置必须结合会计对象的特点

在设置会计科目时，要本着全面核算其经济业务的全过程及结果的目的来进行，不能有任何遗漏。同时会计科目的设置必须结合会计对象的特点，首先要根据不同的行业特点，并在此基础上结合企业自身的特点来设置会计科目。

如制造业企业会计设置“生产成本”、“制造费用”等会计科目。

行政单位主要经济活动是预算内资金、预算外资金的收支。所以要设置能反映经费收支情况的会计科目。如“拨入经费”、“经费支出”等科目。

2.会计科目的设置必须满足经济管理的要求

会计核算的目标就是向有关方面提供会计信息，满足信息使用者的决策需求。因此，在设置会计科目时，要全面反映企业的经济活动并及时充分地提供会计信息，以满足国家宏观管理的需要和企业的其他利益相关者的需要，同时还必须满足本企业的内部经营管理的需要。例如，为了便于国家宏观调控，反映企业的利税情况，需要设置“本年利润”、“利润分配”、“应交税费”、“应付利润”等科目；为了反映企业的存货增减变动和结存情况，需要设置“原材料”、“库存商品”科目等。

3.会计科目的设置要保持相对稳定性

为了保证会计信息的可比性，便于在不同时期分析比较会计资料，会计科目的设置应在一定时期内保持稳定，不得随意变更。但会计科目的设置并非绝对不能变更，因为会计科目必须要适应经济环境的变化和经济业务发展的需要。

4.会计科目的设置要做到统一性与灵活性相结合

统一性指企业在设置会计科目时，应根据提供会计信息的要求，对一级会计科目的设置及核算内容保证与财政部的规定相一致。灵活性指在保证提供统一核算指标的前提下，企业可以根据本单位的具体情况和经济管理要求，对统一规定的会计科目作必要的增设、减少或合并。明细科目可由各单位根据实际需要自行设置。

5.会计科目要简明适用、通俗易懂，并且要分类、编号

对每一个会计科目的核算内容都必须明确地界定。在设置会计科目时，要根据经济业务的特点来规定会计科目名称，会计科目既要力求简单明了，能清晰地反映每一项经济内容，又要含义明确，通俗易懂。会计科目的数量和详细程度要根据企业规模大小、业务的繁简和管理的需要来确定。

三、会计科目的分类

(一)按经济内容的性质分

按所反映经济内容的性质不同，可以把会计科目分为资产类、负债类、所有者权益类、共同类、成本类和损益类六大类。其中，制造业企业的会计科目主要有资产类、负债类、所有

者权益类、成本类和损益类五种类型，金融企业还有共同类科目。

(二)按提供核算指标的详细程度不同分

按照会计科目所反映指标的详细程度来划分，可以将会计科目分为总分类科目和明细分类科目。

1. 总分类科目(又称为一级科目、总账科目)

它是对会计对象的具体内容的总括反映。如“原材料”、“应付账款”、“实收资本”等。财政部对总分类科目的名称和核算内容做了统一的规定。

在实际会计处理过程中，对于某些会计科目，还需进一步反映其详细信息。如对于原材料还需反映其种类、规格、数量、单价、金额等信息，这就需在总分类科目下再根据需要设置明细分类科目。

2. 明细分类科目(简称明细科目或细目)

明细分类科目是对总分类科目所含内容所作的进一步分类。

若某个总分类科目下设的明细科目太多，可在总分类科目与明细科目之间增设二级科目(也称子目)。

目前，在我国实行的是统一的会计制度，这种制度的典型特征就是由国家规定统一的会计科目和会计报表格式。我国上市公司现已开始执行财政部颁发的定于 2007 年 1 月 1 日实施的新《企业会计准则 2006》。它对会计科目做了新的修订，共包括 156 个一级会计科目名称，核算范围涉及工商业、农业、建筑业、金融业等行业。其中一部分会计科目在基础会计学的后续课程中级财务会计中介绍，现将与制造业企业有关的主要会计科目及编号列示如下，如表 2-1 所示。

表 2-1 会计科目的名称与编号

序号	编号	会计科目名称	序号	编号	会计科目名称
		一、资产类	46	2201	★应付票据
1	1001	★库存现金	47	2202	★应付账款
2	1002	★银行存款	48	2203	★预收账款
3	1012	其他货币资金	49	2211	★应付职工薪酬
4	1101	交易性金融资产	50	2221	★应交税费
5	1121	★应收票据	51	2231	★应付利息
6	1122	★应收账款	52	2232	★应付股利
7	1123	★预付账款	53	2241	★其他应付款
8	1131	应收股利	54	2314	受托代销商品款

续表

序号	编号	会计科目名称	序号	编号	会计科目名称
9	1132	应收利息	55	2401	递延收益
10	1221	★其他应收款	56	2501	★长期借款
11	1231	★坏账准备	57	2502	应付债券
12	1321	受托代销商品	58	2701	长期应付款
13	1401	★材料采购	59	2702	未确认融资费用
14	1402	★在途物资	60	2711	专项应付款
15	1403	★原材料	61	2801	预计负债
16	1404	★材料成本差异	62	2901	递延所得税负债
17	1405	★库存商品			
18	1406	发出商品			三、所有者权益类
19	1407	商品进销差价	63	4001	★实收资本
20	1408	委托加工物资	64	4002	★资本公积
21	1411	周转材料	65	4101	★盈余公积
22	1471	存货跌价准备	66	4103	★本年利润
23	1501	持有至到期投资	67	4104	★利润分配
24	1502	持有至到期投资减值准备	68	4201	库存股
25	1503	可供出售金融资产			四、成本类
26	1511	长期股权投资	69	5001	★生产成本
27	1512	长期股权投资减值准备	70	5101	★制造费用
28	1521	投资性房地产	71	5201	劳务成本
29	1531	长期应收款	72	5301	研发支出
30	1532	未实现融资收益			五、损益类
31	1601	★固定资产	73	6001	★主营业务收入
32	1602	★累计折旧	74	6051	★其他业务收入
33	1603	固定资产减值准备	75	6101	公允价值变动损益
34	1604	★在建工程	76	6111	★投资收益
35	1605	工程物资	77	6301	★营业外收入
36	1606	固定资产清理	78	6401	★主营业务成本
37	1701	★无形资产	79	6402	★其他业务成本

续表

序号	编号	会计科目名称	序号	编号	会计科目名称
38	1702	累计摊销	80	6403	★营业税金及附加
39	1703	无形资产减值准备	81	6601	★销售费用
40	1711	商誉	82	6602	★管理费用
41	1801	长期待摊费用	83	6603	★财务费用
42	1811	递延所得税资产	84	6701	资产减值损失
43	1901	★待处理财产损溢	85	6711	★营业外支出
		二、负债类	86	6801	★所得税费用
44	2001	★短期借款	87	6901	以前年度损益调整
45	2101	交易性金融负债			

注:标有★的会计科目是基础会计学必须掌握的会计科目,其余会计科目将在中级财务会计中学习。

第四节 账户及其基本结构

一、账户的设置

(一)账户的含义

科学地设置会计科目可以实现对会计对象的具体内容(即会计要素)进行分类核算的目的。但是,会计科目只是对会计核算内容进行分类的名称,它无法反映经济业务发生后引起的各项会计要素具体内容的增减变动情况及其结果。因此,要对企业所发生的各项经济业务进行连续、系统和完整地登记,就必须根据会计科目开设相应的账户。

所谓账户,就是按照会计科目设置并具有一定的格式,用来分类、系统、连续地记录经济业务的工具。它由账户名称(即会计科目)和账户结构两部分组成。

(二)会计科目与账户的关系

会计科目与账户是两个既有区别又有联系的概念。其共同点在于两者都按会计对象的具体内容设置，相同名称的会计科目与账户反映的经济内容相同。两者的区别在于，会计科目只是一个名称，只表明某类经济内容，而账户既有名称又有一定的格式和结构，可以记录和反映某类经济内容的增减变动及其结果。两者间的关系非常紧密，会计科目是账户的名称，是设置账户的依据；账户是按照会计科目开设的，是会计科目的具体运用。正因为如此，在实际工作中，会计人员往往不加区别地把会计科目与账户作为同义语。

二、账户的基本结构

账户作为会计数据的载体，具有一定的结构。账户基本结构分为左右两方，一方登记增加额，另一方登记减少额。账户要依附于账簿开设。

账户的结构取决于记账方法和账户的性质。不同的记账方法，账户的结构是不同的，即使记账方法相同，如果账户的性质不同，账户的结构也是不同的。但是，无论采用何种记账方法，也不管是哪种性质的账户，其基本结构是相同的。虽然实际工作中经济业务的类型繁多，但是从数量方面来考察，不外乎是增加、减少两种情况，因此，账户结构也相应地分为两个基本部分，即左方和右方，一方登记增加额，另一方登记减少额。各账户左右两方的金额进行汇总相抵，就可反映增减变动的结果。在实际工作中，应根据实际需要来设计账户的具体格式，各个账户的格式并不完全相同，但一般来说，任何一种账户的设计，都应包括如下内容，如表 2-2 所示：

1. 账户的名称，即会计科目。
2. 日期和摘要，即记载经济业务的日期和概括说明经济业务的内容。
3. 凭证的种类、编号，即说明登记账户的依据。
4. 增加或减少的金额。
5. 余额。增加额减去减少额再加期初的余额即为期末余额。

期末余额＝期初余额＋本期增加发生额－本期减少发生额

表 2-2　　账户名称(会计科目)

20××年		记账凭证		摘要	借方	贷方	借或贷	余额
月	日	种类	号数					

为了便于说明问题，将账户的有关栏目进行简化，突出金额栏，账户的基本结构可用“T”字形账户(或称“丁”字形账户)表示。如图 2-2 所示。

图 2-2

需要注意的是,在账户的左、右两方中,哪一方登记增加,哪一方登记减少,这要取决于所采用的记账方法和各账户所记录经济业务的内容。

本章小结

1. 会计要素,就是对会计对象的具体内容按其经济特征所作的分类。新准则规定,会计要素包括资产、负债、所有者权益、收入、费用和利润六项。资产,按其流动性的强弱,可分为流动资产和非流动资产。负债,按其偿还期限的长短,可分为流动负债和非流动负债。从内容上看,所有者权益包括所有者投入资本、直接计入所有者权益的利得和损失以及留存收益等。收入有狭义和广义之分,会计要素中所定义的收入是狭义概念,它包括营业收入和投资收益。与收入相对应,狭义的费用包括营业成本和期间费用。利润是指企业在一定会计期间内的经营成果。

2. 会计等式,又称为会计恒等式,是指运用数学方程的原理来描述会计要素之间的相互关系的一种表达式。主要的会计等式有:基本会计等式和扩展会计等式。基本会计等式为:资产=负债+所有者权益。扩展会计等式为:资产+费用=负债+所有者权益+收入。企业无论发生什么样的经济业务,都不会破坏扩展会计等式平衡关系。

3. 会计科目就是对会计对象的具体内容(即会计要素)进一步分类所形成的项目。它是设置账户的依据。按所反映经济内容的性质不同,会计科目可分为资产类、负债类、所有者权益类、共同类、成本类和损益类六大类。按照所反映指标的详细程度,会计科目又可分为总分类科目和明细分类科目。

4. 账户是按照会计科目设置并具有一定的格式,用来分类、系统、连续地记录经济业务的工具。账户的基本结构是指账户应由哪几部分组成,以及如何在账户中记录经济业务的增加、减少及余额情况等。对于一个具体账户的左右两方,哪一方登记增加,哪一方登记减少,取决于所采用的记账方法和各账户所记录经济业务的内容。

思考题

1. 什么是资产?资产具有哪些特征?

2.什么是负债？负债具有哪些特征？

3.什么是所有者权益？它具有哪些特征？

4.什么是收入？它具有哪些特征？

5.什么是费用？它具有哪些特征？

6.什么是所有者权益？它具有哪些特征？

7.什么是会计等式？试述其类型并说明其意义。

8.经济业务的发生对基本会计等式的影响如何？

9.什么是会计科目？设置时需要遵循哪些原则？

10.什么是账户？它与会计科目的关系如何？

练习题

目的：熟悉和掌握会计要素、会计等式，以及经济业务对会计等式的影响。

资料：某企业 2007 年 4 月 1 日的资产总额为 800 000 元，负债总额是 300 000 元。所有者权益总额 500 000 元，该企业 2007 年 4 月发生以下经济业务：

(1)企业购入不需要安装的设备一台，价款 10 000 元，已用银行存款支付。

(2)企业购买原材料一批，价值为 6 000 元，材料已入库，货款尚未支付。暂不考虑增值税。

(3)经双方协商同意，企业将所欠甲单位的一笔货款 5 000 元，转为甲单位对该企业的投资。

(4)企业用银行存款 6 000 元偿还所欠某供应单位货款。

(5)企业收到购货单位所欠货款 10 000 元，已存入银行。

(6)企业用银行存款偿还短期借款 20 000 元。

(7)企业从银行提取现金 2 000 元备用。

要求：

(1)根据以上经济业务，逐项分析说明会计要素情况以及它对会计等式的影响。

(2)分别计算 4 月末企业的资产总额、负债总额和所有者权益总额。

第三章　复式记账

【学习目标】

◇ 理解复式记账法的原理及理论基础。
◇ 熟悉借贷记账法下各类账户的结构。
◇ 掌握会计分录编制方法。
◇ 掌握"T"字形账户的登记方法和试算平衡表的编制方法。

第一节　复式记账原理

一、记账方法概述

设置会计科目与账户，只是对会计要素进行了进一步的分类，为了全面、真实地反映企业经营活动的过程和结果，生产出有用的会计信息，还需要借助一定的记账方法，将经济业务的发生所引起的会计要素的增减变动在相应的账户中进行登记。这种在账户中登记经济业务的方法叫做记账方法。按照记账方式的不同，记账方法分为单式记账法和复式记账法。

单式记账是指对发生的每一项经济业务，一般只在一个账户中进行登记的方法。采用这种方法，通常只登记库存现金、银行存款、债权和债务账户，不核算实物资产，也不核算收入和费用。

可见，单式记账法记账手续简便，但不能全面地、系统地反映经济业务的来龙去脉，不能提供完整的会计信息，账户之间的记录没有直接的联系，不便于检查账户记录的正确性。因此，单式记账法是一种不完整、不科学的记账方法，只能在商品经济不发达、经济业务十分简单的情况下使用，不适用于现代化企业的会计核算。

复式记账法是指对发生的每一项经济业务，都以相等的金额，在两个或两个以上相互联系的账户中进行登记的记账方法。例如，企业购买不需要安装的设备一台，用银行存款支付全部款项 5 万元。采用复式记账法，企业一方面要在“银行存款”账户中记录减少 5 万元，同时还要在“固定资产”账户中记录增加 5 万元。复式记账法使每项经济业务都在所涉及的两个或两个以上相互联系的账户之间发生对应关系，且对应账户上登记的金额相等，因此它可以全面地、系统地反映各项经济业务的来龙去脉，也便于检查账户记录的正确性。因此，复式记账法是一种科学的记账方法。

二、复式记账法的理论基础

复式记账法的理论基础是扩展会计等式，即资产＋费用＝负债＋所有者权益＋收入。如前所述，任何一项经济业务的发生，扩展会计等式的平衡关系始终成立。复式记账法正是建立在这一理论基础之上，把发生的每一项经济业务都在两个或者两个以上账户中以同等金额加以记录，完整地反映资金的来源和运用，反映出经济业务的全貌。

三、复式记账法的优点

复式记账法是一种科学的记账方法，它具有如下两个优点：

1. 复式记账法可以全面地、系统地反映企业经济活动的全过程和结果

采用复式记账法，每一项经济业务都必须在两个或两个以上相互联系的账户中进行登记。这样，不仅可以全面、清晰地了解每一项经济业务的来龙去脉，而且在全部经济业务都登记入账以后，可以通过账户记录全面、系统地反映经济活动的全过程及结果。

2. 复式记账法可以进行账户发生额和余额试算平衡，检查账户记录的正确性

复式记账法要求每项经济业务都以相等的金额在两个或两个以上相互联系的账户中进行记录，这就使得相关账户的记录在数字上形成了一种相互平衡的关系。当一定会计期间的全部经济业务登记入账后，可以通过编制“试算平衡表”检查账户记录的正确性。

四、复式记账法的种类

从发展历史来看，我国曾经出现过收付记账法、增减记账法和借贷记账法三种复式记账法。我国财政部 2006 年颁布的《企业会计准则——基本准则》第十一条规定，企业

应当采用借贷记账法记账。目前我国非盈利组织会计和企业会计都采用借贷记账法。借贷记账法是世界各国普遍采用的一种记账法。

第二节　借贷记账法

借贷记账法是复式记账方法的一种。之所以称之为借贷记账法，原因在于其记账符号是“借”、“贷”二字。它产生于13世纪的意大利。当时，意大利的沿海城市的商品经济已经有了很大的发展，在商品交换中，为了适应借贷资本和商业资本经营管理的需要，逐步形成了借贷记账法。

“借”、“贷”二字的含义，最初是从借贷资本家的角度来解释的。借贷资本家经营货币借贷业务，对于存入的款项，记在贷主的名下，表明自身债务的增加；对于贷出的款项，记在借主的名下，表明自身债权的增加。此时的“借”、“贷”二字，如实地反映了债权债务关系，有着汉字意义，还不是一种记账符号。随着商品经济的进一步发展，经济活动的内容日趋复杂，会计所记录的经济业务的范围由原来的债权债务扩大到财产物资、经营损益和经营资本等的增减变动。这时，为了求得记账的一致，对于涉及非货币资金的经济业务，也利用“借”、“贷”二字说明账户的增减变化情况。这样，“借”、“贷”二字就逐渐失去了它原来的涵义，成了单纯的记账符号，成为借贷记账法中的专门术语。

一、借贷记账法的记账符号

借贷记账法是以“借”、“贷”作为记账符号，反映各会计要素增减变动的一种复式记账方法。“借”、“贷”二字只作为记账符号，表示记账方向。“借”、“贷”表示的记账方向相反。

对于某类账户来说，如果规定借方表示增加额，则贷方就表示减少额；如果规定借方表示减少额，则贷方就表示增加额。

二、借贷记账法的账户结构

在借贷记账法下，账户的基本结构是：左方为借方，右方为贷方。但哪一方登记增加额，哪一方登记减少额，则要根据账户反映的经济内容决定。

在借贷记账法下，规定资产类和费用类账户增加记入借方，减少记入贷方；同时规定负债类、所有者权益类和收入类账户增加记入贷方，减少记入借方（见图3-1）。

资产+费用	=	负债+所有者权益+收入
⇓		⇓
增加记入借方		增加记入贷方
减少记入贷方		减少记入借方

图 3-1

显然,扩展会计等式左右两方会计要素的增减变动涉及的相应账户记账方向规定刚好相反。这样规定的科学性在于,任何一项经济业务发生后,既有记入借方的账户,又有记入贷方的账户,而且记入借方的金额与记入贷方的金额相等。这便于检查该项业务的账务处理是否正确,月末全部经济业务登记入账后,进一步还可以进行试算平衡。

在借贷记账法下,"T"字形账户如图 3-2 所示。

借方	账户名称	贷方

图 3-2　账户的一般结构

(一)资产类账户的结构

资产类账户的结构为:借方登记资产的增加额,贷方登记资产的减少额;在一个会计期间内,资产类账户本期增加额合计数为本期借方发生额,本期减少额合计数为本期贷方发生额。资产类账户的余额一般为借方余额,表示该项资产的账面结余数。该类账户的结构如图 3-3 所示。

借方	账户名称(资产类)		贷方
期初余额	×××		
本期增加额	×××	本期减少额	×××
	×××		×××
本期借方发生额	×××	本期贷方发生额	×××
期末余额	×××		

图 3-3　资产类账户的结构

资产类账户的期末余额可根据下列公式计算:

期末借方余额=期初借方余额+本期借方发生额-本期贷方发生额

注意:如果用余额计算公式计算的结果为负数,则期末与期初余额方向相反。

(二)负债类账户的结构

负债类账户的结构为:贷方登记负债的增加额,借方登记负债的减少额。负债类账户一般为贷方余额,表示期末(下期初)负债的实有数。该类账户的结构如图 3-4 所示。

借方		账户名称(负债类)	贷方
		期初余额	×××
本期减少额	×××	本期增加额	×××
	×××		×××
本期借方发生额	×××	本期贷方发生额	×××
		期末余额	×××

图 3-4 负债类账户的结构

负债类账户的期末余额可根据下列公式计算:

期末贷方余额=期初贷方余额+本期贷方发生额-本期借方发生额

(三)所有者权益类账户的结构

所有者权益类账户的结构与负债类账户的结构相同,余额计算公式也一致。

利润类账户应归入所有者权益类,所以利润类账户结构与所有者权益类账户类似。但余额可能在借方,也可能在贷方。

(四)成本类账户的结构

成本类账户的结构与资产类账户的结构类似,余额计算公式也与资产类账户一致。

(五)损益类账户的结构

按照所反映的经济内容不同,损益类账户又可划分为(广义)收入类账户和(广义)费用类账户。

1.(广义)收入类账户的结构

收入类账户的结构与所有者权益类账户的结构相似。贷方登记收入的增加额,借方登记收入的减少额和转出额。由于月末要将本期实现的收入转入"本年利润"账户,因此,该类账户期末结账后没有余额。收入类账户的结构如图 3-5 所示。

借方	账户名称（收入类）		贷方
本期减少额或结转额	××× ×××	本期增加额	××× ×××
本期借方发生额	×××	本期贷方发生额	×××

图 3-5　收入类账户的结构

2.（广义）费用类账户的结构

费用类账户的结构与资产类账户的结构相似。在费用类账户中，借方登记费用的增加额，贷方登记费用的减少额。由于月末要将本期发生的费用转入“本年利润”账户，因此，该类账户期末结账后没有余额。费用类账户的结构如图 3-6 所示。

借方	账户名称（费用类）		贷方
本期增加额	××× ×××	本期减少额或结转额	××× ×××
本期借方发生额	×××	本期贷方发生额	×××

图 3-6　费用类账户的结构

将上述各类账户的结构归纳，如表 3-1 所示。

表 3-1　借贷记账法下各类账户的结构

账户类别	借方	贷方	余额方向
资产类	增加	减少	一般在借方
负债类	减少	增加	一般在贷方
所有者权益类	减少	增加	一般在贷方
成本类	增加	减少	一般在借方
收入类	减少或转出	增加	无余额
费用类	增加	减少或转出	无余额
利润类	减少	增加	贷方或借方

三、借贷记账法的记账规则

借贷记账法的记账规则，概括地说就是“有借必有贷，借贷必相等”。有借必有贷是指每项经济业务在两个或两个以上相联系的账户中登记时，既有记入借方的账户，又有记入贷方的账户。借贷必相等是指每项经济业务登入借方的金额必然等于登入贷方的金额。

四、在借贷记账法下的会计分录

由于企业的经济业务纷繁复杂，为了准确反映账户的对应关系，防止出现记账差错，在把发生的各项经济业务记入账户之前，必须先根据其经济业务内容编制会计分录。然后再根据会计分录来登记有关账户。在实际工作中，编制会计分录一般是通过填制记账凭证来完成的。

（一）会计分录的概念

所谓会计分录，是指按照借贷记账法的要求，在记账凭证中标明每一项经济业务应记入的账户名称（会计科目）、记账方向（借方、贷方）和记账金额的一种记录。

（二）会计分录的格式

会计分录应按如下规定的格式编制：

（1）先写借方科目，后写贷方科目；

（2）“贷”字要比“借”字退后一格；

（3）贷方金额要比借方金额退后一格，习惯上金额后不写“元”；

（4）不同会计科目不能写在同一行，要换行；

（5）借方总分类科目对齐，借方金额个位对齐；同样，贷方总分类科目对齐，贷方金额个位对齐。

会计分录编制的形式与所填会计凭证效果类似。

会计分录格式示意图，如图 3-7 所示。

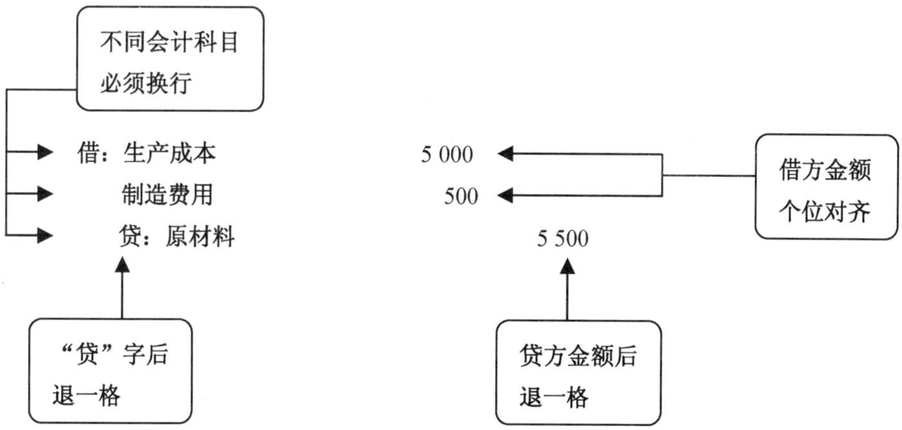

图 3-7

另外，凡是科目写错、金额写错、借、贷方向写错都是错账，所以编写会计分录一定要严格细致，尽量避免差错。

（三）编制会计分录的步骤

1. 分析经济业务的性质，根据经济业务的内容，确定它所涉及的账户及其类别；
2. 确定经济业务具体涉及哪几个账户，应在哪个账户中反映增加，哪个账户中反映减少；
3. 根据各类账户的结构，确定哪个账户记入借方，哪个账户记入贷方；
4. 编写会计分录后，检查记入借方的金额是否等于记入贷方的金额。

在同一个会计分录中的借方账户与贷方账户互为对应账户，即借方账户的对应账户是贷方账户，而贷方账户的对应账户是借方账户。

（四）编制会计分录的实例

设某有限责任公司20××年1月发生下列经济业务（例3-1～例3-7）：

【例3-1】企业收到某投资者投入设备一台，价值为150 000元。

分析：设备属于企业的固定资产，企业收到投资者投入资本金，应反映所有者权益项目实收资本的增加。因此，这笔经济业务的发生，一方面使资产类账户“固定资产”增加150 000元，应记入“固定资产”账户的借方；另一方面使所有者权益类账户“实收资本”增加150 000元，应记入“实收资本”账户的贷方。编制如下会计分录：

借：固定资产　　　　150 000

　　贷：实收资本　　　　150 000

在上述会计分录中，“固定资产”账户的对应账户是“实收资本”账户，而“实收资本”账户的对应账户是“固定资产”账户。

【例3-2】企业购买原材料24 000元，材料已验收入库，货款尚未支付。暂不考虑增值税。

分析：库存原材料的增减变动通过“原材料”账户核算，购货业务发生的债务应通过“应付账款”账户核算。这笔经济业务的发生，一方面使资产类账户“原材料”增加24 000元，记入“原材料”账户借方；另一方面负债类账户“应付账款”增加24 000元，记入该账户的贷方。编制如下会计分录：

借：原材料　　　　24 000

　　贷：应付账款　　　　24 000

【例3-3】企业开出现金支票，从开户银行提取现金2 000元。

分析：这笔经济业务的发生，一方面使资产类账户“库存现金”增加2 000元，记入该账户的借方；另一方面使资产类账户“银行存款”减少2 000元，记入该账户的贷方。编制如下会计分录：

借：库存现金　　　　2 000

　　贷：银行存款　　　　2 000

【例 3-4】企业接到银行收款通知书，收到华光厂所欠本企业货款 18 000 元。

分析：客户所欠本企业的货款属于本企业以前销货业务发生的债权，属于应收账款。这笔经济业务的发生，一方面使资产类账户“银行存款”增加 18 000 元，记入该账户的借方；另一方面收回货款使资产类账户“应收账款”减少 18 000 元，记入该账户的贷方。编制如下会计分录：

借：银行存款　　　　18 000

　　贷：应收账款　　　　18 000

【例 3-5】企业向银行借入期限为 6 个月的短期借款 50 000 元，款项存入开户银行。

分析：这笔经济业务的发生，一方面使资产类账户“银行存款”增加 50 000 元，记入该账户借方；另一方面使负债类账户“短期借款”增加 50 000 元，记入该账户的贷方。编制如下会计分录：

借：银行存款　　　　50 000

　　贷：短期借款　　　　50 000

【例 3-6】企业欠新华公司的货款 100 000 元，经双方协商同意转作新华公司对本企业的投资。

分析：企业的债务转作债权人对本企业投资后，应将债务冲销，同时投入资本增加。这笔经济业务的发生，一方面使负债类账户“应付账款”减少 100 000 元，记入该账户的借方；另一方面使所有者权益类账户“实收资本”增加 100 000 元，记入该账户的贷方。编制如下会计分录：

借：应付账款　　　　100 000

　　贷：实收资本　　　　100 000

【例 3-7】企业用银行存款交纳税金 20 000 元。

分析：企业用银行存款交纳税金，不论交纳哪一种税，也不论交纳哪一期的税金，都要冲减应交税费负债。因此，这笔经济业务的发生，一方面使负债类账户“应付税费”减少 20 000 元，记入该账户的借方；另一方面使资产类账户“银行存款”减少 20 000 元，记入该账户的贷方；

借：应交税费　　　　20 000

　　贷：银行存款　　　　20 000

（五）会计分录的种类

会计分录可分为简单会计分录和复合会计分录。

简单会计分录是指一项经济业务只涉及两个账户的会计分录，即“一借一贷”的会计分录。如例 3-1～例 3-7 中的会计分录都属于简单会计分录。

复合会计分录是指经济业务涉及两个以上账户的会计分录，即“一借多贷”、“多借一贷”和“多借多贷”的会计分录。

【例 3-8】某企业购入材料一批，价款为 25 000 元，其中，20 000 元已用银行存款支付，余款 5 000 元尚未支付。材料已入库，暂不考虑增值税。应编制如下会计分录：

借：原材料　　25 000

　　贷：银行存款　　20 000

　　　　应付账款　　5 000

【例 3-9】某企业销售产品一批，售价为 50 000 元，对方用银行存款已支付了 20 000 元，余款尚未收回。暂不考虑增值税。

分析：资产类账户银行存款、应收账款增加，应分别记入相关账户的借方；商品销售收入属于主营业务收入，“主营业务收入”账户增加，应记入该账户的贷方。应编制如下会计分录：

借：银行存款　　20 000

　　应收账款　　30 000

　　贷：主营业务收入　　50 000

上述例 3-8 和例 3-9 所编制的会计分录属于复合会计分录。

注意：不同类型的经济业务不能合并编制复合分录。如收款业务与付款业务属于不同类型的经济业务。

五、借贷记账法的试算平衡

试算平衡是指根据借贷记账法的记账规则和“资产＝负债＋所有者权益”的平衡关系来检查各类账户记录是否正确的一种方法。通常情况下，试算平衡是通过编制“试算平衡表”来进行的。

在借贷记账法下，试算平衡方法有发生额试算平衡法和余额试算平衡法两种。发生额试算平衡法是以借贷记账法的记账规则为依据的，余额试算平衡法是以“资产＝负债＋所有者权益”的平衡关系理论为直接依据的。

（一）发生额试算平衡法

在借贷记账法下，企业发生的每一项经济业务按照“有借必有贷，借贷必相等”的规则分别记入有关账户的借方和贷方，且借方金额等于贷方金额。在一定会计期间内，企业发生的全部业务登记入账后，全部总分类账户的本期借方发生额合计数必定等于全部总分类账户的本期贷方发生额合计数。这种数量相等的关系我们可以用如下公式表示：

全部总分类账户本期借方发生额合计＝全部总分类账户本期贷方发生额合计

借贷记账法正是利用这一公式，通过编制“总分类账户发生额试算平衡表”来对全部账户发生额进行试算平衡的，该表的格式如表 3-2 所示。

表 3-2　　**总分类账户发生额试算平衡表**

年　　月　　　　单位：元

账户名称	借方发生额	贷方发生额
合　　计		

(二)余额试算平衡法

根据会计恒等式“资产＝负债＋所有者权益”，各项资产余额的合计数必须要等于各项负债和所有者权益余额的合计数。由于会计等式的恒等性，可以推出全部账户期末借方余额的合计数必然等于全部账户期末贷方余额的合计数。这种数量相等的关系我们可以用如下公式表示：

全部总分类账户期末借方余额合计＝全部总分类账户期末贷方余额合计

上述公式对于期初余额也成立。

借贷记账法正是利用上述公式，通过编制“总分类账户余额试算平衡表”来对全部账户余额进行试算平衡的，该表的格式如表 3-3 所示。

表 3-3　　**总分类账户余额试算平衡表**

年　　月　　日　　　　单位：元

账户名称	借方余额	贷方余额
合　　计		

在实际工作中，试算平衡表是在月末结算出各账户的本期发生额和期末余额后编制的。我们也可以将本期发生额和期末余额合并在一张表上，通过编制“总分类账户本期发生额和期末余额试算平衡表”来进行试算平衡，其格式如表 3-4 所示。

表 3-4　　总分类账户本期发生额和期末余额试算平衡表

年　月　日　　　　单位:元

账户名称	期初余额		本期发生额		期末余额	
	借方	贷方	借方	贷方		
合　计						

在手工会计系统下,试算平衡表的编制步骤:

第一步,开设账户,并将各总分类账户期初余额分别登入相应的"T"字形账户;

第二步,分别将每一个会计分录的借方账户金额、贷方账户金额登入相应的"T"字形账户。为了防止漏登或重复登记,可以每登记一个账户金额,在分录中相应账户的金额后打"√";

第三步,分别结算出每一账户的本期借方发生额和贷方发生额并计算出该账户的期末余额;

第四步,将每一"T"字形账户的期初余额、本期发生额和期末余额直接登入试算平衡表内;

第五步,检查余额、本期发生额是否平衡,若不平衡应查找错误,并加以更正。

【例 3-10】承前例 3-1～例 3-7,假设该企业 20××年 1 月 1 日各总分类账的期初余额如表 3-5 所示。假设未列出的总分类账户的期初余额都为零。

表 3-5　　期初余额表

单位:元

账户名称	借方余额	账户名称	贷方余额
库存现金	1 000	短期借款	22 000
银行存款	130 000	应付账款	100 000
应收账款	58 000	应交税费	20 000
原材料	92 000	实收资本	324 000
固定资产	185 000		

要求:登记全部总分类账户的"T"字形账户,并编制试算平衡表。

本例"T"字形账户的登记结果如图 3-8 所示。试算平衡表编制结果如表 3-6 所示。

库存现金

借方		贷方	
期初余额	1 000		
（3）	2 000		
本期发生额	2 000	本期发生额	0
期末余额	3 000		

短期借款

借方		贷方	
		期初余额	22 000
		（5）	50 000
本期发生额	0	本期发生额	50 000
		期末余额	72 000

库存现金期末借方余额＝1 000＋2 000－0＝3 000(元)

短期借款期末贷方余额＝22 000＋50 000－0＝72 000(元)

银行存款

借方		贷方	
期初余额	130 000		
（4）	18 000	（3）	2 000
（5）	50 000	（7）	20 000
本期发生额	68 000	本期发生额	22 000
期末余额	176 000		

应付账款

借方		贷方	
		期初余额	100 000
（6）	100 000	（2）	24 000
本期发生额	100 000	本期发生额	24 000
		期末余额	24 000

应收账款

借方		贷方	
期初余额	58 000		
		（4）	18 000
本期发生额	0	本期发生额	18 000
期末余额	40 000		

应交税费

借方		贷方	
		期初余额	20 000
（7）	20 000		
本期发生额	20 000	本期发生额	0
		期末余额	0

原材料

借方		贷方	
期初余额	92 000		
（2）	24 000		
本期发生额	24 000	本期发生额	0
期末余额	116 000		

实收资本

借方		贷方	
		期初余额	324 000
		（1）	150 000
		（6）	100 000
本期发生额	0	本期发生额	250 000
		期末余额	574 000

借方	固定资产		
期初余额	185 000		
(1)	150 000		
本期发生额	150 000	本期发生额	0
期末余额	335 000		

图 3-8

表 3-6 **总分类账户本期发生额和期末余额试算平衡表**

20××年 1 月 31 日 单位:元

账户名称	期初余额		本期发生额		期末余额	
	借方	贷方	借方	贷方	借方	贷方
库存现金	1 000		2 000	0	3 000	
银行存款	130 000		68 000	22 000	176 000	
应收账款	58 000		0	18 000	40 000	
原材料	92 000		24 000	0	116 000	
固定资产	185 000		150 000	0	335 000	
短期借款		22 000	0	50 000		72 000
应付账款		100 000	100 000	24 000		24 000
应交税费		20 000	20 000	0		0
实收资本		324 000	0	250 000		574 000
合　计	466 000	466 000	364 000	364 000	670 000	670 000

在借贷记账法下,运用试算平衡表来检查账户记录的正确性。如果借贷不平衡,说明账户的记录和计算一定是错误的,必须进一步检查原因并加以更正。但同时也应当注意,通过了试算平衡,也不能完全肯定记账没有错误,因为有些记账错误不会影响到借贷双方的平衡关系。发生这类不影响借贷平衡关系的错误包括以下几种情况:

1. 重复记录某项经济业务;
2. 漏记某项经济业务;
3. 某项经济业务记录时,应借、应贷账户相互颠倒,借贷仍然平衡;
4. 用错应借或应贷账户;

5.某项错误的记录金额正好抵消另一项错误的记录金额,借贷仍然平衡。

上述错误不能通过试算平衡表发现,应采用其他方法查找。

本章小结

1.按照记账方式的不同,记账方法分为单式记账法和复式记账法。复式记账法是指对发生的每一项经济业务,都以相等的金额,在两个或两个以上相互联系的账户中进行登记的记账方法。复式记账法的理论基础是会计等式。

2.借贷记账法是以“借”、“贷”作为记账符号,记录经济业务发生或完成情况的一种复式记账方法。目前我国企、事业单位会计都采用借贷记账法。

3.账户的基本结构分为左右两方。在借贷记账法下,账户的基本结构是:左方为“借方”、右方为“贷方”。至于账户的哪一方记增加、哪一方记减少以及余额在哪一方,取决于账户的性质。

4.借贷记账法的记账规则为“有借必有贷,借贷必相等”。

5.会计分录是指按照借贷记账法的要求,在记账凭证中标明每一项经济业务应记入的账户名称(会计科目)、记账方向(借方、贷方)和记账金额的一种记录。会计分录分为简单会计分录和复合会计分录。

6.试算平衡是指根据借贷记账法的记账规则和“资产＝负债＋所有者权益”的平衡关系检查各类账户记录是否正确的一种方法。试算平衡方法有发生额试算平衡法和余额试算平衡法两种。

思考题

1.什么是复式记账法?其理论基础是什么?

2.什么是借贷记账法?其记账符号是什么?如何理解这些记账符号的含义?

3.借贷记账法的记账规则是什么?

4.编制会计分录的步骤包括哪些内容?会计分录的书写要求是什么?

5.什么是试算平衡?试算平衡的基本方法有哪些?

6.那些记账错误不能通过试算平衡方法发现?

练习题

1.目的:熟悉和掌握借贷记账法下的账户结构及账户余额的计算方法。

资料:某企业 2007 年 4 月 30 日有关账户的部分记录,见表 3-7。

表 3-7

账户名称	期初余额		本期发生额		期末余额	
	借方	贷方	借方	贷方	借方	贷方
库存现金	3 500		（　）	1 500	2 850	
短期借款		30 000	10 000	（　）		60 000
应付账款		18 000	8 000	（　）		35 600
实收资本		400 000	（　）	100 000		500 000
固定资产	125 000		12 000	0	（　）	
银行存款	73 400		（　）	32 500	58 400	
原材料	32 500		15 000	（　）	26 500	
应收账款	25 000		（　）	10 000	40 000	
无形资产	188 600		142 500	250	（　）	

要求：根据各类账户期初余额、本期发生额和期末余额的平衡关系，计算并将相应的金额填入空格内。

2. 目的：熟悉和掌握借贷记账法下会计分录的编制、账户的登记及试算平衡表的编制。

资料：某企业 2007 年 3 月 31 日有关总分类账户余额（也是 4 月 1 日的账户余额），见表 3-8。

表 3-8

账户名称	借方余额	账户名称	贷方余额
库存现金	3 000	短期借款	65 000
银行存款	35 000	应付账款	23 000
原材料	58 000	应交税费	8 000
生产成本	50 000	实收资本	150 000
固定资产	100 000		
合　　计	246 000	合　　计	246 000

假设未列出的总分类账户的余额为零。

4 月份发生下列经济业务：

(1)接到银行收款通知书，收到投资者投入资本金 200 000 元。

(2)用银行存款 40 000 元购入不需要安装的设备一台。

(3)购入原材料一批，买价 15 000 元，货款尚未支付，材料已验收入库。暂不考虑增值税。

(4)向银行借入短期借款 20 000 元，款项存入银行。

(5)生产产品领用原材料 12 000 元。

(6)用银行存款 35 000 元偿还应付账款。

(7)从银行提取现金 2 000 元。

(8)用银行存款偿还短期借款 30 000 元。

要求：

(1)编制会计分录；

(2)开设并登记有关的“T”字形账户；

(3)编制试算平衡表。

第四章 制造业企业主要经济业务的核算

【学习目标】

◇ 熟悉制造业企业的主要经济业务内容。
◇ 掌握资金筹集业务的会计核算方法。
◇ 掌握供应过程业务的会计核算方法以及材料采购成本的计算方法。
◇ 掌握生产过程业务的会计核算方法以及制造费用的分配方法。
◇ 掌握销售过程业务的会计核算方法。
◇ 掌握财务成果形成与分配业务的会计核算方法以及利润计算方法。

第一节 制造业企业主要经济业务概述

制造业企业是以产品的生产为主要经营活动内容的经济组织。如，四川长虹、宝钢股份、一汽轿车、青岛海尔等企业都是制造业企业。

制造业企业的经济业务可以划分为五大类：

1.资金筹集业务

企业从各种渠道筹集的资金（即资产），可能有货币形态的资金，也可能是设备、原材料等实物形态资金，也可能是专利权、非专利技术、土地使用权等无形资产。这部分业务包括投入资本、长期借款和短期借款业务。

2.供应过程业务

在生产准备阶段，企业以货币资金建造厂房，购买设备和各种材料物资，为进行产品生产准备必要的生产资料(包括:劳动资料和劳动对象)(见图 4-1)。

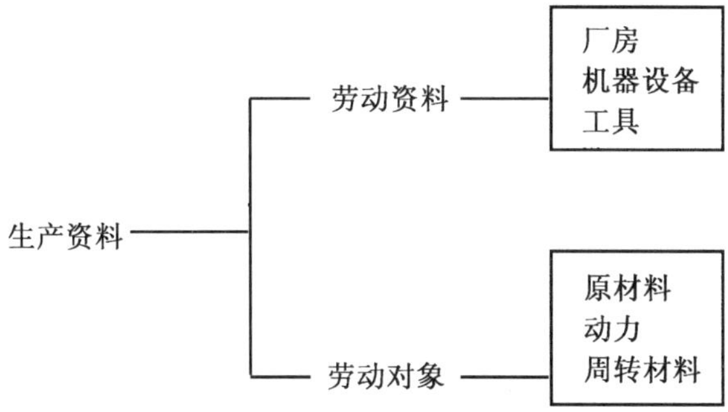

图 4-1

供应过程业务包括固定资产购置业务和物资采购业务。

3.产品生产过程业务

在产品的生产阶段,产品生产过程中消耗的各种原材料、人工、水电以及固定资产折旧费等生产费用的总和构成了产品的生产成本(价值指标)。为了加强内部成本管理,每一种消耗都要进行会计核算。产品生产过程业务包括原材料的消耗、工资费用的分配、制造费用的分配与结转、完工入库产品成本的结转等业务。

4.产品销售过程业务

在销售阶段,企业失去了产品,得到了货币资金或增加了债权(也可能是减少了债务)。产品销售过程业务包括产品销售业务、销售成本的结转业务等。

5.财务成果形成与分配业务

企业的全部收入与全部费用(生产费用除外)相抵后的差额即财务成果(利润或亏损)。这部分业务包括月末收入与费用的结转业务、利润的分配等业务。

为了满足管理和决策的需要,企业生产经营的每一个环节,凡是能用货币表现的经济活动会计上都要核算,提供相关的会计信息。

学习建议:参观附近一家大型制造业企业。参观路线设计:原材料库房——→各生产车间——→半成品仓库——→成品仓库——→财务部门。

通过参观熟悉该企业的原材料品种、半成品品种、库存商品品种、财务部门岗位设置,了解其生产经营特点,对制造业企业有初步的认识。

第二节 资金筹集业务的核算

资金是企业生存和发展的必要条件。企业的资金来源主要有两个渠道,一是企业所有者投入资本金，形成所有者权益；二是企业向债权人借入资金，这部分资金需到期还本付息，形成企业负债。

另外，企业在供应过程中，通过赊购业务也会占用供货单位一部分资金，形成企业的短期资金来源。

一、投入资金业务的核算

企业投资者投入的资本金将形成实收资本和资本公积。

（一）实收资本的核算

1. 实收资本的含义

实收资本是指企业的投资者按照企业章程或合同、协议的约定，实际投入企业的资本金。它是企业所有者权益的主要组成部分。实收资本属于法定资本。企业只能按法定程序增资或减资。

投资者投入的资本金除法规另有规定者外，不得随意抽回，企业在经营过程中实现的收入、发生的费用，以及在财产清查中发现的盘盈、盘亏等都不得直接增减投入资本。

2. 实收资本的分类

实收资本按照投资主体不同可分为：国家资本金、法人资本金、个人资本金和外商资本金。

3. “实收资本”账户

(1)本账户核算企业接受投资者投入的实收资本。

股份有限公司设“股本”账户。

(2)本账户可按投资者进行明细核算。

(3)本账户结构见图 4-2。

借方　　　　　　实收资本(或股本)	贷方
按法定程序减资	收到投资者投入资本或转增资本
	期末余额：反映企业实收资本或股本总额

图 4-2

【例 4-1】川东有限责任公司收到投资者投入人民币 50 万元，款项转存本企业开户银行；投入设备一套，投资合同约定价值 230 万元。（假定该设备不涉及增值税）

分析：这项业务使企业银行存款增加 50 万元，企业固定资产增加 230 万元，应分别记入对应账户的借方。另外，企业收到投资者投入资本金合计 280 万元，所有者权益类账户“实收资本”增加，应记入“实收资本”账户的贷方。编制的会计分录如下：

借:银行存款　　　　500 000
　固定资产　　　　2 300 000
　贷:实收资本　　　　　　2 800 000

(二)资本公积的核算

1."资本公积"账户

(1)本账户核算企业收到投资者出资额超出其在注册资本或股本中所占份额的部分。

直接记入所有者权益的利得或损失也通过本科目核算。

(2)本账户应当分别设置"资本溢价"(或"股本溢价")、"其他资本公积"等明细账户进行明细核算。

(3)本账户结构

本账户的贷方登记资本公积的增加额,借方登记资本公积的减少额,余额在贷方表示企业的资本公积的结余额。

资本公积属于所有者共同享有的权益,也是所有者权益的组成部分。

2.资本公积的用途

资本公积的唯一用途是转增资本金。

【例 4-2】川东公司经批准用资本公积 400 000 元转增资本金。

分析:用资本公积 400 000 元转增资本金,所有者权益类账户"资本公积"减少,应记入"资本公积"账户的借方。而另一个所有者权益类账户"实收资本"增加,应记入"实收资本"账户的贷方。编制如下会计分录:

借:资本公积　　　　400 000
　贷:实收资本　　　　　　400 000

【例 4-3】江南股份有限公司经过国家证监会批准,增发新股普通股 1 000 000 股,每股面值 1 元。发行价 5 元,发行手续费 200 000 元。款项存入开户银行。

分析:公司发行股票实收款=1 000 000×5−200 000=4 800 000 元

该公司银行存款增加 4 800 000 元,记入"银行存款"账户的借方;按面值记入"股本"账户,所有者权益类账户"股本"增加 1 000 000 元,记入"股本"账户的贷方;实收金额与股票面值的差额记入"资本公积"账户,所有者权益类账户"资本公积"增加,记入"资本公积"账户的贷方。编制如下会计分录:

借:银行存款　　　　4 800 000(实收款)
　贷:股本　　　　　　　　1 000 000(面值)
　　资本公积——股本溢价　3 800 000(差额)

二、借入资金业务的核算

(一)短期借款业务的核算

1.短期借款的含义

企业向银行或其他金融机构等债权人借入的期限在一年以下(含一年)的各种借款为短期借款。企业借入的各种款项必须按照规定的用途使用,按期支付利息,按期归还短期借款本金。

2.短期借款利息的确认与计量

(1)银行按月计收利息或利息数额较小时到期一并支付,企业在支付利息时,借记“财务费用”账户,贷记“银行存款”账户。

(2)银行按季或半年计收利息,企业会计按权责发生制的要求,在资产负债表日,将本月应付短期借款利息费用,借记“财务费用”账户,贷记“应付利息”账户。

3.短期借款核算的主要内容包括:

取得短期借款、计提应付短期借款利息、支付短期借款利息和偿还短期借款本金。本节只介绍借入短期借款的核算。按月计提应付短期借款利息业务的核算将在本章第六节中介绍。

4.“短期借款”账户

(1)本账户核算企业向银行或其他金融机构等债权人借入的期限在一年以下(含一年)的各种借款。

(2)本账户按借款种类、贷款人和币种进行明细核算。

(3)本账户结构见图4-3。

借方	短期借款 贷方
	期初余额
偿还短期借款本金	取得短期借款本金
	期末余额:尚未到期归还的短期借款本金

图4-3

【例4-4】江南公司于4月15日向重庆商业银行取得期限为一年的人民币借款100 000元,年利率为6%,所得借款存入银行。编制如下会计分录:

借:银行存款　　　　100 000

　贷:短期借款　　　　　100 000

(二)长期借款业务的核算

1. 长期借款的含义

长期借款是指企业向银行或其他金融机构借入的期限在一年以上(不含一年)的各项借款。

2. "长期借款"账户

(1)本账户核算企业向银行或其他金融机构借入的期限在一年以上(不含一年)的各项借款。

(2)本账户按贷款单位和贷款种类,分别按"本金"、"利息调整"等进行明细核算。"利息调整"核算实际利率与合同利率确定的利息差额。

注意:资产负债表日,分期付息到期还本的长期借款应付利息,在"应付利息"账户中核算。长期借款利息的核算,见《中级财务会计》。

(3)本账户结构见图 4-4。

长期借款

借方	贷方
	期初余额
偿还长期借款的本金	取得长期借款
	期末余额:反映企业尚未偿还的长期借款

图 4-4

【例 4-5】年初,江南公司为购建一条新的生产线(工期两年)向中国工商银行借入期限为三年的人民币借款 320 000 元。年利率为 6.8%,所借款项存入银行。编制如下会计分录:

借:银行存款　　　　320 000

　贷:长期借款——本金　　　　320 000

第三节　供应过程业务的核算

为了进行生产,企业必须建造厂房、建筑物,购置机器设备和进行材料采购。

一、固定资产购入业务的核算

(一)固定资产的含义

按新《企业会计准则 2006》规定,固定资产指同时具有下列两个特征的有形资产:

1. 为生产商品提供劳务、出租或经营管理而持有的；

2. 使用寿命超过一个会计年度；

3. 固定资产是有形资产。

使用寿命是指企业使用固定资产的预计期间、或者该固定资产所能生产产品或提供劳务的数量。

按新《企业会计准则 2006》规定，固定资产同时满足下列两个条件的，才能予以确认：

1. 与该固定资产有关的经济利益很可能流入企业；

2. 该固定资产的成本能可靠地计量。

例如，企业为生产商品提供劳务、出租或经营管理而持有的房屋、建筑物、机器、机械、运输工具以及其他与生产、经营有关的设备器具、工具等属于固定资产。

又如，制造业企业持有的行政办公用房、生产车间属于固定资产；而房地产开发商的商品房属于流动资产"开发产品"，不是固定资产。青岛海尔公司库存商品空调是存货，不是固定资产，而该公司办公用房安装的空调属于固定资产。

(二)固定资产的初始计量

1. 外购固定资产的成本包括购买价款、相关税费、使固定资产达到预定可使用状态前所发生的可归属于该项资产的运输费、装卸费、安装费和专业人员的服务费等。

2. 接受投资的固定资产的成本应当按照投资合同或协议约定的价值确定，但合同或协议约定价值不公允的除外。

固定资产的增加包括：购入、建造、接受投资、接受捐赠、盘盈等；

固定资产的减少包括：出售、报废、对外投资、盘亏等。

(三)"固定资产"账户

1. 本账户核算企业持有的固定资产原价。

2. 本账户按固定资产类别和项目进行明细核算。

融资租入固定资产可在本账户设置"融资租入固定资产"明细账户。

3. 固定资产账户结构见图 4-5。

借方　　　　　　　　　　固定资产	贷方
期初余额 增加固定资产的原始价值	减少固定资产的原始价值
期末余额：结存固定资产的原值	

图 4-5

(四)固定资产购入业务的核算

企业购入的机器设备分两种情况：

1. 购入不需要安装的设备，购入时直接记入“固定资产”账户。

2. 购入需要安装的设备，会计上设“在建工程”账户（资产类），通过该账户将工程成本归集到一起，等达到使用状态时再转入“固定资产”账户。

在建工程成本包括设备买价、相关税费、运杂费、包装费以及安装费等达到使用状态前的一切费用。

【例 4-6】江南公司购入一台不需要安装的设备，买价 300 000 元，增值税 51 000 元，包装运杂费 5 000 元，全部款项已用银行存款支付。当即交付使用。

分析：购入这项固定资产的实际成本＝300 000＋5 000＝305 000(元)

借：固定资产　　　　305 000

　　应交税费——应交增值税(进项税额)　　51 000

　　贷：银行存款　　　　356 000

【例 4-7】江南公司购入需要安装的机器设备一台，买价 1 000 000 元、增值税 170 000 元，包装运杂费 5 000 元，共计 1 175 000 元，全部款项用银行存款支付。设备交付安装。

分析：将买价、税金、运杂费计入在建工程成本，则工程成本增加，记入“在建工程”账户的借方；银行存款减少记入“银行存款”账户的贷方。

借：在建工程　　　　1 005 000

　　应交税费——应交增值税(进项税额)　　170 000

　　贷：银行存款　　　　1 175 000

【例 4-8】上述设备由该企业自行安装，该项工程应付安装工人工资 45 000 元，并计提安装工人福利费 6 300 元。

分析：安装工人的工资费和福利费，应计入在建工程成本。资产项目在建工程增加，记入“在建工程”账户的借方；负债项目应付职工薪酬增加，记入“应付职工薪酬”账户的贷方。

借：在建工程　　　　51 300

　　贷：应付职工薪酬——工资　　　　45 000

　　　　　　　　　　——职工福利　　6 300

【例 4-9】安装完毕交付使用，结转在建工程成本。

分析：在建工程总成本＝1 175 000＋51 300＝1 226 300 元

将完工工程成本转入固定资产后，固定资产增加，应记入“固定资产”账户的借方；在建工程完工转出后，在建工程减少，应记入“在建工程”账户的贷方。

借：固定资产　　　　1 056 300

　　贷：在建工程　　　　1 056 300

阅读资料　增值税简介

增值税是以商品生产、流通和劳务服务各个环节的增值因素为征税对象的一种流转税。

1.纳税人：在我国境内销售货物或者提供加工、修理、修配劳务以及进口货物的单位和个人为增值税纳税人。增值税纳税人分为：一般纳税人和小规模纳税人(由税务机关认定)。

2.一般纳税人适用的增值税的基本税率为17%，低税率为13%，出口货物增值税率为零。[①]

3.增值税采用价外税的形式。

4.增值税销项税额以货物销售额为计税依据，同时允许抵扣进项税额以实现按增值因素征税的原则。即

当期应纳税额＝当期销项税额－当期准予抵扣的进项税额

当期销项税额小于当期进项税额而不足抵扣时，其不足部分结转下期继续抵扣。

5.进项税额

(1)进项税额是纳税人购进货物或接受劳务所支付或所负担的增值税额。进项税额实际上是购货方价外支付给供货方的增值税额。

(2)货物进项税额是凭增值税专用发票抵扣。货物运费取得运输专用发票，按运费的7%的扣除率计入进项税额，运费的其余部分计入货物成本。

(3)对允许抵扣的进项税额，入账时，记入“应交税费——应交增值税(进项税额)”的借方，即冲减应交税费。

注意：进项税额不能计入材料采购成本。

6.进口货物增值税税款的计算

进口货物按所组成的计税价格和规定的税率计算应纳税额。计税价格和应纳税额的计算公式为：

应纳税额＝组成计税价格×税率

组成计税价格＝关税完税价格＋关税＋消费税

7.销项税额

销项税额是纳税人销售货物或者提供应税劳务，按规定税率计算并向购货方收取的增值税额。销项税额是销货方向购货方价外收取的增值税额。

销项税额＝销售额×税率

销售额＝含税销售额÷(1＋增值税率)

8.购进生产设备支付的增值税，允许抵扣，不应计入固定资产购建成本。非正常损失的货物的进项税额也不得抵扣，应予以转出。

9.小规模纳税人的增值税采用简易办法征收，小规模纳税人征收率为3%。小规模纳税人购货增值税应计入购货成本，不存在进项税抵扣问题；小规模纳税人购货只能取得普通发票。

---

① 按财政部出台的财税【2011】111号规定，从2012年1月1日起，在上海市交通运输业和部分现代服务业等开展增值税改革试点，在现行增值税基本税率基础上新增11%和6%两档低税率。

二、原材料采购业务的核算

原材料采购成本＝购买价款＋采购费用。

其中，一般纳税人企业材料采购费用包括：原材料运输费（扣除增值税）、相关税费（如进口关税、消费税）、装卸费、保险费以及其他属于原材料采购成本的费用等。

注意：采购费用不包括增值税进项税额，也不包括采购人员差旅费和采购机构经费。

一般纳税人原材料采购实际成本（需取得增值税专用发票）构成项目见图 4-6。

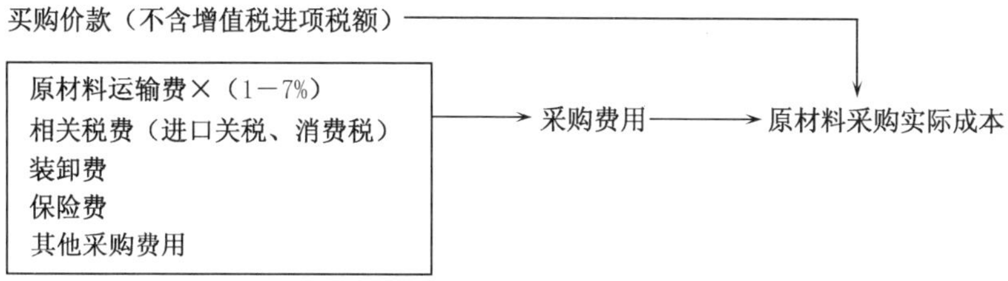

图 4-6

小规模纳税人材料采购实际成本（只能取得普通发票）构成项目见图 4-7。

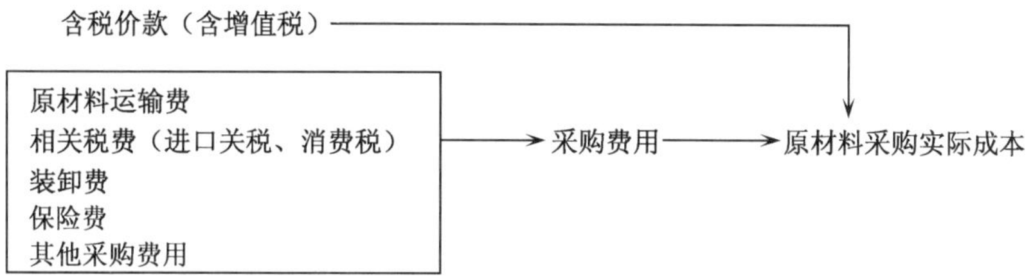

图 4-7

注意：小规模纳税人采购原材料只能取得普通发票，其价款为含增值税的含税价，全部计入采购成本；运费全部计入材料采购实际成本。小规模纳税人购货不存在进项税抵扣问题。

为了加强对材料采购业务的管理，反映和监督库存材料的增减变动和结存情况，以及因采购材料而与供应单位发生的债权债务结算关系，核算中应设置以下账户：

“在途物资”、“原材料”、“应付账款”、“预付账款”、“应付票据”、“应交税费”等账户。

说明：企业按实际成本进行材料日常核算设“在途物资”账户；若按计划成本进行日常核算，应设“材料采购”和“材料成本差异”账户（见《中级财务会计》）。本书只介绍按实际成本进行材料日常核算。

（一）“在途物资”账户（资产类）

1.“在途物资”账户是用来核算企业采用实际采购成本（或进价）进行材料、商品等物资的日常核算,货款已付尚未验收入库的在途物资的采购成本。

2. 本账户按供应单位和物资品种进行明细核算。

3. 本账户的结构见图4-8。

借方 在途物资	贷方
期初余额 购入原材料的买价和采购费用	结转入库材料的实际成本
期末余额:在途物资的实际成本	

图4-8

(二)"原材料"账户(资产类)

1."原材料"账户是用来核算企业库存的各种材料,包括原料、辅助材料、外购半成品(外购件)、修理用备件(备品备件)、包装材料、燃料等的计划成本或实际成本。(本书只介绍按实际成本进行材料日常核算)

2. 本账户可按材料的保管地点(仓库)、材料的类别、品种和规格等进行明细核算。

3. 本账户的结构见图4-9。

借方 原材料	贷方
入库原材料的实际成本	发出原材料的实际成本
余额:结存库存材料的实际成本	

图4-9

(三)"应付账款"账户(负债类)

1."应付账款"账户是用来核算企业因购买材料、商品或接受劳务等经营活动应支付的款项。

2. 本账户可按债权人设置明细账。

3. 本账户的结构见图4-10。

借方 应付账款	贷方
偿还应付供应单位款项	应付供应单位款项增加
	余额:尚未偿还的应付账款

图4-10

(四)"预付账款"账户(资产类)

1. 本账户核算企业按照合同规定预付的款项。

企业进行在建工程预付的工程款也在本科目核算。

预付款项不多的企业可以不设置本账户,将预付的款项直接记入"应付账款"账户。在这种情况下,"应付账款"账户,既核算债权又核算债务,成为双重性质的账户。

2. 本账户可按供货单位进行明细核算。

3. 本账户的结构见图 4-11。

借方	预付账款　　　贷方
向供应单位预付款项	收到材料冲销预付款项或退回预付款
期末余额:反映企业预付的款项	期末余额:表示应补付的款项

图 4-11

注意:本账户的余额可能在借方,也可能在贷方。

(五)"应付票据"账户(负债类)

1."应付票据"账户核算企业购买材料、商品和接受劳务供应等开出、承兑的商业汇票。包括商业承兑汇票和银行承兑汇票。

注:"承兑"指承担商业汇票到期时无条件付款的责任。商业汇票的承兑期限最多 6 个月,到期需无条件付款。

2. 本账户按债权人进行明细核算。

3. 企业应设置"应付票据备查簿",详细登记每一票据的种类、号数和出票日期、到期日、票面金额、交易合同号和收款人姓名或单位名称以及付款日期和金额等资料。应付票据到期结清时,在备查簿中予以注销。

4."应付票据"账户的结构见图 4-12。

企业购买材料签发并承兑商业汇票,则应付票据款(负债)增加,记入贷方;到期偿付,则应付票据款 (负债)减少,记入借方;期末贷方余额表示尚未到期的应付票据款。

借方	应付票据　　　贷方
偿还应付票据款	签发并承兑商业汇票
	余额:反映企业尚未到期的商业汇票票面金额

图 4-12

(六)"应交税费"账户

新《企业会计准则 2006》将各种税和应上交的附加费用都合并记入"应交税费"账户进行核算。

1. 本账户核算企业按照税法等规定计算应交纳的各种税费,包括增值税、消费税、营业税、所得税、资源税、土地增值税、城市维护建设税、房产税、土地使用税、车船使用税、教育费附加、矿产资源补偿费等。

企业代扣代交的个人所得税也通过本科目核算。

注意:印花税不在本账户中核算。

2. 本科目可按应交的税费项目进行明细核算。

例如,"应交增值税"、"应交消费税"、"应交城市维护建设税"、"应交所得税"、"应交营业税"、"应交教育费附加"等。

应交增值税还应分别对"进项税额"、"销项税额"、"出口退税"、"进项税额转出"、"已交税金"等设置专栏。

3."应交税费"账户的结构见图 4-13。

借方　　　　应交税费	贷方
本期实际交纳的各种税费或冲销的税费	本期应交纳的各种税费增加
余额:表示多交或尚未抵扣的税费	余额:表示尚未交纳的税费

图 4-13

购货方与供货方货款结算关系见图 4-14。

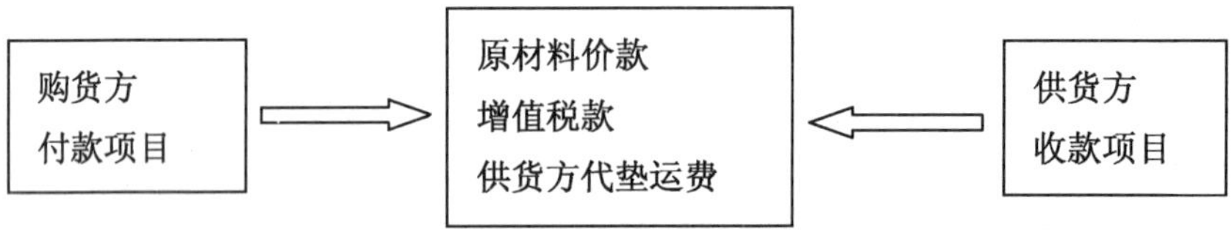

图 4-14

三、原材料采购业务会计核算实例

设江南公司为一般纳税人,库存材料按实际成本计价。2007 年 6 月份发生下列原材料采购业务:

【例 4-10】6 月 5 日,江南公司从鞍钢公司购入丁材料 100 千克,单价 50 元。增值税专业发票注明价款 5 000 元,增值税 850 元,价税合计 5 850 元。企业签发并承兑一张期限为6个月的商业汇票结算全部款项。材料已运达，并已验收入库。

分析：这项业务使企业库存原材料增加，应记入“原材料”账户的借方；增值税进项税额允许抵扣，应交税费负债减少，记入“应交税费”账户的借方；应付票据负债增加，记入“应付票据”账户的贷方。编制如下会计分录：

借：原材料——丁材料　　5 000
　应交税费——应交增值税（进项税额）　　850
　贷：应付票据　　5 850

注意：企业签发并承兑商业汇票时货款并未支付，只是货款用商业汇票结算，商业汇票到期时企业才付款。

【例4-11】6月10日，江南公司从宝钢股份公司购进甲材料15吨，增值税专用发票注明价款30 000元，增值税5 100元（30 000×17%），宝钢股份公司代垫材料运费400元。材料尚未运达企业。运单、发票已到，企业签发转账支票支付全部款项。

分析：材料尚未收到，所以在途物资（资产）增加，应记入“在途物资”账户的借方；增值税进项税额允许抵扣，应交税费负债减少，记入“应交税费”账户的借方；通过银行转账付款，企业银行存款减少，应记入“银行存款”账户的贷方。

支付款额＝购买价款＋货物增值税＋运费＝30 000＋5 100＋400＝35 500（元）

进项税额合计＝货物进项税额＋运费允许扣除的进项税额

＝5 100＋400×7%＝5 128（元）

甲材料采购成本＝购买价款＋扣除增值税后的运费

＝30 000＋400×（1－7%）＝30 372（元）

应编制如下会计分录：

借：在途物资——甲材料　　30 372
　应交税费——应交增值税（进项税额）　　5 128
　贷：银行存款　　35 500

注意：转账支票的付款期限为10天，签发转账支票记账时应直接冲减银行存款，即贷记“银行存款”，不通过“应付票据”核算。

【例4-12】6月17日，上述甲材料运达企业，并已验收入库。结转其实际采购成本。

分析：这项业务使企业资产项目库存原材料增加，应记入“原材料”账户的借方。将在途物资成本转入原材料成本后，资产项目在途物资减少，应记入“在途物资”账户的贷方。编制如下会计分录：

借：原材料——甲材料　　30 372
　贷：在途物资——甲材料　　30 372

【例4-13】6月20日，江南公司按照购货合同规定用银行存款向马钢股份公司预付货款20 000元。

分析：企业预付货款时，企业的预付账款债权（资产）增加，应记入“预付账款”账户的借方。银行存款减少，应记入“银行存款”账户的贷方。应编制如下会计分录：

借：预付账款——马钢股份公司　20 000

　贷：银行存款　　20 000

【例 4-14】6 月 23 日，江南公司收到马钢股份公司发运来的丙材料，并验收入库。增值税专用发票注明价款 75 000 元，增值税 12 750 元，冲销原预付款 20 000 元，不足款项当即用银行存款补付。

分析：补付金额＝（价款＋税金）－预付账款＝(75 000＋12 750)－20 000＝67 750（元）

方法一

借：原材料——丙材料　75 000

　应交税费——应交增值税（进项税额）12 750

　贷：预付账款——马钢股份公司　20 000 ←—冲销预付款

　　银行存款　67 750 ←—补付款

方法二

（1）补付余款时，编制会计分录

　借：预付账款——马钢股份公司　67 750

　　贷：银行存款　67 750

（2）收到材料时，编制会计分录

　借：原材料——丙材料　75 000

　　应交税费——应交增值税（进项税额）　12 750

　　贷：预付账款——马钢股份公司　87 750

注意：如果余款尚未补付，则收到材料时只编制会计分录(2)，这时“预付账款——马钢股份公司”明细账户可能出现贷方余额，表示应补付的款项（负债）。

若一次购入多种材料，发生共同运费，则共同运费应按一定标准分配。共同运费的分配方法见下例。

【例 4-15】6 月 26 日，江南公司从攀枝花钢铁公司购入一批材料，增值税专用发票注明甲材料价款 35 000 元，乙材料价款 15 000 元，增值税 8 500 元，用银行存款支付全部款项。材料尚未收到。编制会计分录如下：

借：在途物资——甲材料　35 000

　　　　——乙材料　15 000

　应交税费——应交增值税（进项税额）　8 500

　贷：银行存款　58 500

【例 4-16】6 月 28 日，江南公司用银行存款支付上述从攀枝花钢铁公司购入甲、乙两种材料的共同运费 10 000 元，专用运输发票填列甲材料 10 吨，乙材料 5 吨。按两种材料重量比例分配扣除增值税后的共同运费。

运费允许扣除的进项税额＝10 000×7%＝700(元)

扣除增值税后的共同运费＝10 000×(1－7%)＝9 300(元)

分配率＝9 300÷(10＋5)＝620(元/吨)

计入甲材料成本的运费＝620×10＝6 200(元)

计入乙材料成本的运费＝620×5＝3 100(元)(＝9 300－6 200)

编制会计分录如下：

借：在途物资——甲材料　　6 200
　　　　　　——乙材料　　3 100
　　应交税费——应交增值税(进项税额)　　700
　　贷：银行存款　　10 000

【例 4-17】6 月 30 日，江南公司上述从攀枝花钢铁公司购入的甲、乙两种材料运达本企业，并已验收入库。结转其采购成本。

借：原材料——甲材料　　41 200
　　　　　——乙材料　　18 100
　　贷：在途物资——甲材料　　41 200(35 000＋6 200)
　　　　　　　　——乙材料　　18 100(15 000＋3 100)

表 4-1　　材料采购成本计算表

材料品种	计量单位	数量	价款(元)	扣除增值税后的运费		总成本(元)	单位成本(元)
				分配率(元/吨)	金额(元)		
甲材料	吨	10	35 000	620	6 200	41 200	4 120
乙材料	吨	5	15 000	620	3 100	18 100	3 620
合计	—	15	50 000	—	9 300	59 300	—

第四节　生产过程业务的核算

一、生产过程业务概述

制造业企业的主要经济活动是生产物质产品。产品的生产过程同时也是生产的耗费过程。产品生产消耗包括原材料、水电、人工、固定资产折旧费以及其他生产费用等。

企业在一定会计期间内为生产产品而发生的能用货币表现的生产耗费属于生产费用。

企业在一定时期内发生的生产费用最终都要归集、分配到一定种类和一定数量的产品上，形成各种产品的成本。企业为生产一定种类、一定数量的产品所支出的各种生产费用的总和，就是这些产品的制造成本。

产品成本项目包括：直接材料、直接人工和制造费用。

(1)直接材料是指直接用于产品生产、构成产品实体的原料、主要材料以及有助于产品形成的辅助材料。

(2)直接人工是指直接从事产品生产的工人的薪酬。

(3)制造费用是企业为生产产品和提供劳务而发生的各项间接费用。

产品生产业务核算的主要内容是产品生产过程中，生产费用的发生、归集和制造费用的分配，以及完工产品生产成本的计算与结转。

二、生产费用的归集与分配

(一)材料费用的分配

生产产品耗料直接计入产品成本；车间一般耗料计入制造费用；行政管理部门领料计入管理费用；专设销售机构领料计入销售费用；在建工程领料计入在建工程成本，并转出该批材料的增值税进项税额，且进项税额也应计入在建工程成本。

生产环节材料费用的分配涉及到“生产成本”和“制造费用”等账户。

1.“生产成本”账户

(1)本账户是核算企业进行工业生产，包括生产各种产品(包括产成品、自制半成品、提供劳务等)、自制材料、自制工具、自制设备等所发生的各项生产费用。

(2)本账户按“基本生产成本”、“辅助生产成本”设置二级账，按成本核算对象设置明细账。

(3)账户的结构见图 4-15。

借方	生产成本　　　　贷方
(1)本期直接材料 (2)本期直接人工 (3)月末分配转入的制造费用	月末结转完工验收入库产成品的成本
余额：反映企业的在产品成本	

图 4-15

2."制造费用"账户

(1)制造费用是指企业为生产产品和提供劳务而发生的各项间接费用。包括:车间管理人员的薪酬、车间发生的固定资产折旧费、修理费、车间办公费、水电费、机物料消耗(指车间一般消耗材料,如润滑油等)、生产设备租金、车间劳动保护费等。另外还包括,企业为车间管理人员无偿提供的住房发生的住房折旧费以及租入住房给车间管理人员无偿使用,发生的房租费也应计入制造费用。

(2)"制造费用"账户核算制造费用的归集和分配业务。

(3)本账户可按不同的生产车间、部门和费用项目进行明细核算。

(4)本账户的结构见图 4-16。

借方　　　　　　　　　　　　制造费用	贷方
车间范围内发生的各项间接费用	月末分配结转制造费用

图 4-16

除季节性的生产性企业外,本账户期末结转后应无余额。

(二)职工薪酬的分配

应由生产产品、提供劳务负担的职工薪酬,计入产品成本或劳务成本;应由在建工程、无形资产负担的职工薪酬,计入建造固定资产或无形资产成本;行政管理部门管理人员职工薪酬计入管理费用,专设销售机构(销售网点,售后服务网点)人员职工薪酬计入销售费用。

生产环节职工薪酬的分配除涉及前述"生产成本"、"制造费用"账户外,还要设"应付职工薪酬"账户。

1."应付职工薪酬"账户

(1)职工薪酬是指企业为获得职工提供的服务而给予的各种形式的报酬以及其他相关支出。职工薪酬包括:职工工资、奖金、津贴和补贴;职工福利费;医疗保险费、养老保险费、失业保险费、工伤保险费等社会保险费;住房公积金;工会经费和职工教育经费;非货币性福利;因解除与职工的劳动关系而给予的补偿;其他与获得职工提供的服务相关的支出。

(2)本账户核算企业根据有关规定应付给职工的各种薪酬。

企业(外商)按规定从净利润中提取的职工奖励及福利基金也在本账户中核算。

(3)本账户可设"工资"、"职工福利费"、"社会保险费"、"住房公积金"、"工会经费"、"职工教育经费"、"非货币性福利"、"辞退福利"、"股份支付"等明细账户进行明细核算。

(4)"应付职工薪酬"账户的结构见图 4-17。

借方	应付职工薪酬 贷方
实际发放职工薪酬	应付职工薪酬增加
	余额:反映企业应付未付的职工薪酬

图 4-17

(5)工资发放业务的会计核算

①财务会计部门应将“工资单”进行汇总,编制“工资汇总表”,按规定手续向银行提取现金。

借:库存现金

　　贷:银行存款

注意:如果由银行代付工资,则不必提取现金。

②用现金支付工资时,编制会计分录:

借:应付职工薪酬——工资　　　　　(应发工资额)

　　贷:库存现金　　　　　　　　　(实发工资额)

　　　　其他应收款　　　　　　　　(代扣个人水电费等)

　　　　应交税费——应交个人所得税 (代扣个人所得税)

③企业用银行存款代付个人水电费和个人所得税时,编制会计分录:

借:其他应收款

　　应交税费——应交个人所得税

　　贷:银行存款

(三)制造费用的归集与分配

1. 制造费用的归集

制造费用包括的费用项目和账户的设置,前面已作介绍。

在制造费用的归集过程中,计提车间固定资产折旧费,还需设“累计折旧”账户。

(1)“累计折旧”账户(资产类)

企业应对所有固定资产计提折旧,但是,已提足折旧仍能继续使用的固定资产和单独计价入账的土地除外。

①折旧是指在固定资产使用寿命内,按照确定的方式对应计折旧额进行系统分摊。

②计提折旧有三个方面的作用:

a. 能确保固定资产在有效期限内收回投资,更新过时的或丧失能力的固定资产。

b. 正确计算固定资产净值(净值＝原值－累计折旧),从而了解固定资产的新旧程度。

c.有利于正确地计算各期成本费用。

③固定资产折旧费核算

车间用固定资产的折旧费计入制造费用；行政管理部门的折旧费用计入管理费用；专设销售机构折旧费计入销售费用；经营性出租(指租期在一年内)固定资产的折旧费计入其他业务成本。

若企业的职工住房是供职工无偿使用的，其折旧费应按不同部门职工类别，分别计入制造费用、管理费用和销售费用。

折旧额的计算见《中级财务会计》。

④"累计折旧"是用来反映和监督企业固定资产累计折旧情况的账户。

"累计折旧"账户，贷方登记本期提取的折旧额，表示固定资产损耗的价值，即表示资产价值的减少，故应记入贷方。借方登记减少的折旧额。因固定资产报废、出售和盘亏，在冲销固定资产原值时要注销其相应的折旧额。贷方余额表示固定资产已提取的累计折旧额。

"累计折旧"账户可按固定资产类别或项目进行明细分类核算。"累计折旧"账户的结构见图 4-18。

借方　　　累计折旧	贷方
固定资产折旧减少或注销额	固定资产折旧增加
	余额：现有固定资产累计折旧额

图 4-18

2.制造费用的分配

制造费用应按企业成本核算办法的规定，分配计入有关成本计算对象，月末结转本月制造费用，借记"生产成本"、"劳务成本"，贷记"制造费用"。

制造费用分配方法一般包括：按生产工人工资；按生产工人工时；按机器工时；按耗用原材料的数量或成本。

例如，按生产工人工资分配制造费用，计算步骤：

制造费用分配率＝本月制造费用总额÷本月生产工人工资总额

某产品应负担的制造费用＝分配率×该产品本月生产工人工资额

三、制造业企业生产过程业务会计核算实例

江南公司 2007 年本月发生下列生产业务：

【例 4-18】南江公司本月发出材料汇总及其用途如表 4-2 所示。

表 4-2　　　　发料凭证汇总表

单位：元

用　途	甲材料	乙材料	丙材料	合计
制造产品耗用				
A 产品耗用	70 000	35 000		105 000
B 产品耗用	82 000	63 000		145 000
小　计	152 000	98 000		250 000
车间一般耗用			3 000	3 000
合　计	152 000	98 000	3 000	253 000

分析：A 产品耗用材料费用应计入 A 产品生产成本；B 产品耗用材料费用应计入 B 产品生产成本；“生产成本”账户增加，记入借方，“生产成本”账户按产品品种设明细账户；车间一般耗料费用应计入制造费用；“制造费用”账户增加，记入借方；发出材料，企业的资产库存原材料减少，应记入“原材料”账户的贷方，“原材料”账户按原材料品种设明细账户。编制如下会计分录：

借：生产成本——A 产品　　105 000
　　　　　　——B 产品　　145 000
　　制造费用　　　　　　　3 000
　　贷：原材料——甲材料　　　　152 000
　　　　　　　——乙材料　　　　　98 000
　　　　　　　——丙材料　　　　　 3 000

【例 4-19】月末，分配本月工资费用，南江公司本月职工工资资料如下：

A 产品生产工人计件工资	54 000 元
B 产品生产工人计件工资	16 000 元
生产工人计时工资（共同工资）	2 000 元
车间管理人员工资	3 000 元
公司行政管理人员工资	17 000 元
合计	92 000 元

本月 A 产品生产工时为 600 工时，B 产品生产工时为 400 工时。共同计时工资按产品生产工时比例分配。

分析：生产工人计件工资直接计入生产成本；共同计时工资应按生产工时比例分配计入生产成本。

分配率＝2 000÷(600＋400)＝2(元/工时)

A 产品分配共同工资费用＝600×2＝1 200 元

B 产品分配共同工资费用＝400×2＝800 元

A 产品生产工人工资费用合计＝54 000＋1 200＝55 200 元

B 产品生产工人工资费用合计＝16 000＋800＝16 800 元

表 4-3 工资费用分配表

应借科目		计件工资(元)	计时工资			工资额合计(元)
			生产工时(工时)	分配率(元/工时)	分配金额(元)	
生产成本	A 产品	54 000	600	2	1 200	55 200
	B 产品	16 000	400	2	800	16 800
	小 计	70 000	1 000	—	2 000	72 000
制造费用						3 000
管理费用						17 000
合 计						92 000

A 产品生产工人工资费用应计入 A 产品生产成本；B 产品生产工人工资费用应计入 B 产品生产成本；车间管理人员工资费用应计入制造费用，公司行政管理人员工资费用应计入管理费用。同时公司应付工资负债增加，记入“应付职工薪酬”账户的贷方。

编制如下会计分录：

借：生产成本——A 产品　　55 200

　　　　　　——B 产品　　16 800

　　制造费用　　3 000

　　管理费用　　17 000

　贷：应付职工薪酬——工资　　92 000

【例 4-20】月末，按职工工资额的 14%计提职工福利费。

分析：生产工人福利费应计入生产成本，车间管理人员福利费应计入制造费用，行政管理人员福利费应计入管理费用。福利费属于职工薪酬的组成部分，提取福利费时，应付职工薪酬负债增加，记入“应付职工薪酬”账户的贷方。因此应编制如下会计分录：

借：生产成本——A 产品　　7 728(55 200×14%)

　　　　　　——B 产品　　2 352(16 800×14%)

　　制造费用　　420(3 000×14%)

管理费用　　　　　　　　　　2 380(17 000×14%)

贷:应付职工薪酬——职工福利　　　　　12 880(92 000×14%)

【例 4-21】本企业租入住房供职工无偿使用,本月应付租金 1 200 元。其中 A 产品生产工人用房租金 500 元,公司行政管理人员用房租金 700 元。

分析:企业租入供职工无偿使用的住房租金属于职工薪酬的组成部分。生产工人薪酬计入生产成本;公司行政管理人员薪酬计入管理费用;应付职工薪酬负债增加,记入“应付职工薪酬”账户的贷方。编制如下会计分录:

借:生产成本——A 产品　　　　　　500

管理费用　　　　　　　　　　700

贷:应付职工薪酬 ——非货币性福利　　　　1 200

【例 4-22】江南公司本月车间用电 20 000 元,管理部门用电 11 700 元,增值税专用发票注明增值税额 5 389 元(税率 17%),价税合计 37 089 元。企业开出支票支付全部款项。

分析:车间电费应计入制造费用;行政管理部门电费应计入管理费用。生产经营用电进项税额允许抵扣。编制如下会计分录:

借:制造费用　　　　　　　　　　20 000

管理费用　　　　　　　　　　11 700

应交税费——应交增值税(进项税额)　5 389

贷:银行存款　　　　　　　　　　　　37 089

【例 4-23】江南公司,月末计提折旧 2 500 元。其中生产车间固定资产折旧 2 000 元,行政管理部门固定资产折旧 500 元。另外,企业无偿向 B 产品生产工人提供的住房(企业自有住房)本月发生折旧费 400 元。

分析:车间固定资产折旧费应计入制造费用;行政管理部门固定资产折旧费用应计入管理费用。提取折旧时累计折旧增加(表示固定资产损耗增加,从而资产减少),应记入“累计折旧”账户的贷方。编制如下会计分录:

①借:制造费用　　　2 000

管理费用　　　　500

贷:累计折旧　　　　　2 500

②企业无偿向生产工人提供住房,其折旧费也属于职工薪酬的组成部分。

借:生产成本——B 产品　　　　　　400

贷:应付职工薪酬——非货币性福利　　　　400

借:应付职工薪酬——非货币性福利　400

贷：累计折旧 400

【例 4-24】开出转账支票支付本月生产设备租金 1 000 元。

分析：生产车间发生的生产设备租赁费应计入制造费用。编制如下会计分录：

借：制造费用 1 000

贷：银行存款 1 000

【例 4-25】用库存现金支付车间购买办公用品费 580 元。

分析：车间办公费应计入制造费用。编制如下会计分录：

借：制造费用 580

贷：库存现金 580

【例 4-26】月末，计算本月制造费用总额。并按产品工时比例分配并结转制造费用。其中 A 产品生产工时 600 工时，B 产品生产工时 400 工时。

分析：(1)将本月"制造费用"账户的借方金额合计，可得

本月制造费用总额＝3 000＋3 000＋420＋20 000＋2 000＋1 000＋580＝30 000(元)

(2)分配率＝本月制造费用总额÷产品生产工时总数

＝30 000÷(600＋400)＝30(元/小时)(保留三位小数)

A 产品应负担制造费用＝30×600＝18 000(元)(保留两位小数)

B 产品应负担制造费用＝30×400＝12 000(元)(30 000－18 000)

(3)结转制造费用时，将制造费用转入生产成本，生产成本增加，记入"生产成本"账户的借方；转出制造费用，冲减制造费用，记入"制造费用"账户的贷方。

借：生产成本——A 产品 18 000

——B 产品 12 000

贷：制造费用 30 000

四、完工产品生产成本的计算与结转

(一)产品生产成本计算的一般程序

1. 确定成本计算对象

企业生产过程为制造产品所发生的各种费用，按照所生产产品的品种进行分配和归集，计算各种产品的总成本和单位成本。

成本计算对象就是产品品种。并按产品品种设置生产成本明细账(也称成本计算单)。按照产品品种计算成本是产品成本计算的最基本方法。

2. 按成本项目分配和归集生产费用

制造业企业一般设立以下三个成本项目：

直接材料，指直接用于产品生产、构成产品实体的原料、主要材料以及有助于产品形成的辅助材料。

直接人工，指直接参加产品生产的生产工人的薪酬。

制造费用，指为生产产品而发生的各项间接费用。（制造费用包括的费用项目前面已介绍）。

注：生产成本如何在完工产品与在产品之间进行分配，见《成本会计》。

完工产品生产成本＝期初在产品成本＋本期发生的生产费用－期末在产品成本

为了核算完工产品成本结转及其库存商品成本情况，需要设置“库存商品”账户。

“库存商品”账户是用来反映和监督企业库存的外购商品、自制商品、自制半成品的实际成本（或计划成本）的增减变动及其结存情况的账户。

产成品是指企业已经完成全部生产过程并已验收入库，可以作为商品对外销售的产品。

“库存商品”账户的借方登记已经完成全部生产过程并已验收入库的产成品的实际成本；贷方登记出库产品的实际成本；余额在借方，表示库存产成品的实际成本，即成品资金的占用额。

该账户应按产成品的种类、品种和规格设置明细账，进行明细分类核算。

“库存商品”账户的结构见图 4-19。

借方　　　　库存商品	贷方
完工入库产成品的实际成本	出库产成品的实际成本
余额：库存产成品的实际成本	

图 4-19

【例 4-27】本月完工入库 A 产品 380 件，B 产品全部未完工。设 A 产品月初在产品 4 500元，经计算 A 产品月末在产品 928 元（计算方法见《成本会计》），结转完工入库 A 产品生产成本。

分析：A 产品本月生产成本＝105 000＋55 200＋7 728＋500＋18 000＝186 428（元）

完工 A 产品成本＝A 产品月初在产品＋A 产品本月生产成本－A 产品月末在产品成本

＝4 500＋186 428－928＝190 000（元）

完工 A 产品单位成本＝190 000÷380＝500（元）

将完工 A 产品的生产成本转入库存商品成本后，库存商品增加，记入“库存商品”账户的借方；转出生产成本，生产成本减少，记入“生产成本”账户的贷方。

借:库存商品——A产品 190 000
　贷:生产成本——A产品 190 000

第五节 销售过程业务的核算

一、销售过程业务概述

(一)制造业企业的主营业务范围

制造业企业的主营业务范围包括:销售商品、自制半成品、代制品、代修品以及提供工业性劳务(如来料加工、修理修配)等。

(二)企业商品销售收入的确认

按新《企业会计准则2006》的要求,企业销售商品收入的确认,必须同时符合以下条件:

1.企业已将商品所有权上的主要风险和报酬转移给购货方。

商品所有权上主要风险和报酬转移的判断:

(1)企业已将商品所有权上的主要风险和报酬转移给购货方是指与商品所有权有关的主要风险和报酬同时转移。

与商品所有权有关的风险是指商品可能发生减值或毁损等形成的损失;

与商品所有权有关的报酬是指商品价值增值或通过使用商品等产生的经济利益。

(2)判断企业是否已将商品所有权上的主要风险和报酬转移给购货方,应当关注交易的实质,并结合所有权凭证的转移进行判断。

通常情况下,转移商品所有权凭证并交付实物后,商品所有权上的主要风险和报酬随之转移,如大多数零售商品。

某些情况下,转移商品所有权凭证但未交付实物,商品所有权上的主要风险和报酬随之转移,企业只保留了次要风险和报酬,如交款提货方式销售商品。

有时,已交付实物但未转移商品所有权凭证,商品所有权上的主要风险和报酬未随之转移,如采用支付手续费方式委托代销的商品。

2.企业既没有保留通常与所有权相联系的继续管理权,也没有对已售出的商品实施有效控制。

企业将商品所有权上的主要风险和报酬转移给买方后,若仍然保留通常与所有权相联系的继续管理权，或仍然对售出的商品实施控制，则此项销售不能成立，不能确认相应的销售收入。如发出的委托代销商品，在收到受托方送来的代销清单前，委托方还不能确认收入。

如果对售出商品保留了与所有权无关的管理权，则不受本条件的限制。

如房地产开发商在商品房售出后，仍保留了物业管理权（这与房屋所有权无关），但商品房销售收入已实现。

3.与交易相关的经济利益能够可靠地流入企业。

经济利益是指直接或间接流入企业的现金或现金等价物。

与交易相关的经济利益，在销售商品的交易中，即为销售商品的价款。

一般情况下，企业售出的商品符合合同或协议规定的要求，并已将发票账单交付买方，买方也承诺付款，即表明销售商品的价款能够收回。

4.收入的金额能够可靠地计量。

《企业会计制度》规定，销售商品收入的计量，应根据企业与购货方签订的合同或协议的金额确定，无合同或协议的，应按购销双方协商的价格确定。

企业在销售商品时，售价通常已经确定，但销售过程中由于某种不确定因素，也有可能出现售价变动的情况，则新的售价未确定前不应确认收入。

5.相关的已发生或即将发生的成本能够可靠地计量。

在对收入予以确认时，按照配比原则要求，必须在成本能够可靠地计量的同一会计期间确认收入。

（三）商品销售收入金额的计量

根据新《企业会计准则2006》的规定，企业销售商品满足收入确认条件时，应当按照已收或应收合同或协议价款的公允价值确定销售商品收入金额。

从购货方已收或应收的合同或协议价款通常为公允价值。

对于合同或协议明确规定销售商品需要延期收取价款，如分期收款销售商品，其销售收入的确认与计量见《中级财务会计》。

（四）商品销售收入确认条件的具体应用

1.销售商品采用预收款方式的，在发出商品时确认收入，预收的货款应确认为负债。

2.销售商品需要安装和检验的，在购买方接受商品以及安装和检验完毕前，不确认收入，待安装和检验完毕时确认收入。如果安装程序比较简单，可在发出商品时确认收入。

3.销售商品采用支付手续费方式委托代销的，在收到代销清单时确认收入。

另外，对于其余商品销售方式，其商品销售收入的确认方法见《中级财务会计》。

二、主营业务核算的主要内容

主营业务核算的主要内容包括：主营业务收入的确认与计量、主营业务成本的计算与结转、销售费用的发生与归集、税费的计算与缴纳、营业利润或亏损的确定、销货款结算与收回等。

(一)主营业务收入的核算

商品销售业务需要设置的账户包括："主营业务收入"、"应收账款"、"应收票据"、"预收账款"等账户。

1."主营业务收入"账户

(1)本账户核算企业因销售商品和提供劳务等实现的主营业务收入。

(2)本账户按主营业务种类进行明细分类核算。

(3)本账户的结构见图 4-20。

借方	主营业务收入　　　　　　贷方
(1)销售退回和销售折让冲减商品销售收入 (2)期末转入"本年利润"的主营业务收入	本期实现的商品销售收入

图 4-20

本账户月末结转后无余额。

2."应收账款"账户

(1)本账户核算企业因销售商品、提供劳务等经营活动而应收取的款项。

企业代购货单位垫付的包装费、运杂费，借记本账户，贷记"银行存款"等账户；收回代垫款项时，借记"银行存款"账户，贷记本账户。

(2)本账户可按债务人进行明细分类核算。

(3)本账户的结构见图 4-21。

借方	应收账款　　　　　　贷方
应收账款增加	收回应收账款
余额：反映企业尚未收回的应收账款	余额：反映企业预收的账款

图 4-21

企业因销售商品、提供劳务等，采用递延方式收取合同或协议价款、实质上具有融资性质的，在"长期应收款"账户中核算。

3."应收票据"账户

(1)本账户核算企业因销售商品、提供劳务等而收到的商业汇票,包括商业承兑汇票和银行承兑汇票。

承兑人在商业汇票到期时,承担无条件付款的责任。

(2)本账户可按开出、承兑商业汇票的单位进行明细核算。

(3)企业因销售商品、提供劳务等而收到已承兑的商业汇票,按应收票据的票面金额借记本账户,贷记有关账户;应收票据到期,按实际收到的金额,借记"银行存款"账户,按票面金额贷记本账户。本账户期末借方余额反映企业持有的商业汇票的票面金额。本账户的结构见图 4-22。

借方	应收票据　　　　贷方
收到已承兑的商业汇票	到期收回应收票据款 或企业贴现、背书转让持有的商业汇票
余额:反映企业持有的商业汇票金额	

图 4-22

注意:商业汇票有确定的付款期限(最多 6 个月),企业到期才收款。所以企业收到商业汇票时,款项并未收到,只是取得了收款的权利,即应收票据债权增加。

企业应当设置"应收票据备查簿",逐笔登记商业汇票的种类、号数和出票日、票面金额、交易合同号和付款人、承兑人、背书人的姓名或单位名称、到期日、背书转让日、贴现日、贴现净额以及收款日和收回金额、退票等情况资料。商业汇票到期结清票款或退票后,应在备查簿中予以注销。

4."预收账款"账户

(1)本账户核算企业按合同规定预收的款项。

预收账款不多的单位也可以不设本账户,将预收款项直接记入"应收账款"账户。在这种情况下,"应收账款"账户既核算债权又核算债务,成为双重性质的账户。

(2)本账户可按购货单位进行明细核算。

(3)本账户的结构见图 4-23。

借方	预收账款　　　　贷方
销售实现时冲销预收账款	向购买单位预收款项
余额:应补收的款项(债权)	余额:反映企业预收款项(债务)

图 4-23

销货方与购货方的结算关系见图 4-24。

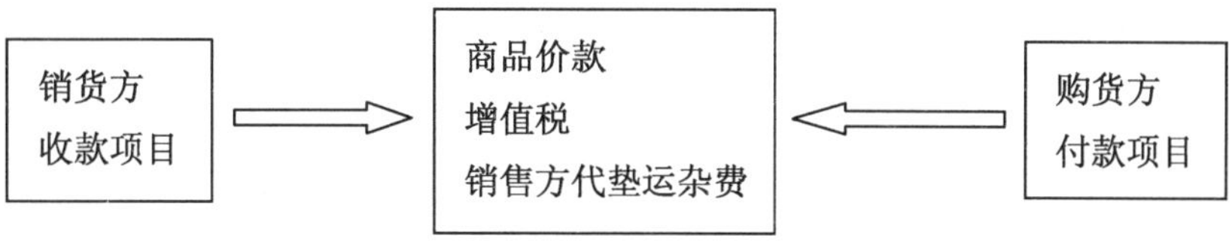

图 4-24

主营业务收入核算实例

江南公司本月发生下列商品销售业务：

【例 4-28】江南公司向红岩工厂销售 A 产品 400 件，每件售价 800 元，增值税专用发票注明该批 A 产品的价款为 320 000 元，增值税税率为 17%，增值税为 54 400 元；用银行存款代垫运费 600 元(运费由购货方承担)。收到红岩工厂开来一张已承兑的商业汇票，期限 3 个月，面值为 375 000 元，结算全部款项。

分析：应收款＝售价＋增值税销项税额＋代垫运费＝320 000＋54 400＋600

＝375 000(元)＝商业汇票的面值

这项销售业务使江南公司的应收票据款(债权)增加 375 000 元，应记入“应收票据”账户的借方；实现的商品销售收入 320 000 元，应记入“主营业务收入”账户的贷方；公司应价外收取增值税销项税额，增加了公司的债权，但同时产生了纳税义务，应交税费负债增加，应记入“应交税费”账户的贷方；用银行存款代垫运费 600 元，银行存款减少，记入“银行存款”账户的贷方。应编制如下会计分录：

借：应收票据　　375 000

　贷：主营业务收入　　320 000(售价)

　　应交税费——应交增值税(销项税额)　　54 400

　　银行存款　　600(代垫运费)

【例 4-29】江南公司按照售货合同规定预收兴凯工厂订购 A 产品的货款 150 000 元，款项存入本企业开户银行。

分析：企业预收购货单位货款时，银行存款增加，记入“银行存款”账户的借方；预收账款负债增加，记入“预收账款”账户的贷方。编制会计分录如下：

借：银行存款　　150 000

　贷：预收账款——兴凯工厂　　150 000

【例 4-30】江南公司向兴凯工厂销售 A 产品 200 件，每件售价 800 元，商品已发出，增值税专用发票注明的价款 160 000 元，增值税 27 200 元。冲销预收账款 150 000 元。不足部分当即收到存入银行。

分析:应收款=售价+增值税销项税额=160 000+27 200=187 200(元)

已补收款=187 200-150 000=37 200(元)

方法一

企业发出产品结算货款,原预收款150 000元已抵作货款,预收账款负债应予以冲销,预收账款负债减少,记入借方。编制的会计分录如下:

借:预收账款——兴凯工厂　　150 000

　银行存款　　37 200(补收款)

　贷:主营业务收入　　160 000

　　应交税费——应交增值税(销项税额)　　27 200

方法二

(1)补收其余货款时,编制如下分录

借:银行存款　　37 200

　贷:预收账款——兴凯工厂　　37 200(补收款)

(2)发出产品

借:预收账款——兴凯工厂　　187 200(价+税)

　贷:主营业务收入　　160 000

　　应交税费——应交增值税(销项税额)　　27 200

注意:如果余款尚未收回,只作会计分录(2)。在这种情况下,预收账款账户可能出现借方余额,表示应补收的款项,属于企业的债权。

【例4-31】江南公司向山峡公司销售A产品100件,价款80 000元,增值税13 600元。收到山峡公司转账支票一张,结清全部款项。支票当日送存开户银行。另外,用库存现金支付运费900元,运费由本企业承担。

分析:收款额=价+税=80 000+13 600=93 600元

支票送存银行,使江南公司的银行存款增加93 600元,应记入“银行存款”账户的借方;销售业务发生的运费,应计入销售费用,销售费用增加,记入“销售费用”账户的借方。应编制如下会计分录:

(1)借:银行存款　　93 600

　贷:主营业务收入　　80 000

　　应交税费——应交增值税(销项税额)　　13 600

(2)用库存现金支付运费

借:销售费用　　900

　贷:库存现金　　900

注意:分录(1)和分录(2)不能合并。这是因为,收款业务和付款业务属于两个性质不同的业务。

(二)主营业务成本的核算

已销商品成本称为主营业务成本。将销售发出的商品成本转为主营业务成本,应遵循配比原则的要求,不仅主营业务成本的结转应与主营业务收入在同一会计期间加以确认,而且计算主营业务成本与主营业务收入的商品销售数量应保持一致。

1."主营业务成本"账户

(1)本账户核算企业确认销售商品、提供劳务等主营业务收入时应结转的成本。

(2)本账户应按主营业务的种类进行明细核算。

(3)本账户的结构见图 4-25。

借方　　　　主营业务成本	贷方
本期已销售商品的成本	期末转入"本年利润"账户的主营业务成本

图 4-25

本账户结账后无余额。

【例 4-32】江南公司本月份共销售 A 商品 700 件,单位成本 500 元。期末结转本月已销 A 商品的制造成本。

分析:A 产品售出后库存商品减少,将库存商品成本转入主营业务成本,则主营业务成本增加,应记入"主营业务成本"账户的借方;库存商品减少,记入"库存商品"账户的贷方。应编制分录如下:

借:主营业务成本　　　　　　350 000

　贷:库存商品——A 商品　　　　　　350 000

(三)税费的核算

1."营业税金及附加"账户(损益类账户、费用计算账户)

(1)本账户核算企业经营活动发生的营业税、消费税、资源税、城市维护建设税、教育费附加等相关税费(这些税费是销货方的费用,不能向购货方价外收取,属于价内税费)。

与投资性房产相关的房产税、土地使用税也在本账户中核算。

注意:(非投资性房产)房产税和土地使用税、车船使用税、矿产资源补偿费、印花税在"管理费用"账户中核算。

城建税额=当月实际已纳的营业税、消费税和增值税合计×城建税税率

城建税税率：市区为7%，县城和镇为5%，乡村为1%。

教育费附加的计算方式类似于城建税。由于这些税金及附加是在当月计算而在下个月缴纳的，因而计算应交税金及附加时，一方面形成企业的一项负债，另一方面确认为企业的费用。教育费附加征收率为3%。

(2)本账户的结构见图4-26。

借方	营业税金及附加　　　　贷方
本期发生的各项税费	期末转入"本年利润"账户的本月税费

图 4-26

月末，本账户结账后无余额。

注意：企业用存款交纳增值税，不是企业的费用，不能记入"营业税金及附加"账户，而应冲减应交税费，记入"应交税费"账户的借方。

"营业税金及附加"账户核算的应交税费业务会计分录：

借：营业税金及附加

　　贷：应交税费——应交资源税

　　　　　　　　——应交消费税

　　　　　　　　——应交城市维护建设税

　　　　　　　　——应交教育费附加

注意：按新《企业会计准则2006》规定，教育费附加也在"应交税费"账户中核算。

【例4-33】江南公司按照规定计算出的本月份应付城市维护建设税为4 709.04元，教育费附加为2 018.16元。(设江南公司所在地的城市维护建设税税率为7%)

分析：城市维护建设税和教育费附加是企业的税费，应计入营业税金及附加，费用类账户"营业税金及附加"增加，记入借方。

借：营业税金及附加　　　　　　6 727.20

　　贷：应交税费——应交城市维护建设税　　　　4 709.04

　　　　　　　　——应交教育费附加　　　　　　2 018.16

学习任务指派：查阅企业产品销售各环节的业务流程资料。必要时可以选择一家制造业企业进行调查。从客户订货单、销货合同、销货通知单、提货单、运单、销货发票等了解企业销售业务的管理制度。

第六节 财务成果形成与分配业务的核算

一、财务成果的概念

企业的财务成果指企业在一定会计期间内所实现的最终经营成果，也就是企业实现的利润或亏损总额(或称为盈亏)，简称损益。

进行财务成果核算的一个重要任务就是正确计算企业在一定会计期间内实现的利润(或亏损)。而正确计算利润(或亏损)关键在于正确计算同一个会计期间的收入和费用，然后通过收入与费用的配比来确定该会计期间的利润(或亏损)。

企业财务成果核算的主要内容：利润计算和对利润进行分配。

二、利润的构成与计算

利润是一个综合价值指标。

企业的净利润分下面三步计算：

1.营业利润＝营务收入－营业成本－营业税金及附加－销售费用－管理费用－财务费用－资产减值损失＋公允价值变动收益(损失为负数)＋投资收益(净损失为负数)

其中，营务收入＝主营业务收入＋其他业务收入

营业成本＝主营业务成本＋其他业务成本

2.利润总额＝营业利润＋营业外收入－营业外支出

3.净利润＝利润总额－所得税费用

上述各个利润指标如果计算结果为负数，则表示亏损。

企业在一定会计期间内实现的净利润(或发生的净亏损)，取决于该期间全部收入(广义)和全部费用(广义)的配比。其中，与营业利润核算有关的主营业务收入、主营业务成本等核算内容上一节已经介绍。

本节主要阐述销售费用、管理费用、财务费用、投资收益、营业外收入、营业外支出、所得税费用的核算以及利润总额和净利润的计算。

三、净利润形成过程的核算

(一)期间费用的核算

期间费用是指不能直接归属于某个特定产品的成本,而应直接计入当期损益的各种费用。

期间费用不能计入产品成本,而应在当期损益中扣除。

期间费用包括:管理费用、财务费用和销售费用。

1."管理费用"账户

(1)本账户核算企业为组织和管理企业生产经营活动所发生的管理费用,包括企业在筹建期间内发生的开办费、董事会和行政管理部门在企业的经营管理活动中发生的或者应由企业同意负担的公司经费(包括行政管理部门职工薪酬、物料消耗、低值易耗品消耗、办公费和差旅费等)、董事会会费(包括董事会成员津贴、会议费、差旅费等)、聘请中介机构费、咨询费、(含顾问费)、诉讼费、业务招待费、房产税、土地使用税、印花税、车船使用税、技术转让费、矿产资源补偿费、研究费用、排污费。

自用无形资产摊销、行政管理部门水电费和固定资产折旧费以及修理费也计入管理费用。

注意:按新《企业会计准则 2006》规定出租无形资产摊销,应记入"其他业务成本"账户。坏账损失和存货跌价损失记入"资产减值损失"账户,不在本账户中核算。

商品流通企业管理费用不多的可不设本科目,将本科目核算的内容并入"销售费用"科目处理。

(2)本账户按费用项目进行明细核算。

2."销售费用"账户

(1)本账户核算企业销售商品和材料、提供劳务的过程中发生的各种费用,包括保险费、包装费、展览费和广告费、商品维修费、预计产品质量保证损失、运输费、装卸费等以及为销售本企业商品而专设的销售机构(含销售网点、售后服务网点等)的职工薪酬、业务费、折旧费等经营费用。

(2)本账户可按费用项目进行明细核算。

注意:销货方代垫的运费应向购货方收回,不得计入销售费用。

3."财务费用"账户

(1)本账户核算企业为筹集生产经营所需资金而发生的筹资费用。包括:利息支出(减存款利息收入)、佣金支出、(非金融企业)汇兑损益以及相关手续费、企业发生的现金折扣和收到的现金折扣等。

(2)本账户按费用项目进行明细核算。

各费用类账户结构是类似的。费用类账户的结构如图 4-27 所示。

借方	费用类账户 贷方
本期发生的各项费用	期末转入“本年利润”账户的费用

图 4-27

费用类账户结账后无余额。

【例 4-34】职工王丽出差预借差旅费 2 000 元，用库存现金支付。应编制如下会计分录：

借：其他应收款—王丽　　2 000

　　贷：库存现金　　　　　2 000

【例 4-35】江南公司职工王丽报销差旅费 1 680 元，原借款 2 000 元，余额退回现金 320 元，结清借支。

分析：差旅费应由企业负担，计入管理费用。多余现金已收回，故企业结清了这项借款 2 000 元，即其他应收款（债权）减少 2 000 元，应记入“其他应收款”账户的贷方。编制会计分录如下：

借：管理费用　　　　　1 680（报销额）

　　库存现金　　　　　　320（收回余款）

　　贷：其他应收款——王丽　　　2 000（原借款额）

【例 4-36】江南公司用银行存款 300 元支付本月产品的广告费。

借：销售费用　　300

　　贷：银行存款　　300

【例 4-37】开出转账支票购买办公用品 1 000 元。办公用品当即交公司行政管理部门使用。

分析：企业行政管理部门的办公费，应计入管理费用。应编制如下会计分录：

借：管理费用　　1 000

　　贷：银行存款　　1 000

【例 4-38】计提本月应付短期借款利息 400 元。

分析：本月短期借款利息费用应计入财务费用；本月发生的应付未付短期借款利息，使企业应付利息负债增加 400 元，记入“应付利息”账户的贷方。编制会计分录如下：

借：财务费用　　400

　　贷：应付利息　　400

【例 4-39】江南公司经计算本月应付本公司某销售网点职工工资 12 000 元，并提取福利费 1 680 元（12 000×14%）。

分析：销售网点属于公司的专设销售机构，其发生的职工工资和福利费等职工薪酬应计入销售费用。

借:销售费用　　　　　13 680

　　贷:应付职工薪酬——工资　　　12 000

　　　　　　　　　——职工福利　1 680

【例 4-40】江南公司经计算本月应缴纳车船使用税 2 000 元,房产税 1 000 元。另外用库存现金支付印花税 200 元。

(1)借:管理费用　　　　　3 000

　　　贷:应交税费——应交车船使用税　2 000

　　　　　　　　——应交房产税　　　1 000

(2)借:管理费用　　　　　200

　　　贷:库存现金　　　　　200

(二)其他业务收入、成本的核算

1."其他业务收入"账户核算企业除主营业务活动以外的其他经营活动实现的收入。包括出租固定资产、出租无形资产、出租包装物和商品、销售材料等实现的收入。

2."其他业务成本"账户核算企业除主营业务活动以外的其他经营活动发生的支出。包括出租固定资产的折旧额、出租无形资产的摊销额、出租包装物的成本或摊销、销售材料的成本等。

注意:除主营业务活动以外的其他经营活动发生的相关税费在"营业税金及附加"账户中核算。

(三)营业外收支的核算

1."营业外收入"账户核算企业发生的各项营业外收入。包括非流动资产处置利得、非货币性资产交换利得、债务重组利得、政府补助、固定资产盘盈利得和接受捐赠利得。相关业务的核算见《中级财务会计》。

2."营业外支出"核算企业发生的各项营业外支出。包括非流动资产处置损失、非货币性交换损失、债务重组损失、公益性捐赠支出、非常损失、固定资产盘亏损失等。

注意:营业外收入与营业外支出不存在配比关系。

【例 4-41】江南公司开出转账支票向某福利院捐款 25 000 元。

分析:公益性捐赠支出应计入营业外支出,使营业外支出增加 25 000 元,同时公司的银行存款减少 25 000 元。应编制如下会计分录:

借:营业外支出　　　　25 000

　　贷:银行存款　　　　　25 000

(四)所得税费用的核算

1.企业所得税是企业依照国家税法的规定,对企业某一经营年度的所得,按照规定的税率计算并交纳的税款。

2. 企业所得税按年计算，分期预交。按年计算公式如下：

所得税额＝应纳税所得额×所得税税率

应纳税所得额＝利润总额±所得税前利润中予以调整的项目

关于调整项目，见《中级财务会计》。

3. “所得税费用”账户（损益类账户、费用计算账户）

本账户核算企业确认发生的应从当期利润总额中扣除的所得税费用。

（五）本年利润的核算

1. “本年利润”账户核算企业当期实现的净利润（或发生的净亏损）。

2. 月末结转利润时，应将各损益类账户的金额转入本账户。本账户的贷方登记从各收入账户转入的本月实现的各项收入；借方登记从各费用账户转入的本月发生的各项费用。

3. 若本月收入大于费用，其差额为本月实现的净利润；若本月费用大于收入，其差额为本月净亏损。

4. 在年度中间，“本年利润”账户的余额予以保留，不予转账。若为贷方余额，表示从年初至本月末累计实现的净利润；若为借方余额表示累计发生的净亏损。

5. “本年利润”账户的结构如图 4-28 所示。

借方	本年利润　　贷方
从有关费用账户转入的	从有关收入账户转入的
（1）主营业务成本	（1）主营业务收入
（2）其他业务成本	（2）其他业务收入
（3）营业税金及附加	（3）公允价值变动收益
（4）销售费用	（4）投资净收益
（5）管理费用	（5）营业外收入
（6）财务费用	
（7）资产减值损失	
（8）公允价值变动损失	
（9）投资净损失	
（10）营业外支出	
（11）所得税费用	
余额：累计发生的净亏损	余额：累计实现的净利润

图 4-28

在每月末，将各收入账户的本月贷方发生额转入“本年利润”账户，本年利润增加，应记入“本年利润”账户的贷方，而各收入账户转出时，应作相反方向的记录，记入借方，结转后，各收入账户无余额。编制会计分录如下：

借:主营业务收入
　　其他业务收入
　　投资收益(净收益)
　　公允价值变动损益(收益)
　　营业外收入
　　贷:本年利润

同时,在每月末,将各费用账户的借方发生额转入“本年利润”账户,本年利润减少,应记入“本年利润”账户的借方,而各费用账户转出时,应作相反的记录,记入贷方,结转后,各费用账户无余额。编制会计分录如下:

借:本年利润
　　贷:主营业务成本
　　　　其他业务成本
　　　　营业税金及附加
　　　　销售费用
　　　　管理费用
　　　　财务费用
　　　　资产减值损失
　　　　公允价值变动损益(损失)
　　　　投资收益(净损失)
　　　　营业外支出
　　　　所得税费用

5. 在年末,应将本账户余额转入“利润分配——未分配利润”账户,结转后本账户无余额。

【例 4-42】江南公司月末,将本月各项收入和费用转入“本年利润”账户。本月损益类账户发生额资料见表 4-4。

表 4-4　　单位:元

会计科目	借方发生额	会计科目	贷方发生额
主营业务成本	350 000	主营业务收入	560 000
营业税金及附加	67 272		
管理费用	38 160		
财务费用	400		
销售费用	14 880		
营业外支出	25 000		

(1)月末,结转本月发生的各项收入。编制会计分录如下:

借:主营业务收入　　560 000

　贷:本年利润　　　　560 000

即从各收入账户借方转入"本年利润"账户的贷方。

(2)月末,将本月发生的各项费用转入"本年利润"账户。编制如下分录:

借:本年利润　　495 712

　贷:主营业务成本　　350 000

　　营业税金及附加　　67 272

　　管理费用　　38 160

　　财务费用　　400

　　销售费用　　14 880

　　营业外支出　　25 000

注意:应分别结转收入和费用。不得将收入和费用账户合并结转。

江南公司本月实现的利润总额=收入和利得合计-除所得税以外的费用合计

=560 000-495 712=64 288(元)

【例 4-43】计算江南公司本月应纳所得税额并结转所得税费用。设所得税税率为25%,又设无所得税前调整项目。

分析:本月应纳所得税=利润总额×25%=64 288×25%=16 072(元)

这项业务使江南公司的所得税费用增加,应记入"所得税费用"账户的借方;另一方面使企业的应交税费负债增加,记入"应交税费"账户的贷方。编制如下会计分录:

(1)借:所得税费用　　16 072

　　贷:应交税费——应交所得税　　16 072

(2)借:本年利润　　16 072

　　贷:所得税费用　　16 072

上例江南公司本月实现的净利润=利润总额-所得税费用=64 288-16 072=48 216(元)

四、利润分配业务的核算

为了反映和监督企业利润分配情况,应设置"利润分配"、"盈余公积"、"应付股利"等账户。

1."利润分配"账户(所有者权益类)

(1)本账户核算企业利润分配(或亏损弥补)和历年分配(或弥补)后的余额。

(2)"利润分配"账户应设下列明细账户:

"盈余公积补亏"、"提取法定盈余公积"、"提取任意盈余公积"、"应付现金股利或利润"、"转作股本的股利"、"未分配利润"。

(3)本账户的结构如图 4-29 所示。

借方　　　　利润分配	贷方
提取法定盈余公积 提取任意盈余公积 向投资者分配股利或利润 转入全年累计净亏损	转入全年累计实现的净利润 盈余公积补亏
余额:表示企业未弥补亏损	余额:表示企业未分配利润

图 4-29

该账户的借方登记已分配利润数和转入全年累计净亏损额。

2."盈余公积"账户(所有者权益类)

(1)本账户核算企业从净利润中提取的盈余公积。

(2)本账户应当分别对"法定盈余公积"、"任意盈余公积"进行明细核算。法定盈余公积按净利润的 10%提取,任意盈余公积根据股东大会决议提取。

(3)盈余公积可用于转增资本和弥补亏损。

(4)本账户的结构如图 4-30 所示。

借方　　　　盈余公积	贷方
盈余公积补亏 盈余公积转增资本 用盈余公积派送新股	提取法定盈余公积 提取任意盈余公积
	余额:反映企业盈余公积结余数

图 4-30

3."应付股利"账户(负债类)

(1)本账户核算企业分配给投资者现金股利或利润。

(2)本账户可按投资者进行明细核算。

(3)本账户的结构如图 4-31 所示。

借方　　　　应付股利	贷方
支付现金股利	分配给投资者现金股利或利润
	余额:反映企业应付未付的现金股利或利润

图 4-31

注意：股票股利不在本账户中核算。

【例 4-44】设江南公司全年累计实现净利润 2 000 万元。按全年净利润的 10%提取法定盈余公积金。

提取的法定盈余公积金＝20 000 000×10%＝2 000 000(元)

编制如下会计分录：

借：利润分配——提取法定盈余公积　2 000 000

　　贷：盈余公积——法定盈余公积　　　　　2 000 000

【例 4-45】江南公司按照股东大会决议，分配给股东现金股利 600 000 元。

分析：对于现金股利的分配，一方面使得公司的已分配利润额增加 600 000 元，已分配利润的增加使所有者权益减少，应记入“利润分配”账户的借方；另一方面使得公司的应付股利负债增加 600 000 元，应记入“应付股利”账户的贷方。

借：利润分配——应付现金股利或利润　　600 000

　　贷：应付股利　　　　　　　　　　　　　600 000

【例 4-46】江南公司在年末结转本年实现的净利润 2 000 万元。(年末结转前，“本年利润”账户为贷方余额 2 000 万元)

分析：年末，企业将全年实现的净利润转入“利润分配——未分配利润”账户时，所有者权益项目未分配利润增加，应记入“利润分配——未分配利润”账户的贷方；而从“本年利润”账户转出净利润时，“本年利润”账户作相反方向记录，记入“本年利润”账户的借方。结转会计分录为：

借：本年利润　　　　　　　　　　20 000 000 (转出净利润额)

　　贷：利润分配——未分配利润　　　　　20 000 000(转入净利润额)

如果是年末结转净亏损(年末结转前“本年利润”账户为借方余额)，则进行相反方向的账务处理。结转会计分录为：

借：利润分配——未分配利润　　　　(转入亏损额)

　　贷：本年利润　　　　　　　　　　　　　(转出亏损额)

年末，“本年利润”账户结转后，“本年利润”账户无余额。

【例 4-47】利润分配结束后，结转利润分配各明细账户。

借：利润分配——未分配利润　　　　2 600 000

　　贷：利润分配——提取法定盈余公积　　　　2 000 000

　　　　　　　　——应付现金股利或利润　　　　600 000

结转后只有“利润分配”账户所属明细账户“未分配利润”有余额，其余明细账户无余额。

五、其他经济业务核算实例

【例 4-48】某企业用银行存款交纳增值税 67 272 元，交纳所得税 16 072 元。

分析:企业用银行存款交纳税费后，应交税费负债减少,记入“应交税费”账户的借方;银行存款减少,记入“银行存款”账户的贷方。应编制如下会计分录:

借:应交税费——应交增值税　67 272
　　　　　——应交所得税　16 072
　贷:银行存款　　　　　　　　83 344

【例 4-49】用银行存款 600 000 元向投资者支付现金股利。

分析:用银行存款支付应付投资者现金股利后,企业的应付股利负债减少,记入“应付股利”账户的借方;同时银行存款减少,记入“银行存款”账户的贷方。应编制如下会计分录:

借:应付股利　600 000
　贷:银行存款　　600 000

【例 4-50】某企业委托银行代发职工工资 119 760 元。

分析:通过银行代发企业职工工资,一方面使企业的银行存款减少,应贷记“银行存款”账户;另一方面,使应付职工薪酬负债减少,应借记“应付职工薪酬”账户。应编制如下会计分录:

借:应付职工薪酬　119 760
　贷:银行存款　　119 760

【例 4-51】某企业用银行存款支付到期应付票据 50 000 元。

分析:这项经济业务的发生,一方面使负债项目应付票据减少 50 000 元;另一方面,使资产项目银行存款减少 50 000 元。应编制如下会计分录:

借:应付票据　50 000
　贷:银行存款　　50 000

【例 4-52】某企业经法定程序审批,将盈余公积 10 万元和资本公积 2 万元转增资本金。

分析:这项经济业务的发生,使所有者权益项目盈余公积和资本公积减少,应分别记入“盈余公积”和“资本公积”账户的借方;使另一所有者权益项目实收资本增加,应记入“实收资本”贷方。应编制如下会计分录:

借:盈余公积　100 000
　　资本公积　20 000
　贷:实收资本　　120 000

本章小结

1. 制造业企业的主要经济业务包括:资金筹集业务、供应过程业务、生产过程业务、销售过程业务、财务成果形成与分配业务。

2. 企业的资金筹集方式主要有投资者投入和向债权人借入两种，前者形成所有者权益，后者形成债务。资金筹集业务，对投资者投入资本需要通过“实收资本（或股本）”账户核算；对于银行借款业务的核算，要设“短期借款”和“长期借款”账户。

3. 供应过程业务的核算包括固定资产购建业务和原材料采购业务的核算。应开设“在建工程”、“固定资产”、“在途物资”、“材料采购”、“应交税费”、“原材料”、“应付账款”、“应付票据”、“预付账款”等账户。涉及材料采购成本的计算。

4. 生产过程业务的核算。产品的生产过程也就是生产的耗费过程。一定时期内生产过程所发生的费用称为生产费用。

产品成本计算项目包括：直接材料、直接人工和制造费用。

为了正确核算生产费用，应设置和运用“生产成本”、“制造费用”、“库存商品”以及“应付职工薪酬”等账户。涉及产品生产成本的计算。

5. 销售过程业务的核算。主营业务收入的取得、已销产品成本的结转、销售费用的发生和税费的发生与交纳以及在这些环节中发生的债权、债务结算业务，构成该阶段的核算内容。为此，应设置和运用“主营业务收入”、“主营业务成本”、“营业税金及附加”、“应收账款”、“预收账款”、“应收票据”等账户。

6. 制造业企业日常发生的业务还包括其他债权债务结算业务、期间费用的核算、其他业务收入、其他业务成本、营业外收入和营业外支出等项目的核算。

期间费用包括：销售费用、管理费用和财务费用。

还应开设“其他应收款”、“其他应付款”、“销售费用”、“管理费用”、“财务费用”、“营业外收入”、“营业外支出”、“投资收益”、“其他业务收入”、“其他业务成本”等账户。

净利润计算步骤：

(1)营业利润＝营业收入－营业成本－营业税金及附加－销售费用－管理费用－财务费用－资产减值损失＋公允价值变动收益（损失为负数）＋投资收益（净损失为负数）

其中，营业收入＝主营业务收入＋其他业务收入

营业成本＝主营业务成本＋其他业务成本

(2)利润总额＝营业利润＋营业外收入－营业外支出

(3)净利润＝利润总额－所得税费用

7. 财务成果业务包括利润形成和利润分配两个方面。利润的形成主要通过“本年利润”等账户核算；利润的分配主要通过“利润分配”等账户核算。并开设“盈余公积”、“应付股利”等账户。

思考题

1. 筹资业务核算的主要内容是什么？需要设置哪些主要账户？每一账户核算的内

容是什么？其结构是怎样的？有关账户的所属明细账户如何设置？

2. 原材料采购业务核算的主要内容是什么？需要设置哪些主要账户？每一账户核算的内容是什么？其结构是怎样的？有关账户的所属明细账户如何设置？

3. 生产过程业务核算的主要内容是什么？需要设置哪些主要账户？每一账户核算的内容是什么？其结构是怎样的？有关账户的所属明细账户如何设置？

4. 销售过程业务核算的主要内容是什么？需要设置哪些主要账户？每一账户核算的内容是什么？其结构是怎样的？有关账户的所属明细账户如何设置？

5. 财务成果业务核算的主要内容是什么？需要设置哪些主要账户？每一账户核算的内容是什么？其结构是怎样的？有关账户的所属明细账户如何设置？

6. 制造费用如何分配？

7. 材料采购业务发生的多种材料的共同运费如何分配？

8. 法定盈余公积如何计提？

练习题

1. 目的：练习资金筹集和固定资产购建业务的会计核算方法。

资料：某有限责任公司 2007 年 1 月份发生下列经济业务：

(1)收到甲公司投入货币资金 200 000 元，款项已存入银行。

(2)收到乙公司投入新设备一台，这台设备投资合同约定价值为 98 000 元。(假定该设备不涉及增值税)

(3)取得短期借款 50 000 元，期限 9 个月，年利率为 7.8%，所得借款已存入银行。

(4)取得两年期借款 260 000 元，款项存入开户银行。

(5)购入不需要安装的设备一台，买价 200 000 元，增值税 34 000 元，运费 500 元。用银行存款支付全部款项。

(6)购入需要安装的设备一台，买价 50 000 元，增值税 8 500 元，运费 1 500 元。用银行存款支付全部款项。设备交付安装。

(7)上述设备安装，应付安装工人工资 2 000 元。

(8)上述设备安装完毕，达到使用状态，结转在建工程成本。

要求：根据上述经济业务编制会计分录。

2. 目的：练习原材料采购业务的会计核算方法。

资料：某股份公司库存材料按实际成本核算。本月发生下列经济业务：

(1)从乌江公司购入甲材料一批，该批材料买价为 70 000 元，增值税进项税额为

11 900元，对方代垫运费 2 000 元。用银行存款支付全部款项，材料已运达企业，并已验收入库。

(2)从东海公司购入乙材料 5 吨，每吨 3 200 元，增值税进项税额为 2 720 元，对方代垫运费 1 400 元，材料已运达企业，并已验收入库，但款项尚未支付。

(3)从秦岭公司购入丙材料 1 000 公斤，每公斤单价为 200 元，增值税进项税额为 34 000元，对方代垫运费 300 元，用银行存款支付全部款项，但材料尚未运达企业。

(4)向乌江公司预付货款 30 000 元。用银行存款支付。

(5)企业用银行存款偿还前欠东海公司的货款 20 120 元。

(6)企业收到乌江公司发运来的甲材料，并已验收入库。甲材料买价为 48 000 元，增值税进项税额为 8 160 元，对方代垫运费 2 100 元。冲销原预付货款30 000元，不足部分当即用银行存款补付。

(7)上述从秦岭公司购入的丙材料，现已运达企业，并已验收入库，结转其采购成本。

要求：根据上述经济业务编制会计分录。

3. 目的：练习产品生产过程业务的会计核算方法。

资料：某股份公司本月发生下列经济业务：

(1)本月生产车间领用原材料 146 000 元，其中：生产 A 产品耗用甲材料 80 000 元，乙材料 20 000 元；B 产品耗用甲材料 40 000 元；车间一般耗用丙材料 6 000 元。

(2)结算本月生产车间应付职工工资 23 000 元。其中：A 产品生产工人工资为 12 000元，B 产品生产工人工资为 6 000 元，车间管理人员工资为 5 000 元。

(3)按照应付工资总额的 14%计提职工福利费。

(4)用银行存款支付职工工资 23 000 元。职工工资由银行代发。

(5)用银行存款购买办公用品 2 000 元，当即交生产车间使用。

(6)月末，计提生产车间固定资产折旧费 4 300 元。

(7)月末，按生产工人工资比例分配并结转本月制造费用。

(8)月末，A 产品全部完工，B 产品全部未完工。结转已完工入库 A 产品的生产成本。设 A 产品月初在产品成本为 4 000 元。

要求：根据上述业务编制会计分录。

4. 目的：练习产品销售过程业务的会计核算方法。

资料：某股份公司本月发生下列经济业务：

(1)预收金发公司购买甲产品的货款 20 000 元，款项存入银行。

(2)向天业公司销售乙产品50件,每件售价1 200元,计价款60 000元;增值税销项税额为10 200元,用银行存款代垫运费2 000元。产品已发出,但款项尚未收到。

(3)发出甲产品20件给东泰公司,每件售价920元,增值税销项税额为3 128元,已收到东泰公司签发的期限为6个月的商业承兑汇票一张,面值为21 528元。

(4)向金发公司发出甲产品35件,每件售价920元,计价款32 200元。增值税销项税额为5 474元,除冲销原预收货款20 000元外,所差款项已收到金发公司开来的转账支票,送存本企业开户银行。

(5)收到天业公司开出的转账支票支付前欠货款72 200元。支票送存银行。

(6)开出转账支票,支付产品展览费5 000元。

(7)按照规定计算出本月应由销售产品负担的城市维护建设税为1 400元,教育费附加为600元。

(8)期末,结转本月已销售产品的生产成本。本月已销售甲产品55件,单位生产成本为600元;销售乙产品50件,单位生产成本为800元。

要求:根据上述业务编制会计分录。

5. 目的:练习财务成果——利润分配业务的会计核算方法。

资料:某股份有限公司属于工业企业。全年实现的利润总额为500 000元,假定无税前调整项目。年末,发生的利润分配业务如下:

(1)按净利润的10%计算提取法定盈余公积金。

(2)企业向股东分配现金股利350 000元。

(3)年末,结转全年实现的净利润。

(4)用银行存款支付现金股利350 000元。

要求:(1)计算全年应交所得税(所得税税率为25%)。按净利润的10%提取法定盈余公积金。

(2)根据上述经济业务编制会计分录。

6. 目的:练习借贷记账法的综合应用。

资料:某股份公司2007年5月发生下列经济业务:

(1)1日,从银行取得期限为6个月、年利率为6%的借款700 000元,款项存入银行。

(2)1日,接银行收款通知书,收回购货单位申龙公司所欠货款50 800元。

(3)2日,职工王勇报销差旅费1 200元,退回现金300元,冲销原借款1 500元,结清借支。

(4)2 日,购入甲材料 2 000 千克,单价 10 元;乙材料 1 200 千克,单价 5 元。增值税专用发票注明的增值税税额为 4 420 元,价税款已用存款付讫。材料尚未收到。库存材料按实际成本核算。

(5)3 日,用银行存款 3 200 元支付上述购入甲、乙材料外地运费,运费增值税扣除率为 7%,按重量分配扣除增值税后的运费。

(6)4 日,上述材料运到,并已验收入库,结转其采购成本。

(7)4 日,经批准将资本公积 100 000 元转增资本金。

(8)5 日,仓库发出材料 656 600 元。其中:生产 A 产品领用甲材料 200 000 元,乙材料 120 000 元;生产 B 产品领用甲材料 170 000 元,乙材料 160 000 元;车间一般消耗领用丙材料 6 600 元。

(9)6 日,用库存现金支付印花税 600 元。

(10)6 日,用银行存款购买一台机器设备,买价为 80 000 元,增值税为 13 600 元,运杂费为 3 400 元,设备投入安装。

(11)7 日,上述设备安装过程中发生应付安装工人工资 2 000 元。

(12)8 日,上述设备安装完毕,达到使用状态,结转在建工程成本。

(13)10 日,开出转账支票支付本月生产设备租金 800 元。

(14)12 日,用银行存款支付业务招待费 6 000 元。

(15)16 日,开出转账支票向希望工程捐款 15 000 元。

(16)18 日,向泰山股份公司销售 A 产品 40 台,单价 5 600 元,价款计 224 000 元,增值税额为 38 080 元,产品已发出,款未收。

(17)19 日,用银行存款支付销售产品的运杂费 1 500 元。

(18)20 日,用银行存款交纳税金 3 000 元。

(19)20 日,用银行存款偿还到期应付票据 20 000 元。

(20)21 日,预收山南公司购货款 120 000 元,款项存入开户银行。

(21)31 日,本月应付职工工资 328 000 元。其中:A 产品生产工人工资为126 000元,B 产品生产工人工资为 114 000 元,车间管理人员工资为 60 000 元,公司行政管理人员工资为28 000元。

(22)31 日,按工资额的 14%提取职工福利费。

(23)31 日,本月生产车间用电 40 000 元,行政管理部门用电 20 000 元,增值税专用发票注明价款 60 000 元,增值税额 10 200 元,价税合计 70 200 元。企业开出转账支票支付全部款项。

(24)31 日,计提本月固定资产折旧 6 300 元,其中:车间设备折旧为 4 200 元,厂部设备折旧为 2 100 元。

(25)31 日,将本月发生的制造费用按生产工人工资比例分配计入 A、B 产品的生产成本。(A 产品生产工人工资为 126 000 元,B 产品生产工人的工资为 114 000 元)

(26)31 日,本月完工验收入库 A 产品 200 台,结转其生产成本(假设:A 产品期初在产品为 3 360 元,本月 A 产品全部完工)。

(27)31 日,经计算本月应交城市维护建设税 2 800 元,应交教育费附加 1 200 元。

(28)31 日,本月销售 A 产品 40 台,单位成本为 2 965 元。结转已销 A 产品生产成本 118 600 元。

(29)31 日,计提本月短期借款利息 3 500 元。

(30)31 日,将本月发生的各项收入和费用转入“本年利润”账户。

(31)31 日,按 25%的税率计算本月应交所得税并结转所得税费用。设无所得税前调整项目。

要求:根据上述经济业务编制会计分录。

第五章 账户的分类

【学习目标】

◇ 了解账户分类的意义。
◇ 熟悉账户按经济内容的分类。
◇ 熟悉账户按用途和结构的分类。

为了对企业生产经营活动中发生的各种经济业务进行会计核算，开设了一系列账户。每一个账户都有其经济性质、用途和结构。这些账户构成了一个完整的账户体系。对账户进行分类是为了概括它们的共性，研究账户之间的内在联系。

第一节 账户按经济内容分类

账户的经济内容是指账户反映的会计对象的具体内容。

账户按经济内容的分类是账户最基本的分类。

制造业企业会计设置的账户按经济内容可以分为五大类：资产类、负债类、所有者权益类、成本类和损益类。

一、资产类账户

资产类账户是用来反映企业资产的增减变动及其结存情况的账户。

按资产的流动性，资产类账户又可分为反映流动资产的账户和反映非流动资产的账户。

说明：学习这部分内容，可暂时只掌握有下划线的账户。其余账户见《中级财务会计》。

1.反映流动资产的账户

如“库存现金”、“银行存款”、“其他货币资金”、“交易性金融资产”、“应收票据”、“应收账款”、“预付账款”、“应收股利”、“应收利息”、“其他应收款”、“坏账准备”、“材料采购”、“在途物资”、“原材料”、“材料成本差异”、“库存商品”、“发出商品”、“商品进销差价”、“委托加工物资”、“周转材料”、“存货跌价准备”、“待处理财产损溢”等。

2.反映非流动资产的账户

如“持有至到期投资”、“持有至到期投资减值准备”、“长期股权投资”、“长期股权投资减值准备”、“投资性房地产”、“长期应收款”、“固定资产”、“累计折旧”、“工程物资”、“在建工程”、“固定资产减值准备”、“固定资产清理”、“无形资产”、“累计摊销”、“无形资产减值准备”、“商誉”、“长期待摊费用”、“递延所得税资产”等账户。

二、负债类账户

负债类账户是用来反映企业负债增减变动及其结存情况的账户。

按照负债的流动性，这类账户又可以分为以下两类：反映流动负债的账户和反映长期负债的账户。

1.反映流动负债的账户

如“短期借款”、“应付票据”、“应付账款”、“预收账款”、“其他应付款”、“应付职工薪酬”、“应交税费”、“应付利息”、“应付股利”、“递延收益”等账户。

2.反映长期负债的账户

如“长期借款”、“应付债券”、“长期应付款”、“未确认融资费用”、“专项应付款”、“预计负债”、“递延所得税负债”等账户。

三、所有者权益类账户

所有者权益类账户是用来反映企业所有者权益增减变动及其结存情况的账户。

按照所有者权益来源的不同，这类账户又可以分为以下两类：反映所有者原始投资的账户和反映所有者投资收益的账户。

(1)反映所有者原始投资的账户

如“实收资本”(或股本)账户。

(2)反映所有者权益其他来源的账户

如"资本公积"账户

(3)反映所有者投资收益的账户

如"盈余公积"、"本年利润"、"利润分配"账户。

(4)反映库存股票的账户

如 "库存股"账户。

注:由于通过"利润分配"账户和"本年利润"账户可计算出期末未分配利润数,而期末未分配利润属于所有者权益,所以这两个账户归入所有者权益类。

四、成本类账户

制造业企业会计的成本类账户可按成本类别进一步分为以下三类。

(1)反映产品制造成本的账户

如"生产成本"和"制造费用"两个账户。

(2)反映企业对外提供劳务而发生的成本的账户

如"劳务成本"账户。

(3)反映企业开发和研究无形资产过程中发生的成本的账户

如"研发支出"账户。

五、损益类账户

损益类账户是指那些核算内容与损益(盈亏)计算直接相关的账户。包括广义收入账户和广义费用账户(不含生产费用)。

(1)反映营业损益的账户

反映营业损益的账户指与营业利润计算相关的广义收入和广义费用账户。

如"主营业务收入"、"主营业务成本"、"其他业务收入"、"其他业务成本"、"销售费用"、"管理费用"、"财务费用"、"营业税金及附加"、"资产减值损失"、"公允价值变动损益"、"投资收益"等账户。

(2)反映营业外收支的账户

如"营业外支出"、"营业外收入"账户。

(3)反映所得税费用的账户

如"所得税费用" 账户

账户按经济内容分类汇总表见表 5-1。

表 5-1　　账户按经济内容分类汇总表

账户大类	账户小类	各类账户名称
资产类	反映流动资产的账户	库存现金、银行存款、其他货币资金、应收账款、交易性金融资产、应收票据、预付账款、其他应收款、应收股利、应收利息、坏账准备、材料采购、在途物资、原材料、材料成本差异、库存商品、发出商品、商品进销差价、委托加工物资、周转材料、存货跌价准备、待处理财产损溢
	反映非流动资产的账户	长期应收款、持有至到期投资、持有至到期投资减值准备、长期股权投资、长期股权投资减值准备、投资性房地产、固定资产、累计折旧、工程物资、在建工程、固定资产减值准备、固定资产清理、无形资产、累计摊销、无形资产减值准备、商誉、长期待摊费用、递延所得税资产
负债类	反映流动负债的账户	短期借款、应付票据、应付账款、预收账款、其他应付款、应付职工薪酬、应交税费、应付利息、应付股利、递延收益
	反映非流动负债的账户	长期借款、应付债券、长期应付款、未确认融资费用、专项应付款、预计负债、递延所得税负债
所有者权益类	反映所有者原始投资的账户	实收资本(股本)
	反映所有者权益其他来源的账户	资本公积
	反映所有者投资收益的账户	盈余公积、本年利润、利润分配
	反映库存股票的账户	库存股
成本类	反映产品制造成本的账户	生产成本、制造费用
	反映企业对外提供劳务的发生成本	劳务成本
	反映企业开发和研究无形资产过程中发生的成本	研发支出
损益类	反映营业损益的账户	主营业务收入、主营业务成本、其他业务收入、其他业务成本、销售费用、管理费用、财务费用、营业税金及附加、资产减值损失、公允价值变动损益、投资收益
	反映营业外收支的账户	“营业外支出”、“营业外收入”
	反映所得税费用的账户	所得税费用

说明：账户按经济内容分类，其大类与企业会计科目表的会计科目分类相同，只是新增加了对大类的进一步细分小类。

第二节　账户按用途和结构分类

一、账户的用途和结构的含义

1.账户的结构是指在账户中如何登记经济业务以取得所需要的各种核算指标。即是指账户借方、贷方登记的内容，期末账户是否有余额，若有余额，账户余额所在方向，余额所反映的经济内容。

例如，"固定资产"账户和"累计折旧"账户，按其反映的经济内容都属于资产类账户，而且都是用来反映固定资产的账户。但是，这两个账户的用途和结构是不相同的。

"固定资产"账户是按其原始价值反映固定资产增减变动及其结存情况的账户，增加记借方，减少记贷方，期末借方余额表示企业现有固定资产的原始价值。

"累计折旧"账户则是用来反映固定资产由于损耗而引起的价值减少，即累计提取折旧情况的账户，计提折旧增加记贷方，已提折旧减少或冲销记借方，期末余额在贷方，表示现有固定资产的累计折旧额。

2.账户的用途是指通过账户的记录能够提供哪些核算指标，也就是设置和应用账户的目的。

账户按用途和结构分类，可以从另外一个角度研究账户之间的共同点和内在的联系。

二、账户按其用途和结构的分类

制造业企业会计设置的账户按其用途和结构可分为十一类：

盘存账户、结算账户、资本账户、集合分配账户、跨期摊销账户、成本计算账户、收入计算账户、费用计算账户、财务成果账户、调整账户和计价对比账户。

（一）盘存账户（资产类）

1.盘存账户是用来核算各项财产物资和货币资金的增减变动及其结存情况的账户。

2.盘存账户包括："库存现金"、"银行存款"、"其他货币资金"、"原材料"、"库存商品"、"固定资产"、"工程物资"、"周转材料"等账户。

3.盘存账户的结构见图5-1。

盘存账户

借方	贷方
财产物资和货币资金的增加数	财产物资和货币资金的减少数
余额:财产物资和货币资金的实际结存数	

图 5-1

4. 盘存账户的特点是:盘存账户反映的财产物资和货币资金都可以通过财产清查的方法(实地盘点或对账)确定其实有数,核对其实际结存数与账面结存数是否相符。

(二)结算账户

1. 结算账户是用来核算企业同其他单位或个人之间债权、债务结算情况的账户。结算业务的不同性质决定了不同结算账户具有不同的用途和结构。

2. 结算账户按其用途和结构的不同可以分为三类:

(1)债权结算账户(资产类)

①债权结算账户是用来核算企业同其他单位或个人之间的债权结算业务的账户。

②债权结算账户包括"应收账款"、"应收票据"、"预付账款"、"其他应收款"、"应收股利"、"应收利息"等账户。

③债权结算账户的结构见图 5-2。

债权结算账户

借方	贷方
债权的增加数	债权的收回数
余额:债权的实有数	

图 5-2

(2)债务结算账户(负债类)

①债务结算账户是用来核算企业同其他单位或个人之间的债务结算业务的账户。

②债务结算账户包括"应付账款"、"预收账款"、"应付职工薪酬"、"应交税费"、"应付股利"、"其他应付款"、"短期借款"、"长期借款"、"应付债券"、"长期应付款"等账户。

③债务结算账户的结构见图 5-3。

债务结算账户

借方	贷方
债务的减少数	债务的增加数
	余额:企业尚未偿还的债务

图 5-3

(3)债权债务结算账户

①按新《企业会计准则 2006》规定，如果企业预收款项情况不多，可以不单设"预收账款"账户，将预收的款项直接记入"应收账款"账户。从而"应收账款"同时反映企业应收款项和预收款项的增减变动情况及其变动结果，这时"应收账款"账户就是一个债权债务结算账户。

如果企业预付款项情况不多，也可以不单设"预付账款"账户，将预付的款项直接记入"应付账款"账户。从而"应付账款"账户同时反映企业应付款项和预付款项的增减变动情况及其变动结果，这时"应付账款"账户就是一个债权债务结算账户。

一般情况，"预付账款"账户的余额可能在借方，也可能在贷方，反映债权和债务的差额。"预收账款" 账户情形类似。

②债权债务结算账户包括"应收账款"、"应付账款"、"预收账款"、"预付账款"等。

③债权债务结算账户的结构见图 5-4。

借方　　债权债务结算账户	贷方
(1)本期债权的增加额 (2)本期债务的减少额	(1)本期债权的减少额 (2)本期债务的增加额
余额:债权大于债务的差额	余额:债务大于债权的差额

图 5-4

【例 5-1】某企业月末预付账款总账和所属明细账户余额资料见表 5-2。

表 5-2

账　　户	借方余额	贷方余额
预付账款——甲单位	1 000(债权)	
预付账款——乙单位		600(债务)
预付账款(总账)	400(债权大于债务的差额)	

"预付账款"总账期末借方余额＝1 000－600＝400(元)

(三)资本账户(所有者权益类)

1. 这类账户，也称所有者投资账户，是用来核算企业所有者投资和公积金的增减变动及其结余情况的账户。

2. 这类账户包括"实收资本"、"资本公积"、"盈余公积"、"库存股"等账户。盈余公积金是资本的增值部分，因而应将"盈余公积"账户归入资本账户。

3. 资本账户的结构见图 5-5。

借方　　　　资本账户	贷方
资本和公积金的减少额	资本和公积金的增加额
	余额：所有者投资的实有额

图 5-5

(四)集合分配账户(成本类)

1. 集合分配账户是用来归集和分配企业为生产产品和提供工业性劳务而发生的各种费用，核算有关费用计划执行情况以及费用分配情况的账户。

2. 这类账户包括“制造费用”账户。

3. 集合分配账户的结构见图 5-6。期末结转后，一般无余额，但季节性生产企业除外。

借方　　　　集合分配账户	贷方
本期制造费用的发生额	期末制造费用的分配结转额

图 5-6

(五)跨期摊销账户(资产类)

1. 跨期摊销账户是用来核算应由几个会计期间共同负担的费用，并将这些费用在各个会计期间进行分摊的账户。

2. 这类账户包括“长期待摊费用”账户。

3. 这类账户的结构见图 5-7。

借方　　　　跨期摊销账户	贷方
长期待摊费用的实际支付数	本期长期待摊费用的分摊数
余额：已支付而尚未分摊的长期待摊费用	

图 5-7

(六)成本计算账户(分别属于资产类、成本类)

1. 成本计算账户是用来核算企业生产经营过程中某一阶段所发生的、应计入成本的全部费用，并确定各个成本计算对象的实际成本的账户。

2. 这类账户包括“生产成本”、“劳务成本”、“材料采购”、“在建工程”“研发支出”等账户。

3. 这类账户的结构见图 5-8。

借方 成本计算账户 贷方	
发生的应计入成本的各项费用(包括直接计入和分配计入)	结转完成某一过程的成本计算对象的实际成本
余额：尚未完成某一过程的成本计算对象的实际成本	

图 5-8

(七)收入计算账户(损益类)

1. 收入计算账户是用来核算企业在一定会计期间内所取得的各种收入的账户。这里的收入概念是广义的。

2. 这类账户包括“主营业务收入”、“其他业务收入”、“营业外收入”等账户。

3. 这类账户的结构见图 5-9。年末，结转后，收入计算账户无余额。

借方 收入计算账户 贷方	
(1)本期收入的冲减额 (2)期末转入“本年利润”账户的收入额	本期收入的增加额

图 5-9

(八)费用计算账户(损益类)

1. 费用计算账户是用来反映和监督企业在一定会计期间内所发生的、应计入当期损益的各种费用(不含生产费用)的账户。这里的费用概念也是广义的。

2. 这类账户包括“主营业务成本”、“其他业务成本”、“营业税金及附加”、“销售费用”、“管理费用”、“财务费用”、“营业外支出”、“所得税费用”、“资产减值损失”等账户。

3. 这类账户的结构见图 5-10。年末，结转后，费用计算账户无余额。

借方	费用计算账户 贷方
本期费用的增加额	(1)本期费用的减少额 (2)期末转入“本年利润”账户的费用数

图 5-10

(九)财务成果计算账户(所有者权益类)

1. 财务成果计算账户是用来核算企业在一定期间内全部生产经营活动最终成果的账户。

2. 这类账户包括“本年利润”账户。

3. 中期财务成果计算账户的结构见图 5-11。

借方	财务成果计算账户 贷方
应计入本期损益的各项费用	应计入本期损益的各项收入
余额:累计发生的净亏损	余额:累计实现的净利润

图 5-11

年末,财务成果计算账户的结构见图 5-12。年末,结转后,财务成果计算账户无余额。

借方	财务成果计算账户 贷方
转出本年度累计实现的净利润	转出本年度累计发生的净亏损

图 5-12

(十)调整账户

调整账户是用来调整被调整账户的余额,以求得被调整账户实际指标而设置的账户。

在会计核算中,由于管理上的需要,对于某些会计要素,要求用两种数字从不同的方面进行反映。在这种情况下,就需要设置两个账户,一个用来反映其原始数据,另一个用来反映对原始数字的调整数据,将原始数字和调整数字相加或相减,即可求得调整后的实际数字。

调整账户按其调整方式的不同,可以分为:资产备抵账户和备抵附加账户两类。调整账户分类表见表 5-3。

表 5-3　调整账户分类表

调整账户类别	调整账户名称	被调整账户名称	调整后反映的指标
资产备抵账户	累计折旧	固定资产	固定资产净值
	坏账准备	应收账款 应收票据 预付账款 其他应收款 长期应收款	各项债权的估计可收回金额
	在建工程减值准备	在建工程	在建工程的可回收金额
	工程物资减值准备	工程物资	工程物资的可回收金额
	累计折旧 固定资产减值准备	固定资产	固定资产的可回收金额
	累计摊销 无形资产减值准备	无形资产	无形资产的可回收金额
	长期股权投资减值准备	长期股权投资	长期股权投资的可回收金额
	商誉减值准备	商誉	商誉的可回收金额
	存货跌价准备	原材料(实际成本) 周转材料 库存商品	存货的可回收金额
备抵附加账户	材料成本差异	原材料(计划成本)	原材料的实际成本
	利润分配	本年利润	未分配利润

1. 资产备抵账户(资产类)

备抵账户亦称抵减账户，是用来抵减被调整账户余额，以求得被调整账户实际余额的账户。其调整方式可用下列计算公式表示：

被调整账户余额－调整账户余额＝被调整账户的实际余额

因此，被调整账户的余额与备抵账户的余额一定是在相反的方向：如果被调整账户的余额在借方，则备抵账户的余额一定在贷方；反之亦然。

资产备抵账户是用来抵减某一资产账户余额，以求得该资产账户实际余额的账户。

例如，“累计折旧”账户是“固定资产”资产账户的备抵账户，两个账户之间的调整关系如下：

“固定资产”账户借方余额－“累计折旧”账户贷方余额＝固定资产原值－累计折旧额
＝固定资产净值

这说明固定资产净值必须由“固定资产”和“累计折旧”两个账户来反映。

2. 备抵附加账户(分别属于资产类、所有者权益类)

备抵附加账户是指既可以用来抵减,又可以用来附加被调整账户的余额,以求得被调整账户实际余额的账户。这类账户兼有备抵账户和附加账户的功能,但不能同时起两种作用。它在某一时期执行的是哪一种功能,取决于该账户的余额与被调整账户的余额是在同一方向还是相反方向。

【例 5-2】如果库存原材料按计划成本核算,需要设置“材料成本差异”账户来调整“原材料”账户余额,以求得库存材料的实际成本。调整方式如下:

库存材料的实际成本=“原材料”账户借方余额+“材料成本差异”借方余额

或　**库存材料的实际成本=“原材料”账户借方余额-“材料成本差异”贷方余额**

调整规律:余额方向相同相加,余额方向相反相减。具体内容见《中级财务会计》。

【例 5-3】“利润分配”账户就是“本年利润”账户的备抵附加账户调整账户。调整后可求得未分配利润数。

在中期,“本年利润”账户的期末贷方余额反映一月至本月累计已实现的净利润数。若“本年利润”账户期末为借方余额,则表示从一月至本月累计发生的亏损额。

“利润分配——未分配利润”账户的期末借方余额反映结存的未弥补亏损数。若“利润分配——未分配利润”账户期末为贷方余额,表示企业结存的未分配利润数。

“本年利润”账户与“利润分配”账户的调整关系见下列计算公式:

期末未分配利润数=±“本年利润”账户期末余额±“利润分配”账户期末余额

贷方余额取“+”;借方余额取“-”。作代数运算,计算结果为正数,表示未分配利润总额,负数表示未弥补亏损总额。按计算结果直接填入资产负债表的未分配利润项目。

不难看出,若“利润分配”账户与“本年利润”账户的余额方向相同,起附加作用;余额方向相反起抵减作用。故“利润分配”账户属于备抵附加调整账户。

【例 5-4】利达公司 6 月末有下列资料,见表 5-4。

表 5-4

账户名称	借方余额	贷方余额
利润分配		68 000
本年利润		42 000

则 6 月末的未分配利润数=+42 000+68 000=110 000 元

在这种情况下,“利润分配”账户起附加作用。

【例 5-5】设彩虹公司 10 月末有下列资料,见表 5-5。

表 5-5

账户名称	借方余额	贷方余额
利润分配	120 000	
本年利润		250 000

则 10 月末的未分配利润数＝＋250 000－120 000＝130 000 元

在这种情况下,“利润分配”账户起备抵作用。

(十一)计价对比账户(资产类)

计价对比账户就是用实际成本和计划成本两种不同的计价标准进行计价、对比,以确定成本差异的账户。

在“原材料”、“库存商品”采用计划成本核算的情况下,“材料采购”和“生产成本”两个账户属于计价对比账户。

以“材料采购”账户为例,其结构的特点是,借方登记材料的实际采购成本,贷方登记入库材料的计划成本,将借贷两方两种计价对比,就可以确定材料采购的业务的材料成本差异。

计价对比账户的结构见图 5-13。

借方　　　材料采购	贷方
(1)材料采购的实际成本 (2)结转材料成本节约差异	(1)入库材料的计划成本 (2)结转材料成本超支差异
余额:在途材料实际成本	

图 5-13

详细内容见《中级财务会计》。

综上所述,可以看出调整账户具有以下特点:

1. 调整账户与被调整账户反映的经济内容相同,但用途和结构不同。

2. 被调整账户反映会计要素的原始数字,而调整账户反映的是同一要素的调整数字。因此,调整账户不能脱离被调整账户而独立存在。

3. 调整方式是指原始数字与调整数字是相加还是相减,以求得有特定含义的数字。调整方式是相加还是相减则取决于被调整账户与调整账户的余额是在同一方向还是在相反方向。

账户按用途和结构分类见表 5-6。

表 5-6　账户按用途和结构分类

账户类别		账户名称
盘存账户		库存现金、银行存款、其他货币资金、原材料、库存商品、固定资产、工程物资、周转材料
结算账户	债权结算账户	应收账款、应收票据、预付账款、其他应收款、应收股利、应收利息
	债务结算账户	应付账款、预收账款、应付职工薪酬、应交税费、应付股利、其他应付款、短期借款、长期借款、应付债券、长期应付款
	债权债务结算账户	应收账款、应付账款、预付账款、预收账款
资本账户		实收资本、资本公积、盈余公积、库存股
集合分配账户		制造费用
跨期摊销账户		长期待摊费用
成本计算账户		生产成本、劳务成本、材料采购、在建工程、研发支出
费用计算账户		主营业务成本、其他业务成本、营业税金及附加、销售费用、管理费用、财务费用、营业外支出、所得税费用、资产减值损失
收入计算账户		主营业务收入、其他业务收入、营业外收入
财务成果计算账户		本年利润
调整账户	备抵调整账户	累计折旧、坏账准备、在建工程减值准备、工程物资减值准备、固定资产减值准备、无形资产减值准备、长期股权投资减值准备、商誉减值准备、存货跌价准备
	备抵附加账户	材料成本差异、利润分配
计价对比账户		材料采购、生产成本(当原材料、库存商品按计划成本核算)

本章小结

1. 账户分类就是将账户按照不同的标准进行归纳整理，从理论上揭示不同账户的基本特征和内在规律，以便于更好地认识账户、掌握账户和运用账户。通过对账户的分类可以达到两个目的，一是深化对已有账户的认识；二是掌握和运用更多的账户。

2. 账户按经济内容分类是账户的最基本分类，账户按用途结构分类是在账户按经济内容分类基础上所作的进一步分类。其中，账户按用途和结构分类着眼于设置和运用账户的目的以及在账户中如何取得各种指标。

3. 制造业企业会计中，账户按经济内容可分为资产类、负债类、所有者权益类、成本类和损益类五类。

4.账户按用途结构分类主要说明各类账户的作用以及它们是如何提供企业经营管理和对外报告所需要的各种核算资料。按账户的用途和结构，可以将账户分为：盘存账户、结算账户、资本账户、集合分配账户、跨期摊销账户、成本计算账户、收入计算账户、费用计算账户、财务成果账户、调整账户和计价对比账户十一类。

思考题

1.账户按经济内容可以分为哪几类？

2.账户按用途和结构可以分为哪几类？

3.债权结算账户的结构是怎样的？

4.债务结算账户的结构是怎样的？

5.调整账户包括那些？其被调整账户分别是哪些账户？调整后反映的经济指标是什么？

第六章　会计凭证

【学习目标】

◇ 熟悉会计凭证的意义和种类。
◇ 掌握原始凭证的填制和审核技术方法。
◇ 掌握记账凭证的填制和审核技术方法。
◇ 了解会计凭证的传递和保管要求。

第一节　会计凭证的意义和种类

一、会计凭证的意义和作用

1. 会计凭证是记录经济业务、明确经济责任的书面证明，它是登记账簿的依据。

任何单位，为了保证会计信息的客观、真实，对所发生的每一项经济业务都必须由经办业务的有关人员(即经办人)填制或取得会计凭证，记录经济业务发生或完成的日期，注明经济业务的内容，并在凭证上签名或盖章，明确经济责任。

2. 会计凭证必须经过会计机构、会计人员严格的审核，经确认无误后，才能作为登记账簿的依据。

3. 填制和审核会计凭证是会计核算工作的起点，也是会计核算的基本方法之一。

4. 填制和审核会计凭证的作用：

(1)正确、及时地反映各项经济业务的完成情况

任何一项经济业务，都必须按照规定的程序和要求，及时取得和填制会计凭证(这可以留下会计轨迹)，真实、详细地记录经济业务的发生和完成情况。

会计凭证是重要的会计档案，通过会计凭证的填制，不仅可以了解各项经济业务的发生或完成情况，而且为进行会计分析和审计提供了重要依据。

(2)为登记账簿提供依据

会计凭证是登记账簿的依据，无论是总分类账还是明细分类账，都必须根据审核无误的会计凭证进行登记。

(3)通过对会计凭证的审核，可以有效地发挥会计的监督作用

通过对会计凭证的审核，可以检查会计凭证所记录的经济业务是否符合法规、制度，是否符合企业计划，有无违法乱纪行为，发挥会计工作的监督作用。

(4)加强经济管理上的责任制

一切会计凭证都必须按照规定的手续办理，经办部门和人员都要签名盖章，对会计凭证内容的真实性、合法性负责，明确各自的经济责任。因此填制会计凭证有利于加强经济管理上的责任制。

二、会计凭证的种类

会计凭证按其填制程序和用途可以分为:原始凭证和记账凭证。

第二节 原始凭证的填制和审核

一、原始凭证的意义和种类

1.原始凭证是在经济业务发生或完成时取得或填制的，用来证明经济业务的发生或者完成的情况，并作为记账的原始依据。

原始凭证是会计核算的原始资料，也是填制记账凭证的依据。

2.原始凭证的种类

原始凭证按其取得的来源不同可分为:自制原始凭证和外来原始凭证。

(1)自制原始凭证

自制原始凭证是指由本单位内部经办业务的部门或人员，在某项经济业务发生或完成时自行填制的凭证。

自制原始凭证按其填制手续不同又可分为四种:一次凭证、累计凭证、汇总原始凭证

和记账编制凭证。

①一次凭证

一次凭证是指只反映一项经济业务，或者同时反映若干项同类性质的经济业务，其填制手续是一次完成的会计凭证。如，收料单、领料单等。

②累计凭证

累计凭证是指在一定时期内连续记载若干项同类经济业务的会计凭证。这类凭证的填制手续是随着经济业务发生而分次进行的。如，限额领料单。

③汇总原始凭证

汇总原始凭证是指将一定时期内若干份记录同类经济业务的原始凭证汇总编制的，用以集中反映某项经济业务总括情况的会计凭证。如，发料凭证汇总表、收料凭证汇总表、库存现金收入汇总表等。

④记账编制凭证

记账编制凭证是指会计人员根据账簿记录加以整理后重新编制的原始凭证。如，制造费用分配表、固定资产折旧计算表等。原始凭证分类表见表 6-1。

(2)外来原始凭证是指在经济业务发生或完成时，从外部单位或个人处取得的凭证。

表 6-1　　原始凭证分类表

<table>
<tr><td rowspan="5">原始凭证</td><td rowspan="4">自制原始凭证</td><td>一次凭证</td><td>收料单、领料单、产品交库单、产品出库单、缴款单的回单、银行进账单、存货盘存单、实存账存对比表、库存现金盘点报告表、销货发票、借款单等。</td></tr>
<tr><td>累计凭证</td><td>限额领料单。</td></tr>
<tr><td>汇总原始凭证</td><td>发料凭证汇总表、收料凭证汇总表、库存现金收入汇总表、差旅费报销单等。</td></tr>
<tr><td>记账编制凭证</td><td>制造费用分配表、固定资产折旧计算表、工资及福利费用分配表、工会经费计提表、辅助生产费用分配表、动力费用分配表等。</td></tr>
<tr><td>外来原始凭证</td><td colspan="2">购货发票(普通发票、增值税专用发票)、付款取得的收据、银行付款通知单、银行收款通知单、运输发票等。</td></tr>
</table>

注意：购货合同、销货合同、投资协议、银行对账单、发票存根等不是原始凭证，不能作为入账的原始依据。

二、原始凭证的基本内容

原始凭证的基本内容通称为凭证要素，主要包括：

1. 原始凭证的名称；（如，领料单、收料单等）
2. 填制凭证的日期；
3. 凭证编号；（自制原始凭证应连续编号）
4. 经济业务内容的量、单价和金额；（如发票内填写的品名、型号规格）
5. 接受原始凭证单位名称（即凭证的抬头）；
6. 填制凭证单位名称或者填制人姓名；
7. 经办人员的签名或者盖章。

【例 6-1】常见原始凭证的格式。

1. 增值税普通发票，见表 6-2。

表 6-2 重庆市增值税普通发票

校验码 234458158912269676114 No 01430880

开票日期：2007 年 2 月

<table>
<tr><td>购货单位</td><td colspan="3">名　　称：红岩机械厂
纳税人识别号：804103768899530
地址、电话：重庆市北碚区中山路 3 号
开户行及账号：工行北碚分理处 613—136</td><td>密码区</td><td colspan="4">21/6727<2650-8+5/*853
>0+22635<264>545*2671　加密版本：01
5144*007/0>52244*81*　5000061620
50/>>984/798<>>61>>>　01430880
6</td></tr>
<tr><td colspan="2">货物或应税劳务名称</td><td>规格型号</td><td>单位</td><td>数量</td><td>单价</td><td>金额</td><td>税率</td><td>税额</td></tr>
<tr><td colspan="2">图书
经济业务内容</td><td></td><td>本</td><td>5</td><td></td><td>162.83</td><td>13%</td><td>21.17</td></tr>
<tr><td colspan="2">合　计</td><td></td><td></td><td></td><td></td><td>¥ 162.83</td><td></td><td>¥ 21.17</td></tr>
<tr><td colspan="2">价税合计(大写)</td><td colspan="7">⊗壹佰捌拾肆元整　（小写）¥ 184.00</td></tr>
<tr><td>销货单位</td><td colspan="5">名　　称：重庆新华书店集团公司
纳税人识别号：500103768898535
地址、电　话：渝中区邹容路 121 号重庆书店总店 023-63729511
开户行及账号：工行解放碑支行 21109200070889</td><td>备注</td><td colspan="2"></td></tr>
</table>

第二联 记账联 购货方记账

收款人： 复核： 开票人：邬露 销货单位：（盖发票专用章）

2. 增值税专用发票，见表 6-3。

表 6-3 **增值税专用发票**

开票日期：2007 年 5 月 10 日 NO：07316768

购货单位	名称	红岩机械厂	纳税人登记号	10104591307
	地址电话	重庆市北碚区中山路 3 号 02363564820	开户银行及账号	重庆市工商银行北碚分理处 613—136

货物或应税劳务名称	计量单位	数量	单价	金额									税率	税额										
				百	十	万	千	百	十	元	角	分	(%)	亿	千	百	十	万	千	百	十	元	角	分
乙材料	千克	120	350		￥	4	2	0	0	0	0	0	17					￥	7	1	4	0	0	0
合 计					￥	4	2	0	0	0	0	0						￥	7	1	4	0	0	0

价税合计（大写）	⊗肆万玖仟壹肆拾元整 （小写）￥49 140.00

销货单位	名称	首都钢厂	纳税人登记号	2347891240
	地址电话	北京市大华路 3 号 4563219	开户银行及账号	工商银行海淀分理处 472—262
备注				

第四联 记账联 售货方记账

收款人：刘利 开票单位(未盖章无效)：(首都钢厂发票专用章)

3. 领料单，见表 6-4。

（企业名称）

表 6-4 **领 料 单**

领料单位：一车间 凭证编号：23

用途：A 产品 2007 年 10 月 5 日 发料仓库：2 号库

材料类别	材料编号	材料名称及规格	计量单位	数量		单价	金额
				请领	实发		
钢材类	052	Φ3cm 圆钢	千克	350	350	1.50	525
备注：						合计	525

第二联交会计部门

记账：李利 发料：张广 领料部门主管：夏波 领料：魏宏

4. 收料单，见表 6-5。

（企业名称）

表 6-5　　收　料　单

供货单位：武汉薄板厂　　凭证编号：003

发票编号：2456　　2007 年 10 月 2 日　　收料仓库：2 号库

材料类别	材料编号	材料名称及规格	计量单位	数量		金额(元)			
				应收	实收	单价	买价	运杂费	合计
板材	3012	5mm 薄板	吨	10	10	1 350	13 500	500	14 000
备注：						合　计			14 000

第二联交会计部门

仓库保管员：刘浪　　收料人：赵杰

5. 收据，见表 6-6。

表 6-6　　收　据

2007 年 3 月 12 日　　第 3 号

交款单位：人力资源部　　交款人　刘祥

交来　差旅费借款

人民币（大写）壹仟元整　　¥1 000.00

收款单位：（财务专用章）　　会计主管人：牛得草　　收款人：马千里

6. 支票存根，见表 6-7。

表 6-7

中国工商银行转账支票存根

支票号码：　　No　4590145

科　　目：

对方科目：

签发日期：　　年　　月　　日

收款人：
金　额：
用　途：
备　注：

单位主管　　会计

复　　核　　记账

7. 发出材料汇总表，见表 6-8。

表 6-8　　**发出材料汇总表**

2007 年 6 月 30 日

借方科目	用　途	贷方科目：原材料		合　计
		原料及主要材料	燃料	
生产成本	A 产品	65 000		65 000
	B 产品	15 000		15 000
	小　计	80 000		80 000
制造费用	车间一般消耗		300	300
管理费用	管理部门领用		700	700
合　计	—	80 000	1 000	81 000

财务主管：李一鸣　　复核：马聪　　制表：蒋丽华

三、原始凭证的填制要求

1. 凭证所反映的经济业务必须合法

2. 凭证填写的内容和数字要真实可靠

原始凭证上所填写的经济业务发生的日期、内容、数量和金额等项目必须与实际情况完全相符，不能填写估计数或匡算数。

3. 各种凭证的内容必须逐项填写齐全，不得遗漏和省略，手续要完备，经办业务的部门和人员要认真审核，签名盖章。

4. 填制凭证要及时

当每一项经济业务发生或完成时，应立即填制或取得原始凭证，并按规定的程序及时送交会计部门，经会计部门审核无误后，据此编制记账凭证。

5. 凭证书写要规范

各种凭证的书写要用蓝黑墨水，文字要简要，字迹要清楚，易于辨认。不得使用未经国务院公布的简化字；对阿拉伯数字要逐个写清楚，不得连笔书写；在数字前应填写人民币符号"¥"；属于套写的凭证，应一次套写清楚，不得分别填写。

6. 各种凭证不得随意涂改、刮擦和挖补，发现原始凭证有错误的，应当由开出单位重开或者更正，更正时，应采用划线更正法，即将错误的文字和数字用红色墨水划线注销，再将正确的数字和文字用蓝字写在划线部分的上面。更正处应当加盖开出单位的公章。

7. 大小写金额数字要符合规格，正确填写大写金额数字应一律用如壹、贰、叁、肆、伍、陆、柒、捌、玖、拾、佰、仟、万、亿、元、角、分、零、整等，不得用自造简化字；金额数字中间有“0”字时，如小写金额￥1 001.50，大写金额中可以只写一个“零”字，为“壹仟零壹元伍角整”；大写金额数字到元或角为止的，在“元”或“角”字的后面应当写“整”字或者“正”字；大写数字有分的，分字后面不写“整”字或者“正”字。

银行结算制度规定的结算凭证、预算的缴款凭证、拨款凭证、企业的发票、收据、提货单、运单、合同、契约，以及其他规定需要填列大写金额的各种凭证，必须有大写的金额，不得只填小写金额。

8.各种凭证必须连续编号，以便查考

各种凭证如果已预先印定编号，在写错作废时，应当加盖“作废”戳记，并全部保存，不得撕毁。

四、原始凭证的审核

原始凭证的主要审核内容有：

1.审核原始凭证是否合法、合理

审核原始凭证所反映的经济业务是否符合国家的政策、法令、制度的规定，有无违反财经纪律等违法乱纪的行为；对于弄虚作假、营私舞弊、伪造涂改凭证等违法行为，必须及时揭露，并向领导汇报，严肃处理。

2.审核原始凭证是否真实、完整

审核填制原始凭证的日期、所记录经济业务的内容和数据等是否符合实际情况；项目填写是否齐全，手续是否完备；外来原始凭证的填制单位盖章（发票专用章、业务专用章、财务专用章）、填制人员签字以及自制原始凭证的经办部门和经办人员的签名或盖章是否齐全。

3.审查原始凭证是否正确、清楚

审核原始凭证中摘要的填写是否符合要求，数量、单价、金额、合计数的计算和填写是否正确，大小写金额是否相符，书写是否清楚。

对于不真实、不合法的原始凭证，会计人员有权不予受理，并向单位负责人报告，请求查明原因，追究有关当事人的责任；对于真实、合法、合理但内容不够完整、填写有错误的原始凭证，应退回给有关经办人员，由他们负责将有关凭证补充完整、更正错误或重开后，再办理正式会计手续。

第三节　记账凭证的填制和审核

一、记账凭证的意义和种类

(一)记账凭证

记账凭证是由会计人员根据审核无误的原始凭证编制的,用来确定会计分录,作为登记账簿直接依据的会计凭证。

会计分录是通过填制记账凭证来完成的,即记账凭证是会计分录的载体。

原始凭证作为记账凭证的附件,应附在记账凭证后面。记账凭证是根据原始凭证编制的。

(二)编制记账凭证的必要性

由于原始凭证种类和数量繁多,一般没有具体表明经济业务应记入的账户及其借贷方向。因此,在记账之前需要根据审核无误的原始凭证,经过归类整理,确定经济业务应借、应贷的会计科目和金额,编制对应的记账凭证,才能根据记账凭证登记账簿。

(三)记账凭证的分类

分类一,记账凭证按其适用的经济业务可分为:专用记账凭证和通用记账凭证。(每家企业可选用其中一类凭证)

1. 专用记账凭证

专用记账凭证是指专门用来记录某一类经济业务的记账凭证。

专用记账凭证按其所记录的经济业务是否与库存现金和银行存款收付款业务有关,进一步可分为:收款凭证、付款凭证和转账凭证。

(1)收款凭证

收款凭证是指专门用于登记库存现金和银行存款收款业务的记账凭证。

收款凭证可分为:库存现金收款凭证、银行存款收款凭证。

(2)付款凭证

付款凭证是指专门用于登记库存现金和银行存款付出业务的记账凭证。

付款凭证可分为:库存现金付款凭证、银行存款付款凭证。

收款凭证和付款凭证是分别根据有关库存现金、银行存款收付款业务的原始凭证填制的,是登记库存现金日记账、银行存款日记账、有关明细分类账及总分类账的依据。

注意:出纳人员收、付款的依据只能是经过审核无误的收款凭证和付款凭证(不能根据原始凭证收、付款)。

(3)转账凭证

转账凭证是用来记录与库存现金、银行存款等货币资金收付款业务无关的转账业务的凭证。

2.通用记账凭证

通用记账凭证是以一种格式记录全部经济业务的凭证。这种凭证适用于经济业务较简单、规模较小的单位。

分类二,记账凭证按其是否经过汇总,可以分为:汇总记账凭证和非汇总记账凭证。

(1)汇总记账凭证按汇总方法不同,可分为:分类汇总凭证和全部汇总凭证。(每家企业可选用其中一类凭证)

①分类汇总凭证

分类汇总凭证包括:库存现金汇总收款凭证、银行存款汇总收款凭证、库存现金汇总付款凭证、银行存款汇总付款凭证和汇总转账凭证。

②全部汇总凭证

如“科目汇总表”。

(2)非汇总记账凭证

如收款凭证、付款凭证、转账凭证和通用记账凭证。

分类三,记账凭证按其包括的会计科目是否单一可分为:复式记账凭证和单式记账凭证。(每家企业可选用其中一类凭证)

(1)复式记账凭证(也称为多科目记账凭证)。

复式记账凭证包括:收款凭证、付款凭证、转账凭证和通用记账凭证。

(2)单式记账凭证(也称单科目记账凭证)。

这种凭证要求对每项经济业务所涉及的每个总分类会计科目分别填制一张记账凭证,即每张记账凭证只填一个总分类会计科目。凭证中的对方科目只供参考,不作为记账依据。

记账凭证分类表见表6-9。

表 6-9　　记账凭证分类表

<table>
<tr><td rowspan="22">记账凭证</td><td rowspan="6">按适用经济业务分类分</td><td rowspan="5">专用记账凭证</td><td rowspan="2">收款凭证</td><td>库存现金收款凭证</td></tr>
<tr><td>银行存款收款凭证</td></tr>
<tr><td rowspan="2">付款凭证</td><td>库存现金付款凭证</td></tr>
<tr><td>银行存款付款凭证</td></tr>
<tr><td colspan="2">转账凭证</td></tr>
<tr><td colspan="3">通用记账凭证</td></tr>
<tr><td rowspan="6">按包括会计科目是否单一分</td><td rowspan="4">复式记账凭证</td><td rowspan="3">专用记账凭证</td><td>收款凭证</td></tr>
<tr><td>付款凭证</td></tr>
<tr><td>转账凭证</td></tr>
<tr><td colspan="2">通用记账凭证</td></tr>
<tr><td rowspan="2">单式记账凭证</td><td colspan="2">借项记账凭证</td></tr>
<tr><td colspan="2">贷项记账凭证</td></tr>
<tr><td rowspan="10">按是否经过汇总分</td><td rowspan="4">非汇总记账凭证</td><td rowspan="3">专用记账凭证</td><td>收款凭证</td></tr>
<tr><td>付款凭证</td></tr>
<tr><td>转账凭证</td></tr>
<tr><td colspan="2">通用记账凭证</td></tr>
<tr><td rowspan="6">汇总记账凭证</td><td rowspan="5">分类汇总凭证</td><td>库存现金汇总收款凭证</td></tr>
<tr><td>库存现金汇总付款凭证</td></tr>
<tr><td>银行存款汇总收款凭证</td></tr>
<tr><td>银行存款汇总付款凭证</td></tr>
<tr><td>汇总转账凭证</td></tr>
<tr><td>全部汇总凭证</td><td>科目汇总表</td></tr>
</table>

二、记账凭证的填制

(一)专用记账凭证的编制方法

1. 收款凭证的填制方法

收款凭证是用来记录货币资金收款业务的凭证。它是由会计人员根据审核无误的原始凭证填制的。

在借贷记账法下,收款凭证的设证科目是借方科目(“库存现金”或“银行存款”科目)。

在凭证内所反映的贷方科目应填列与“库存现金”或“银行存款”相对应的贷方科目。

金额栏填列实际收入的数额。在凭证的左下方填写所附原始凭证张数，有关人员应签名或盖章。

【例 6-2】某企业 2007 年 8 月 15 日向乌江公司销售 A 产品 40 件，价款 20 000 元，增值税销项税额 3 400 元，收到购货单位转账支票一张，结清全部款款项。支票当日送存银行。

分析：为了便于初学者掌握银行存款收款凭证填写方法，先观察会计分录：

借：银行存款　　　　　　　　23 400

　贷：主营业务收入——A 产品　　　　　20 000

　　应交税费——应交增值税（销项税额）　　3 400

这是一项银行存款收款业务，所以应填收款凭证，左上角借方科目应填“银行存款”科目。凭证内部贷方科目分别填“主营业务收入”和“应交税费”科目。合计金额前填人民币符号：¥。编制结果见表 6-10。

表 6-10　　　　　　　　**收 款 凭 证**

贷方科目金额

借方科目　银行存款

开户银行及账号　工行月亮分理处 457—265　日期　2007 年 8 月 15 日　　　银收字第 5 号

摘　要	贷方科目		金额										记账
	总账科目	明细科目	千	百	十	万	千	百	十	元	角	分	
向乌江公司销售 A 产品 40 件	主营业务收入	A 产品				2	0	0	0	0	0	0	√
	应交税费	应交增值税					3	4	0	0	0	0	√
附单据 贰 张	合　　计				¥	2	3	4	0	0	0	0	√

会计主管：　　复核：　　记账：杨华　　出纳：刘红　　　　制单：吴茜

合计数为“银行存款”借方金额

根据复式记账原理，“银行存款”账户的借方金额应是合计数 23 400 元。

“记账”栏根据收款凭证记账以后，才能打“√”。“金额”栏的空白行用斜线划去。“单据”即原始凭证。手工会计中，凭证内数字应占行宽的二分之一，倾斜 45～60 度。

2. 付款凭证的填制方法

付款凭证是用来记录货币资金付款业务的凭证，是由会计人员根据审核无误的原始凭证填制的。

在借贷记账法下，付款凭证的设证科目是贷方科目（“库存现金”或“银行存款”科目）。在凭证内所反映的借方科目应填列与“库存现金”或“银行存款”相对应的科目。金额栏填列实际付款的数额。

【例 6-3】某企业 2007 年 8 月 16 日从包钢公司购入甲材料 2 吨，买价 80 000 元，增值税进项税额 13 600 元，共计 93 600 元，开出支票一张支付购料款，材料尚未收到。该企业材料按实际成本核算。

分析：为了便于初学者掌握银行存款付款凭证填写方法，先观察会计分录：

借：在途物资——甲材料　　80 000

　　应交税费——应交增值税（进项税额）　13 600

　　贷：银行存款　　93 600

这是一项银行存款付款业务，所以应填付款凭证，左上角贷方科目应填“银行存款”科目。凭证内部借方科目分别填“在途物资”和“应交税费”科目。编制结果见表 6-11。

表 6-11　　付 款 凭 证

贷方科目　银行存款

开户银行及账号　工行月亮分理处 457—265　日期 2007 年 8 月 16 日　　银付字第 25 号

借方科目金额

摘　要	借方科目		金　额										记账
	总账科目	明细科目	千	百	十	万	千	百	十	元	角	分	
向包钢公司购入甲材料 2 吨	在途物资	甲材料				8	0	0	0	0	0	0	√
	应交税费	应交增值税				1	3	6	0	0	0	0	√
附单据 贰 张	合　　计				￥	9	3	6	0	0	0	0	√

会计主管：　　复核：　　记账：杨华　　出纳：刘红　　制单：吴茜

合计数为“银行存款”贷方金额

①根据银付字第 25 号，付款凭证登账时，“在途物资”和“应交税费”直接将付款凭证内的金额登入“借方”金额栏内；

②银行存款日记账应登记付款凭证内的合计金额且登入银行存款日记账的“贷方”金额栏（或付出栏）。这是因为根据借贷记账法的记账规则，“银行存款”账户的贷方金额

是合计数 93 600 元。

注意：对于库存现金和银行存款之间相互划转的业务，如从银行提取现金，或将库存现金送存银行，为了避免重复记账，只编制付款凭证，不编制收款凭证。

规定：

①从银行提取现金时，只编制银行存款付款凭证；

②将库存现金送存银行时，只编制库存现金付款凭证。

3. 转账凭证的填制方法

转账凭证是用以记录与货币资金收付无关的转账业务的凭证，它是由会计人员根据审核无误的转账业务的原始凭证填制的。

在借贷记账法下，将经济业务所涉及的会计科目全部填列在转账凭证内，借方科目填在上行，贷方科目填在下行；将借方会计科目金额填入“借方金额”栏；将贷方会计科目金额填入“贷方金额”栏内。

注意：借方金额合计数应该等于贷方金额合计数，否则记账有错误。

【例 6-4】某企业 2007 年 8 月 31 日，本月完工 A 产品 50 件，结转完工入库 A 产品生产成本 25 000 元。

分析：为了便于初学者掌握填写方法，先观察会计分录：

借：库存商品——A 产品　　25 000　　⟶　登入“借方金额”栏

　　贷：生产成本——A 产品　　25 000 ⟶　登入“贷方金额”栏

编制结果见表 6-12。

表 6-12　　　　**转账凭证**

2007 年 8 月 31 日　　　　转字第 135 号

摘　要	会计科目		借方金额										贷方金额										记账
	总账科目	明细科目	千	百	十	万	千	百	十	元	角	分	千	百	十	万	千	百	十	元	角	分	
结转入库 A 产品成本 50 件	库存商品	A 产品				2	5	0	0	0	0	0											√
	生产成本	A 产品														2	5	0	0	0	0	0	√
附单据壹张	合　计				¥	2	5	0	0	0	0	0			¥	2	5	0	0	0	0	0	

会计主管：　　复核：　　记账：杨华　　　　制单：吴茜

两个合计数相等

(二)通用记账凭证的填制方法

通用记账凭证是一种适合各种经济业务的记账凭证。采用通用记账凭证,将经济业务所涉及的会计科目全部填列在一张凭证内。通用记账凭证的填写方法与转账凭证完全类似。

注意:通用记账凭证的借方金额合计数应等于贷方金额合计数,否则记账有错误。有关人员应签名盖章,并填写所附原始凭证的张数。

【例 6-5】资料见例 6-3。

先观察会计分录:

借:在途物资——甲材料　　80 000

　应交税费——应交增值税(进项税额)13 600

　贷:银行存款　　93 600

填写结果见表 6-13。

表 6-13　　**通用记账凭证**

2007 年 8 月 31 日　　第 15 号

摘　要	会计科目		借方金额										贷方金额										记账
	总账科目	明细科目	千	百	十	万	千	百	十	元	角	分	千	百	十	万	千	百	十	元	角	分	
向包钢公司购入甲材料 2 吨	在途物资	甲材料				8	0	0	0	0	0	0											√
	应交税费	应交增值税				1	3	6	0	0	0	0											√
	银行存款															9	3	6	0	0	0	0	
附单据壹　张	合　计				¥	9	3	6	0	0	0	0			¥	9	3	6	0	0	0	0	

会计主管:　　复核:　　记账: 杨华　　制单: 吴茜

(三)汇总记账凭证的填制方法

1. 分类汇总凭证的汇总关系示意图,见图 6-1。

注意:汇总转账凭证按贷方科目设证,由于贷方科目不同,分别进行汇总,因而汇总转账凭证有几十张。

2. 库存现金汇总收款凭证格式,见表 6-14。(按旬汇总三次,相应登记三次总账)

初学者编制汇总库存现金收款凭证时,可将所有库存现金收款凭证登入"T"字形账户,即可得出与"库存现金"账户的各对应账户的汇总数。

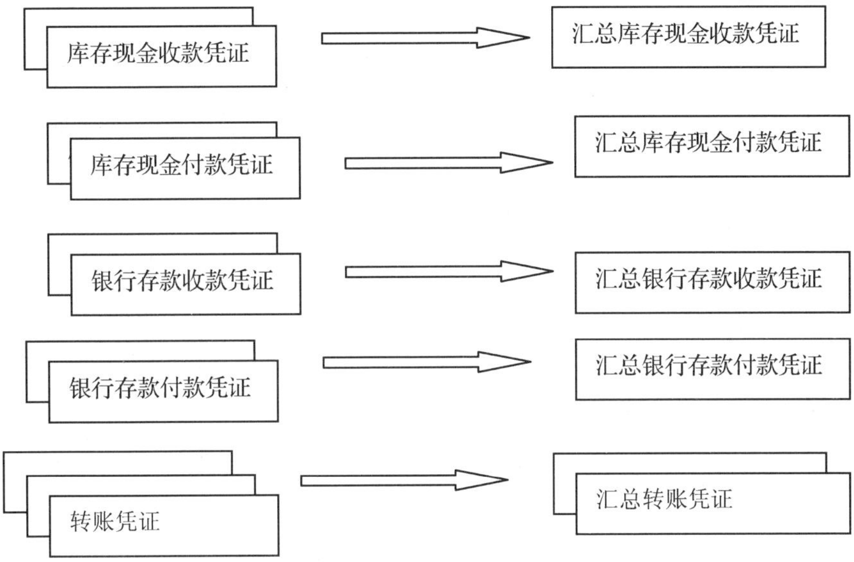

图 6-1

表 6-14　　　　汇总收款凭证

借方科目:库存现金　　　　2007 年 12 月　　　　第 1 号

贷方科目	金额				总账页数	
	1 日～10 日 凭证第 1～30 号	11 日～20 日 凭证第 31～60 号	21 日～30 日 凭证第 61～90 号	合计	借方科目	贷方科目
其他应收款	80	20		100		16
营业外收入	600	50		650		57
其他业务收入			100	100	2	69
待处理财产损溢			150	150		55
合　计	680	70	250	1 000	—	—

“库存现金”科目汇总借方金额

注意:库存现金收款凭证只参与汇总库存现金收款凭证的汇总编制,而与其他汇总记账凭证无关。防止重复汇总和遗漏汇总。

注:银行存款汇总收款凭证格式类似。

3. 银行存款汇总付款凭证格式,见表 6-15。

表 6-15　　**汇总付款凭证**

贷方科目：银行存款　　2007 年 12 月　　第 4 号

借方科目	金额				总账页数	
	1 日～10 日 凭证第 1～30 号	11 日～20 日 凭证第 31～60 号	21 日～31 日 凭证第 61～90 号	合计	借方科目	贷方科目
在途物资	10 000	5 000		15 000	10	2
固定资产	20 000	10 000	20 000	50 000	26	
应付账款	20 700			20 700	37	
应付票据			300	300	45	
管理费用	200	300	500	1 000	65	
合　计	50 900	15 300	20 800	87 000	—	—

"银行存款"科目贷方金额

注：汇总库存现金付款凭证格式类似。

4. 汇总转账凭证格式，见表 6-16。

表 6-16　　**汇总转账凭证**

贷方科目：原材料　　2007 年 12 月　　第 15 号

借方科目	金额				总账页数	
	1 日～10 日 凭证第 1～30 号	11 日～20 日 凭证第 31～60 号	21 日～31 日 凭证第 61～90 号	合计	借方科目	贷方科目
生产成本	5 000	4 500	6 000	15 500	15	12
制造费用	1 200			1 200	16	
在建工程	200			200	30	
管理费用	400			400	65	
其他业务成本	500			500	82	
合　计	7 300	4 500	6 000	17 800	—	—

"原材料"科目贷方金额

5. 按旬汇总的科目汇总表格式，见表 6-17。

表 6-17　　　　　　　　　　　　科目汇总表

2007 年 5 月 10 日

会计科目（总账科目）	1～10 日		11～21 日		21～30 日		合　计		总账页数
	借方	贷方	借方	贷方	借方	贷方	借方	贷方	
库存现金									
银行存款									
交易性金融资产									
应收账款									
⋮									
合　计									

可按会计科目表顺序

两个合计数相等

会计主管：　　　审核：　　　记账：　　　制表：

如果是手工汇总，可先分别登记每一个总分类账户的“T”字形账户，并算出每一个账户的借方发生额和贷方发生额，然后转记科目汇总表即可。

由借贷记账法的记账规则可知，在科目汇总表内，全部总账的借方发生额合计等于全部总账的贷方发生额合计。

注意：汇总记账凭证涉及的会计科目在登记账簿时，都要登入对应的总分类账户，从这个意义上讲，汇总记账凭证也是“复式”的。

（四）单式记账凭证的填制方法（略）

三、记账凭证的填制要求

1. 填制记账凭证必须以审核无误的原始凭证为依据；记账凭证可以根据每一张原始凭证填制，也可以根据汇总原始凭证填制；

注意：①不同内容和类别的原始凭证不能汇总填列在一张记账凭证上。

②以自制的原始凭证或者汇总原始凭证代替记账凭证使用的，也必须具备记账凭证所应有的会计科目。（见前述表 6-8）。

2. 正确填写记账凭证的日期；

填制收、付款凭证的日期应按货币资金的实际收付日期填写，与原始凭证所记载的日期不一定相同；而转账凭证原则上按收到原始凭证的日期填写，但经济业务实际发生的日期应在“摘要栏”上注明。

3. 记账凭证的“摘要”栏是对经济业务的简要说明，填写时既要简明，又要确切；

①对于收付款业务，要写明收付款对象的名称、款项内容，使用银行支票的，还应填写支票号码；

②对于购买材料、商品业务，要写明供应单位名称和主要品种、数量；

③对于经济往来业务，应写明对方单位、业务经手人、发生时间等内容。

4.会计科目使用必须正确，应借、应贷账户的对应关系必须清楚；

5.记账凭证在一个月内应当连续编号，以便查核；

①使用通用记账凭证时，可按经济业务发生的顺序编号；

②采用收款凭证、付款凭证和转账凭证时，可采用“字号编号法”，即按凭证类别顺序编号；

例如：收字第×号、付字第×号、转字第×号等，按月从月初分别开始编号。

③采用“双重编号法”，即按总字顺序编号与按类别顺序编号相结合；

例如：某收款凭证为“总字第×号，收字第×号”，总字按月从月初开始编号。

④一笔经济业务，需要编制多张记账凭证时，也可采用“分数编号法”。

例如：第20笔经济业务需要编制两张转账凭证，凭证的顺序号为20号时，可编转字20(1/2)、转字20(2/2)号。前面的整数表示业务顺序；分母2表示第20笔业务总共两张凭证；分子1和2分别表示两张转账凭证中的第一张和第二张。

6.除结账和更正错误的记账凭证可以不附原始凭证外，其他记账凭证须附有原始凭证；

①记账凭证上应注明所附单据(即原始凭证)的张数，以便查核；

②如果根据同一原始凭证填制数张记账凭证，则应在未附原始凭证的记账凭证上注明“附件×张，见第××号记账凭证”；

③如果原始凭证需要另行保管，则应在附件栏目内注明。

7.记账凭证发生差错时，应按规定的方法更正(见第七章第五节更正错账)；

8.同一项经济业务中，如果既有现金或银行存款的收付款业务又有转账业务，应相应地填制收、付款凭证和转账凭证；

例如：胡军出差回来，报销差旅费800元，出差前预借1 000元，交回现金200元。对于这项经济业务应根据收款收据的记账联填制现金收款凭证，同时根据差旅费报销凭单填制转账凭证。(如果采用的是通用记账凭证则只需填一张)

9.记账凭证填写完毕，应进行复核与检查，并按所使用的记账方法进行试算平衡。

有关人员均要签名盖章。出纳人员根据收款凭证收款或根据付款凭证付款时，要在凭证上加盖“收讫”或“付讫”的戳记，以免重收、重付，防止差错。

四、记账凭证的审核

1.审核记账凭证是否附有原始凭证，原始凭证的构成要素是否齐全、经济内容是否合法、真实，记账凭证所记录的经济业务与所附原始凭证所反映的经济业务是否相符。

2.审核记账凭证的应借、应贷会计科目是否正确，账户对应关系是否清楚，所使用的会计科目及其核算内容是否符合新《企业会计准则 2006》的规定，金额计算是否正确。

3.审核摘要是否填写清楚、项目填写是否完整以及有关人员签章是否齐全等。

在审核记账凭证过程中，如发现填制有误，应查明原因，并按照规定的方法及时更正，只有经过审核无误的记账凭证，才能据以登记账簿。

实行会计电算化的单位，对于机制记账凭证，要认真审核，做到会计科目使用正确，数字准确无误。打印出的机制记账凭证要加盖制单人员、审核人员、记账人员及会计机构负责人、会计主管人员印章或签字。

第四节　会计凭证的传递和保管

一、会计凭证的传递

1.会计凭证传递是指会计凭证从填制到归档保管整个过程中，在单位内部有关部门和人员之间的传递程序和传递时间。

2.制订会计凭证传递程序的要求：

(1)要根据经济业务的特点，企业内部机构的设置和人员分工的情况，以及经营管理上的需要，恰当地规定各种会计凭证的联数和所流经的必要环节。

(2)要根据有关部门和人员对经济业务办理必要手续（如计量、检验、审核、登记等）的繁简，确定凭证在各个环节适当的停留时间，确保会计凭证的及时传递。

注意：本月的会计凭证决不允许推到下个月才传到财务部门。

(3)建立凭证交接的签收制度。在各个环节中都应指定专人办理交接手续，做到责任明确，手续完备。加强经营管理上的责任制。

二、会计凭证的保管制度

(一)会计凭证的保管

会计凭证的保管是指会计凭证登账后的整理、装订和归档存查。

会计凭证是重要的会计档案。企业在记账后，必须按规定的立卷归档制度，将会计凭证妥善保管，不得丢失或任意销毁。

(二)会计凭证的整理归类

会计凭证归档保管的主要方法和要求是:

1. 每月记账完毕,要将本月各种记账凭证加以整理,检查有无缺号和附件是否齐全。然后按顺序号排列,装订成册。应加具封面,封面上应注明单位的名称、所属的年度和月份、起讫的日期、记账凭证的种类、起讫号数、总计册数等,并由有关人员签章。为了防止任意拆装,在装订线上要加贴封签,并由会计主管人员盖章。会计凭证封面的格式见表6-18。

表 6-18　　会计凭证装订封面

<table>
<tr><td rowspan="5">2007
年
五
月

第
壹
册</td><td colspan="2">红岩机械厂</td></tr>
<tr><td>2007 年 5 月份共 6 册</td><td>第 壹 册</td></tr>
<tr><td>收款　　　　　　1　　　5
付款　凭证　第　1　号至第　10　号共 50 张
转账　　　　　　1　　　35</td><td></td></tr>
<tr><td></td><td>附原始凭证 83 张</td></tr>
<tr><td>会计主管(签章)　　保管(签章)</td><td></td></tr>
</table>

2. 如果一个月内的凭证数量过多,可分装若干册,在封面上加注共几册字样。如果某些记账凭证所附原始凭证数量过多,也可以单独装订保管,但应在其封面及有关记账凭证上加注说明。对重要书面文件,如合同、契约以及原始凭证押金收据和需要随时查阅的收据等,在需要单独保管时,应编制目录,并在原记账凭证上注明另行保管字样,以便查核。

3. 装订成册的会计凭证应集中保管,并指定专人负责。查阅时,要有一定的登记手续制度。

(三)会计凭证的归档

会计凭证存档以后,保管责任随之转移到档案保管人员身上。保管人员应当按照会计档案管理的要求,对装订成册的会计凭证按年分月顺次排列,以便查阅。

(四)会计凭证的借阅制度

按内部控制制度的要求,限制接近会计资料。查阅会计凭证应有一定的手续制度。

作为会计档案，会计凭证不得外借，其他单位若因特殊原因需要使用原始凭证时，经本单位领导批准后可以复制。向外单位提供的会计凭证复制件应在备查簿中登记，由提供人和收取人共同签章。

（五）会计凭证的销毁制度

会计凭证的保管期限和销毁手续应严格遵循《会计档案管理办法》的有关规定。

一般会计凭证保管期限为15年。未满保管期限的会计凭证不得任意销毁。

会计凭证保管期满后，必须按照规定的审批手续，报经批准后才能销毁。但销毁前要填制“会计档案销毁目录”，交档案部门编入会计档案销毁清册。批准销毁后要进行监销，并取得销毁过程中有关人员的签字盖章。

本章小结

1. 会计凭证是用来记录经济业务、明确经济责任的书面证明。会计凭证是登记账簿的依据。

2. 会计凭证可以分为原始凭证和记账凭证。

3. 原始凭证按其取得的来源不同可分为：自制原始凭证和外来原始凭证。

4. 自制原始凭证按其填制手续不同又可分为四种：一次凭证、累计凭证、汇总原始凭证和记账编制凭证。

5. 记账凭证是由会计人员根据审核无误的原始凭证或汇总原始凭证编制的，用来确定会计分录，作为登记账簿直接依据的会计凭证。

会计分录是通过填制记账凭证来完成的，即记账凭证是会计分录的载体。

6. 记账凭证按其适用的经济业务可分为：专用记账凭证和通用记账凭证。

7. 记账凭证按其是否经过汇总可以分为：汇总记账凭证和非汇总记账凭证。

8. 记账凭证按其包括的会计科目是否单一可分为：复式记账凭证和单式记账凭证。

9. 正确地使用会计凭证要从会计凭证的填制、审核、传递和保管入手。

思考题

1. 会计凭证有哪些作用？
2. 什么是原始凭证？原始凭证有哪几种？
3. 什么是记账凭证？证记账凭证有哪几种？
4. 原始凭证的基本内容包括哪些？有哪些填制要求？
5. 专用记账凭证如何填制？
6. 简述原始凭证的审核内容。

7. 简述记账凭证的审核内容。

练习题

【目的】练习专用记账凭证(收款凭证、付款凭证和转账凭证)的编制。

【资料】某企业 2007 年 6 月份 1～5 日部分经济业务如下:

1. 1 日,接开户银行收款通知,收到北方公司汇来前欠购货款 5 000 元。

2. 2 日,开出转账支票支付产品展销费 2 000 元。

3. 3 日,销售 B 产品 4 件,货款为 500 元,增值税销项税额为 85 元,款项收到现金 585 元。

4. 4 日,厂部职工李明预借差旅费 1 000 元,用现金支付。

5. 5 日,销售给光华公司产品一批,货款 20 000 元,增值税销项税额为 3 400 元,款项采用商业汇票结算方式,收到由光华公司签发并承兑的半年期商业汇票一张,面值为 23 400元。

【要求】根据以上各项经济业务编制专用记账凭证。

第七章　会计账簿

【学习目标】

◇ 了解账簿的意义和种类。

◇ 熟悉日记账、总分类账和明细分类账的内容、格式、登记依据和登记方法。

◇ 了解账簿的启用与登记规则。

◇ 掌握更正错账的方法。

◇ 熟悉结账和对账的内容和要求。

第一节　账簿的意义和种类

一、账簿的意义

为了适应经济管理的要求，提供完整、连续、系统的会计核算资料，需要运用登记账簿的方法，把分散在会计凭证上的大量会计核算资料分类登记到账簿中。

（一）账簿的概念

账簿是按照会计科目开设账户并由具有一定格式的账页所组成，用来序时、分类地记录经济业务的簿籍。

（二）账簿和账户的区别和联系

账户是在账簿中按规定的会计科目开设的户头，用来记录某一个会计科目所核算的内容。而账簿的记录是对经济活动的全面反映。

账簿是会计数据的载体。

设置和登记会计账簿是会计核算的一种专门方法。

(三)设置账簿的原则

1. 账簿的设置要保证全面、系统地反映和监督各单位的经济活动情况，为经营管理提供系统、完整的核算资料；

2. 设置账簿要在满足实际需要的前提下，考虑人力和物力的节约，力求避免重复设账；

3. 账簿的格式要按照所记录的经济业务内容和需要提供的核算指标进行设计，力求简明、清晰和实用。

(四)设置会计账簿的作用

1. 账簿可以为经济管理提供系统、完整的会计信息；

2. 账簿可以为定期编制会计报表提供数据资料；

3. 账簿记录为考核企业经营管理业绩、分析经济活动情况提供了重要依据；

账簿记录反映了一定时期的现金流量情况，提供了费用成本、收入和利润等资料，为经济活动分析提供了依据。

4. 有效发挥会计的监督职能，为保证财产物资和货币资金的安全完整提供了有效保障；

5. 账簿记录也为审计和统计活动提供了会计数据。

二、账簿的种类

账簿分类包括：按其用途分类和按外表形式分类。

(一)账簿按其用途分类

账簿按其用途可分为：序时账簿、分类账簿和备查账簿。

1.序时账簿(亦称日记账)

序时账簿是按照经济业务发生的时间先后顺序，逐日逐笔登记经济业务的账簿。

序时账簿按其记录内容的不同又分为：普通日记账和特种日记账。

(1)普通日记账(也称通用日记账、分录日记账)

普通日记账是用来序时登记各单位全部经济业务会计分录的日记账。

在普通日记账中，按照每日发生经济业务的先后顺序，逐笔编制会计分录，因而这种日记账也称分录日记账。设置普通日记账的单位，不用再填制记账凭证。

(2)特种日记账

特种日记账是专门用来记录某一特定项目经济业务发生情况的日记账。

日记账将该类经济业务，按其发生的先后顺序记入日记账中，反映这一特定项目的详细收付变动和余额情况。

一般设置的特种日记账有库存现金日记账和银行存款日记账等。

2. 分类账簿

分类账簿，简称分类账，是按照总分类科目和明细分类科目设置的对全部经济业务进行分类登记的账簿。

分类账簿可进一步分为：总分类账簿、明细分类账簿。

(1)总分类账簿(也称一级账)，是按照总分类账户分类登记经济业务的账簿。它用来核算经济业务的总括内容。

(2)明细分类账簿是按照明细分类账户分类登记经济业务的账簿。它用来核算经济业务的详细内容。

例如，原材料明细账、管理费用明细账、应收账款明细账等。

3. 备查账簿

备查账簿，也称辅助账簿，是指对某些在序时账簿和分类账簿中未记载或记载不全的经济业务进行补充登记的账簿。

该种账簿可以对某些经济业务的内容提供必要的参考资料。

例如，经营性租入固定资产的登记簿、应收票据备查簿、应付票据备查簿等属于备查账簿。

备查账簿不是根据会计凭证登记的，它与会计报表的编制也没有关系，在管理经济活动中只起备查作用。

(二)账簿按外表形式分类

账簿按外表形式分类，可分为订本式账簿、活页式账簿和卡片式账簿。

1. 订本式账簿

订本式账簿是指把许多账页装订成册的账簿。

订本式账簿的优点：账页固定，既可防止账页散失也可防止抽换账页。

例如，总分类账簿、库存现金日记账和银行存款日记账采用订本式。

库存现金日记账和银行存款日记账账页都是预先编号，按顺序逐笔登记。

订本式账簿的缺点：由于账页固定，总账中各总分类账户预留账页的页数与实际需要量可能不一致。

2. 活页式账簿

活页式账簿(简称活页账)是指账页不固定，采用活页形式的账簿。(打孔线装本)

例如，原材料明细账采用活页式。

活页式账簿的优点：页数可根据需要预留，不足时，可随时增加账页，并且登记方便，可同时由数人分工记账。

活页式账簿的空白账页在使用前应连续编号，装置在账夹中，并由有关人员盖章，以防散失。使用完毕，不再登记时，将其装订成册，以便保管。

3. 卡片式账簿

卡片式账簿(简称卡片账)是指用印有记账格式的卡片详细登记各项经济业务的账簿。

卡片不固定在一起，数量可根据经济业务量增减。

例如，固定资产明细账采用卡片式。

卡片使用完毕，不再登账时，则将卡片穿孔固定保管。

账簿的分类见表 7-1。

表 7-1 账簿的分类表

<table>
<tr><td rowspan="15">账簿</td><td rowspan="10">按账簿用途分类</td><td rowspan="3">序时账簿</td><td colspan="2">普通日记账</td></tr>
<tr><td rowspan="2">特种日记账</td><td>库存现金日记账</td></tr>
<tr><td>银行存款日记账</td></tr>
<tr><td rowspan="2">分类账簿</td><td colspan="2">总分类账</td></tr>
<tr><td colspan="2">明细分类账</td></tr>
<tr><td rowspan="5">备查账簿</td><td colspan="2">经营性租入固定资产的登记簿</td></tr>
<tr><td colspan="2">应收票据备查簿</td></tr>
<tr><td colspan="2">应付票据备查簿</td></tr>
<tr><td colspan="2">已确认为坏账的应收款项备查簿</td></tr>
<tr><td colspan="2">抵押、担保物品备查簿</td></tr>
<tr><td rowspan="5">按账簿外表形式分</td><td rowspan="3">订本式账簿</td><td colspan="2">总分类账簿</td></tr>
<tr><td colspan="2">库存现金日记账</td></tr>
<tr><td colspan="2">银行存款日记账</td></tr>
<tr><td>活页式账簿</td><td colspan="2">原材料明细账</td></tr>
<tr><td>卡片式账簿</td><td colspan="2">固定资产明细账</td></tr>
</table>

第二节 账簿的设置与登记

一、账簿的基本内容

各种账簿所记录的经济业务不同，账簿的格式可以多种多样。但各种主要账簿均应具备下列基本内容：

(一)封面

写明账簿名称和记账单位名称。

(二)扉页

扉页填列账簿启用的日期和截止日期、页数和册次；经管账簿人员一览表和签章；会计主管人员签章；账户目录等。扉页中有“账簿启用表”、“经管本账簿人员一览表”、“账户目录表”。

账户目录是由记账人员在账簿中开设账页户头后，按顺序将每个账户的编号、名称和起讫页次进行登记，其作用是便于查阅账簿中登记的内容。如果是活页账簿，在账簿启用时无法确定页数，可先将账户名称填写好，待年终装订归档时，再填写页数。

(三)账页的基本内容

账簿是由账页组成的，账页是用来记录经济业务的。不同账簿的账页格式不同，但一般应具有下列基本内容：

1. 账户的名称(总账科目、二级或明细科目)；
2. 记账日期栏(按记账凭证日期登记)；
3. 凭证种类和号数栏(即凭证字号)；
4. 摘要栏(记录经济业务内容的简要说明)；
5. 金额栏(借方栏、贷方栏和余额栏)；
6. 总页次和分户页次。

下面介绍有关序时账簿和分类账簿的结构与登记方法。

二、特种日记账的设置与登记

一切单位都应设置库存现金日记账和银行存款日记账，用于序时核算库存现金和银行存款的收入、支出及结存情况，借以加强对货币资金的管理。

(一)库存现金日记账的设置与登记

库存现金日记账是由出纳人员根据库存现金收款凭证、库存现金付款凭证和银行存款付款凭证(记录从开户银行提取现金业务)，按经济业务发生时间的先后顺序，逐日逐笔进行登记的账簿。库存现金收款凭证的格式和内容见表7-2。

库存现金日记账有三栏式和多栏式两种。下面只介绍常用的增设了“对方科目”栏的三栏式库存现金日记账的格式和登记方法。三栏式库存现金日记账的格式见表 7-3。

三栏式库存现金日记账的登记方法如下：

1. 日期栏：系指记账凭证的日期；

2. 凭证栏：系指登记入账的收、付款凭证的种类和编号；

3. 摘要栏：简要说明登记入账的经济业务的内容；

4.“对方科目”栏：系指会计分录中与“库存现金”科目对应的科目；

5. 借方、贷方栏：将库存现金实际收入的金额登入借方栏；库存现金实际支出的金额登入贷方栏。

每日终了，应分别计算库存现金收入和支出的合计数（即当日借方和贷方发生额），并结出余额，同时将余额与出纳员保管的库存现金实际数进行核对，即通常说的“日清”。如出现长款或短款，在查明原因前，首先应调账，做到账实相符（见第 8 章财产清查）。查明原因后，经批准进行处理。月终，同样要计算库存现金收入、支出和结存的合计数，通常称为“月结”。

【例 7-1】根据下述库存现金收款凭证（见表 7-2）登记三栏式库存现金日记账。

表 7-2 **收款凭证**

将此日期登入日记账的日期栏

借方科目 库存现金　　日期 2007 年 1 月 1 日　　现收字第 1 号

摘 要	贷方科目		金 额										记账
	总账科目	明细科目	千	百	十	万	千	百	十	元	角	分	
职工王力退回借款	其他应收款	王力						5	0	0	0	0	√
附单据 壹 张	合计						¥	5	0	0	0	0	√

登入库存现金日记账“对方科目”栏

已登记入账符号

会计主管：　复核：　记账：杨华　出纳：刘红　制单：吴茜　交款人（签名）：王力

将合计数登入库存现金日记账“借方”栏

登记方法：根据上述库存现金收款凭证，将合计金额 500 元登入库存现金日记账“借方”栏。“对方科目”栏填写总分类科目“其他应收款”，凭证种类填写“现收”，编号填写“1”。若手工填写金额，应占行宽的 1/2，数字倾斜 45°～60°，见表 7-3。

表 7-3　　库存现金日记账(三栏式)

"库存现金"账户余额一定在借方

2007年		凭证		摘要	对方科目	借方（收入）	贷方（支出）	余额
月	日	种类	编号					
1	1			上年结余				800
	1	现收	1	职工王力退回借款	其他应收款	500		
	1	银付	1	提取现金备用	银行存款	2 000		
	1	现付	1	购买办公用品	管理费用		200	
	1			本日合计		2 500	200	3 100
≈	≈	≈	≈	≈ ≈ ≈ ≈ ≈	≈ ≈ ≈ ≈	≈≈	≈≈	≈ ≈
	31			本日合计	⇧	8 000	6 000	600
	31			本月合计	（省略号）	20 100	20 300	600

填写记账凭证日期

（二）银行存款日记账的设置与登记

银行存款日记账由出纳人员根据银行存款收款凭证、银行存款付款凭证和库存现金付款凭证(记录库存现金送存开户银行业务)，按经济业务发生的先后顺序，逐日逐笔进行登记。银行存款日记账有三栏式和多栏式两种。

下面只介绍常用的三栏式银行存款日记账的格式和登记方法。

三栏式银行存款日记账和库存现金日记账相比，账页增设了"结算凭证"栏，见表 7-4。

三栏式银行存款日记账登记方法：

根据银行存款收款凭证登记银行存款日记账时，将合计金额登入"借方"栏；根据银行存款付款凭证登记银行存款日记账时，将合计金额登入"贷方"栏。

银行存款日记账余额一定在借方，表示企业银行存款结余数。银行存款日记账也应做到"日清月结"。

表 7-4　　银行存款日记账(三栏式)

"银行存款"账户余额一定在借方

2007年		凭证		摘　要	结算凭证		对方科目	借方	贷方	余 额
月	日	种类	编号		种 类	号数				
1	1			上年结余						150 000
	1	银付	1	提现	现金支票	略	库存现金		3 000	
	1	银付	2	向红十字会捐款	转账支票	略	营业外支出		10 000	
	1	银收	1	收回彩虹公司欠款	汇票	略	应收账款	20 000		
≈	≈	≈≈	≈	本日合计 ≈ ≈ ≈ ≈	≈ ≈	≈	≈ ≈ ≈	20 000 ≈ ≈	13 000 ≈ ≈	157 000 ≈ ≈

注意:按照企业内部控制制度要求,出纳员只能登记库存现金日记账和银行存款日记账,不允许登记总账和往来账。

三、分类账的格式与登记方法

(一)总分类账的格式与登记方法

在总分类账中,应按照总账科目的编码和顺序分别开设账户。由于总分类账一般都采用订本式账簿,所以事先应为每个账户预留若干账页。

由于总分类账能够全面、总括地反映经济活动情况,并为编制会计报表提供资料,因而任何单位都要设置总分类账。

常用的总分类账的格式为三栏式。包括不反映对应科目的三栏式总分类账和反映对应科目的三栏式总分类账

1. 不反映对方科目的三栏式总分类账的设置

不反映对方科目的三栏式总分类账在账页中设有借方、贷方和余额三个金额栏,其格式和内容见表 7-5。

2. 反映对应科目的三栏式总分类账的设置

反映对应科目的三栏式总分类账除在账页中设有"借方"、"贷方"和"余额"三个金额栏外,还分别在借方和贷方金额栏中设有对方科目栏,以便可以直接从总分类账户中了解经济业务的来龙去脉。

表 7-5　　　　**总分类账**

会计科目:预付账款　　　　第 15 页

2007 年		凭证		摘　要	借　方	贷　方	借或贷	余　额
月	日	种类	编号					
5	1			月初余额			借	36 000
	1	银付	1	向清江公司预付货款	100 000		借	136 000
	15	转	1	收到材料冲销预付款		100 000	借	36 000
≈	≈	≈≈	≈≈	≈≈≈≈≈≈	≈≈≈≈	≈≈≈≈	≈	≈≈≈≈

反映对应科目的三栏式的总分类账格式和内容见表 7-7。

【例 7-2】根据下列转账凭证(见表 7-6)登记实收资本总账。登记结果见表 7-7。

表 7-6　　　　**转账凭证**

登入"实收资本"账页"贷方"栏的对方科目分栏

2007 年 5 月 5 日　　　　转字第 1 号

摘 要	会计科目		借方金额										贷方金额										记账
	总账科目	明细科目	千	百	十	万	千	百	十	元	角	分	千	百	十	万	千	百	十	元	角	分	
收 A 公司资本金	固定资产					5	0	0	0	0	0	0											√
	实收资本	A 公司														5	0	0	0	0	0	0	√
附单据壹张	合计				¥	5	0	0	0	0	0	0			¥	5	0	0	0	0	0	0	

会计主管:　　复核:　　记账: 杨华　　　　制单: 吴茜

登入"实收资本"账页"贷方"金额栏

注意:实收资本账页中"借方"、"贷方"、"余额"三个金额栏反映的是"实收资本" 账户的金额,不是对方账户金额。

总分类账可以直接根据各种记账凭证逐笔进行登记,也可以将一定时期的各种记账凭证先汇总编制成"科目汇总表"或"汇总记账凭证",再据以登记总账。这与账务处理程序有关。具体内容见第十章。

表 7-7 **总分类账**

会计科目:实收资本 第 29 页

2007 年		凭证		摘要	借方		贷方		借或贷	余额
月	日	种类	编号		金额	对方科目	金额	对方科目		
5	1			月初余额					贷	45 000
	5	转	1	收 A 公司资本金			50 000	固定资产	贷	95 000
	18	转	8	转增资本金			30 000	资本公积	贷	125 000
≈	≈	≈≈	≈	≈≈≈≈	≈≈	≈≈≈	≈≈	≈≈≈	≈	≈≈

(二)明细分类账的格式和登记方法

明细分类账账页按记录的内容不同,分别采用:三栏式、数量金额式和多栏式。

注意:库存现金、银行存款只设日记账,不设明细账。

1. 三栏式明细分类账

三栏式明细分类账的账页只设有借方、贷方和余额三个金额栏。

三栏式明细分类账适用于只需要反映金额的经济业务,如“应收账款”、“应付账款”等不需要进行数量核算的债权、债务结算账户。

【例 7-3】应付账款明细账采用三栏式。其账页的格式和内容见表 7-8。

表 7-8 **应付账款明细账(三栏式)**

户名: C公司 第 25 页

2007 年		凭证		摘 要	借 方	贷 方	借或贷	余 额
月	日	种类	编号					
5	1			期初余额			贷	40 000
	10	银付	3	偿还 C 公司货款	35 000		贷	5 000
	12	转	15	向 C 公司赊购甲材料 5 吨		15 000	贷	20 000
≈	≈	≈	≈≈	≈≈≈≈≈≈≈	≈≈≈	≈≈	≈	≈≈≈
	31			本期发生额及余额	50 000	35 000	贷	25 000

三栏式明细分类账由会计人员根据审核无误的记账凭证，按经济业务发生的时间先后顺序逐日逐笔进行登记。

2. 数量金额式明细分类账的设置与登记

数量金额式明细分类账的账页分别设有“借方”（收入）、“贷方”（发出）和“余额”（结存）的数量、单价和金额栏。这种格式适用于既要进行金额核算，又要进行实物数量核算的各种财产物资账户，如“原材料”、“库存商品”等账户的明细分类核算。

【例 7-4】原材料明细账采用数量金额式。其账页格式和内容见表 7-9。

数量金额式明细分类账由会计人员根据审核无误的记账凭证或原始凭证，按经济业务发生的时间先后顺序逐日逐笔进行登记。

表 7-9　　原材料明细账（数量金额式）

类　　别：（略）　　　　　　　　　　　　　编号：K7621

计量单位：吨　　　名称及规格：甲材料　　　最高储备量：（略）　　借余

存放地点：1 号库　　储备定额：（略）　　　最低储备量：（略）

2007 年			凭证	摘要	借方（收入）			贷方（发出）			余额（结存）		
月	日	种类	编号		数量	单价	金额	数量	单价	金额	数量	单价	金额
5	1			期初余额							*100*	*150*	*15 000*
	5	转	14	购入	*400*	*150*	*60 000*				*500*	*150*	*75 000*
	16	转	25	发出				*180*	*150*	*27 000*	*320*	*150*	*48 000*
≈	≈	≈	≈	≈ ≈ ≈	≈ ≈	≈ ≈	≈ ≈	≈ ≈	≈ ≈	≈ ≈	≈ ≈	≈ ≈	≈
5	31			本期发生额及余额	*600*	*150*	*90 000*	*280*	*150*	*42 000*	*420*	*150*	*63 000*

3. 多栏式明细分类账的设置与登记

多栏式明细分类账是根据经济业务的特点和经营管理的需要，在一张账页内按有关明细科目或明细项目分设若干专栏，用以在同一张账页上集中反映各有关明细科目或明细项目的核算资料。

按明细分类账登记经济业务的不同，多栏式明细分类账的账页又分为：借方多栏式、贷方多栏式和借方贷方多栏式。

(1)借方多栏式明细分类账的设置

如“在途物资”、“生产成本”、“制造费用”、“销售费用”、“管理费用”、“财务费用”、“营业外支出”等明细分类账采用借方多栏式。

【例 7-5】借方多栏式明细分类账的账页的格式和内容，如管理费用明细账账页，见表7-10。

注意：对于借方多栏式费用明细账，由于只在借方设多栏（费用项目），平时在借方登记费用的发生额，贷方登记月末将借方发生额一次转出的数额，所以平时如发生贷方发生额，应该用红数字在借方多栏中登记，表示冲减该项费用。

表 7-10　　**管理费用明细账（借方多栏式）**

2007 年		凭证		摘要	借方				贷方	余额
月	日	种类	编号		职工薪酬	折旧费	差旅费	合计		
5	5	转	4	职工吴茜报差旅费			1 800	1 800		1 800
	31	转	36	分配工资费	5 000			5 000		6 800
	31	转	37	计提福利费	700			700		7 500
	31	转	38	计提折旧		600		600		8 100
	31	转	45	转入“本年利润”账户					8 100	0
	31			本期发生额及余额	5 700	600	1 800	8 100	8 100	0

(2)贷方多栏式明细分类账的设置与登记

贷方多栏式明细分类账的账页格式适用于贷方需要设多个明细科目或明细项目的账户，如“主营业务收入”和“营业外收入”等科目的明细分类核算。贷方多栏式明细分类账的账页的格式和内容见表 7-12。

【例 7-6】根据 2007 年 5 月 6 日的现收字第 3 号库存现金收款凭证（见表 7-11），由于贷方科目是营业外收入，所以先找出营业外收入明细账户。将收款凭证内“营业外收入”科目的金额 800 元登入营业外收入明细账户的“贷方”栏的“罚款收入”分栏。

表 7-11　　　　收款凭证

借方科目　库存现金　　　日期　2007 年 5 月 6 日　　　　现收字第 3 号

摘　要	贷方科目		金　额										记账
	总账科目	明细科目	千	百	十	万	千	百	十	元	角	分	
罚款收现	营业外收入	罚款收入						8	0	0	0	0	√
附单据 壹 张	合计						¥	8	0	0	0	0	√

登入营业外收入明细账"贷方"栏的"罚款收入"分栏

会计主管：　复核：　记账：杨华　出纳：刘红　制单：吴茜　交款人（签名）：王力

根据上述第 3 号库存现金收款凭证登记营业外收入明细账，见表 7-12。

表 7-12　　　　营业外收入明细账（贷方多栏式）

2007 年		凭　证		摘　要	借　方	贷　方			余　额
月	日	种类	编号			固定资产盘盈	罚款收入	合　计	
5	6	现收	3	罚款收入			800	800	800
		转	15	结转盘盈固定资产净值		5 200		5 200	6 000
		转	46	转入"本年利润"账户	6 000				0
				本期发生额及余额	6 000	5 200	800	6 000	0

另外，根据第 3 号库存现金收款凭证，还需要登记库存现金日记账。

(3)借方贷方多栏式明细分类账的设置

借方贷方多栏式明细分类账的账页格式适用于借方贷方均需要设多个明细科目或明细项目的账户，如应交增值税明细账。

【例 7-7】应交增值税明细账采用借方贷方多栏式，见表 7-13。

表 7-13　　　　应交增值税明细账(借方贷方多栏式)

(略)	借方						贷方					借或贷	余额
	合计	进项税额	已交税金	减免税款	出口减免内销产品应纳税	转出未交增值税	合计	销项税额	出口退税	进项税额转出	转出多交增值税		

四、备查账簿的设置与登记

企业应设置经营性租入固定资产的登记簿、应收票据备查簿、应付票据备查簿、已确认为坏账的应收款项备查簿及抵押、担保物品备查簿等。

例:应收票据备查,要求逐笔登记商业汇票的种类、号数和出票日、票面金额、交易合同号和付款人、承兑人、背书人的姓名或单位名称、到期日、背书转让日、贴现日、贴现净额以及收款日和收回金额、退票等情况资料。商业汇票到期结清票款或退票后,应在备查簿中予以注销。

第三节　总分类账户与明细分类账户的平行登记

一、总分类账户与明细账户的关系

总账与明细账是既有联系又有区别的两类账。

(一)总分类账户与明细分类账户的区别主要表现在以下两个方面

1. 反映经济内容的详细程度不同

总分类账反映总账科目核算内容增减变化的总括情况,提供总括指标;明细分类账反映明细科目核算内容增减变化的详细情况,提供详细指标。有些明细账还可以提供实物数量指标。

2.作用不同

总分类账提供的经济指标是明细分类账资料的综合，对所属明细分类账起着统驭、控制的作用；明细分类账提供的具体资料是对有关总分类账的补充，起着详细说明的作用。

(二)总分类账户与明细分类账户的内在联系主要表现在以下两个方面

1.二者所反映的经济业务内容相同

例如，“库存商品”总账账户与其所属的“A 商品”、“B 商品”等明细账户都是用来反映库存商品的收、发及结存业务的。

2.登账的原始依据相同

登记总分类账户与登记其所属明细账户的原始依据都是原始凭证。

二、总分类账户与明细分类账户的平行登记

为了使总分类账户与其所属的明细分类账户相互之间能起到统驭与补充的作用，满足各单位经济管理对总括会计信息和详细会计信息的需要，确保核算资料的正确、完整，以及便于账户的核对，在总分类账及其所属的明细分类账之间进行的记录必须采用平行登记的方法。

所谓平行登记，是指对发生的每一项经济业务，都要以相关的会计凭证为依据，在同一会计期间，一方面登记有关总分类账户，另一方面登记该总分类账所属各有关明细分类账户。

平行登记的四要点：

1. 登记的原始依据相同

登记总分类账户与登记其所属明细账户的原始依据都是原始凭证，因而原始依据是相同的。但由于账务处理程序的差别，登记总分类账户与登记其所属明细账户的直接依据记账凭证的种类可能不同(见第十章)。

2. 登记的方向相同

对同一笔经济业务，总分类账户与其所属明细分类账户中的记账方向是相同的，即同时记入借方或同时记入贷方。

3. 登记的金额相等

同一笔经济业务，登记在总分类账户的金额必须与登记在该总分类账户所属明细账户的金额合计数相等。

4. 登记的会计期间相同

对每一项经济业务，相关的总分类账户与其所属明细账户应在同一会计期间登记入

账。但并不要求同一天登记。

由于对每一项经济业务，总分类账户与其所属明细分类账户要求平行登记，所以总分类账户与其所属明细分类账户必然存在下列数量关系：

某一总分类账户期末余额＝该总分类账户所属明细分类账户期末余额合计

注意：由于同一总分类账户的所属明细分类账户余额方向可能不同（如结算类账户的明细账户），因此等式右边计算合计数时，若明细账户期末余额方向与总分类账户期末余额方向一致则相加，方向相反则相减。

下面以原材料总分类账户与所属明细账户的平行登记为例，介绍平行登记方法。

【例 7-8】某企业采用记账凭证核算形式（总分类账户根据记账凭证登记，见第十章），库存原材料按实际成本计价。该企业只有甲、乙两种原材料。2007 年 6 月原材料总分类账户与所属明细账户的月初余额见表 7-14、表 7-15 和表 7-16。本月发生下列经济业务：

(1)6 月 2 日，结转验收入库材料成本 5 000 元。其中，甲材料 50 千克，实际单位成本 40 元，乙材料 150 千克，实际单位成本 20 元。在本月 6 号转账凭证中编制了如下会计分录：

借：原材料——甲材料　　2 000
　　　　　——乙材料　　3 000
　贷：在途物资——甲材料　　2 000
　　　　　　　——乙材料　　3 000

平行登记方法：在原材料总分类账户"借方"栏登记 5 000 元；甲材料明细分类账户"借方"栏登记 2 000 元，乙材料明细分类账户 "借方"栏登记 3 000 元。这就是所谓的方向相同，金额相等。

"在途物资"账户登记（略）。

(2)6 月 20 日，生产 A 产品领用甲材料 10 千克，单位成本 40 元；乙材料 10 千克，单位成本 20 元。在本月 35 号转账凭证中编制了如下会计分录：

借：生产成本——A 产品　　600
　贷：原材料——甲材料　　　400
　　　　　　——乙材料　　　200

平行登记方法：在原材料总分类账户"贷方"栏登记 600 元；甲材料明细分类账户 "贷方"栏登记 400 元，乙材料明细分类账户 "贷方"栏登记 200 元。

"生产成本"账户登记（略）。

这两笔业务在原材料总分类账户和所属明细账户进行平行登记的结果见表 7-14、表 7-15 和表 7-16。

表 7-14　　　　**总分类账**

会计科目：原材料　　　　单位：元　　　第 15 页

2007 年		凭证		摘　要	借方	贷方	借或贷	余　额
月	日	种类	编号					
6	1			期初余额			借	*5 600*
	2	转	6	结转入库材料成本	*5 000*		借	*10 600*
	20	转	35	生产产品领用		*600*	借	*10 000*
	30			本期发生额及余额	*5 000*	*600*	借	*10 000*

表 7-15　　　　**原材料明细分类账**

本账户余额一定在借方

材料名称：甲材料　　　　计量单位：千克

2007 年		凭证		摘　要	借方（收入）			贷方（发出）			余额（结存）		
月	日	种类	编号		数量	单价	金额	数量	单价	金额	数量	单价	金额
6	1			期初余额							*120*	*40*	*4 800*
	2	转	6	结转入库材料成本	*50*	*40*	*2 000*				*170*	*40*	*6 800*
	20	转	35	生产领用				*10*	*40*	*400*	*160*	*40*	*6 400*
	30			本期发生额及余额	*50*	*40*	*2 000*	*10*	*40*	*400*	*160*	*40*	*6 400*

表 7-16　　　　**原材料明细分类账**

材料名称：乙材料　　　　计量单位：千克

2007 年		凭证		摘　要	借方（收入）			贷方（发出）			余额（结存）		
月	日	种类	编号		数量	单价	金额	数量	单价	金额	数量	单价	金额
6	1			期初余额							*40*	*20*	*800*
	2	转	6	结转入库材料成本	*150*	*20*	*3 000*				*190*	*20*	*3 800*
	20	转	35	生产领用				*10*	*20*	*200*	*180*	*20*	*3 600*
	30			本期发生额及余额	*150*	*20*	*3 000*	*10*	*20*	*200*	*180*	*20*	*3 600*

注意：原材料总账或所属明细账户，余额一定在借方。如果出现贷方余额(这里只能用红字登记，所谓出现“赤字”)，可能有两种情况：记账错误或弄虚作假，比如为了掩盖负债，只登发出材料，漏登购入材料业务。

从上述登记结果可以看出下列关系(见表7-17)：

表7-17　原材料总分类账户与明细分类账户发生额及余额对照表

账户名称	期初余额		本期发生额		期末余额	
	借方	贷方	借方	贷方	借方	贷方
甲材料明细账	4 800		2 000	400	6 400	
乙材料明细账	800		3 000	200	3 600	
原材料总分类账户	5 600		5 000	600	10 000	

第四节　账簿的启用与登记规则

一、账簿启用的规则

(一)启用账簿的规则

1. 启用账簿时，应在账簿封面上写明单位名称和账簿名称。
2. 填写在账簿扉页上的“账簿启用表”，并登记“账户目录表”。

(二)会计人员交接账簿时的规则

记账人员调动工作或因故离职时，应办理交接手续，填写“经管人员一览表”，财务主管负责监交，并签名或者盖章。

二、账簿登记的规则

(一)在手工会计情况下，账簿登记的规则

1. 会计人员根据审核无误的会计凭证登记会计账簿。
2. 记账必须使用蓝黑墨水或碳素墨水并用钢笔书写，不得用铅笔或圆珠笔记账。
3. 记账时应按账户页次顺序逐页逐行登记，不得跳行、隔页。

如果发生跳行、隔页现象，应在空行、空页处用红色墨水划对角线注销，并加盖“此行

空白”或“此页空白”戳记，并由记账人员和会计机构负责人(会计主管人员)签章。

4.记账时，要做到内容完整、数字准确、摘要清楚、登记及时。

应当将会计凭证日期、凭证号数、业务内容摘要、金额和其他有关资料逐项记入账内。

5.账簿要保持清晰、整洁，记账文字和数字都要端正，文字和数码要符合规范。

账簿中书写的文字和数字一般应占格距的二分之一，以便留出改错的空间。数字倾斜45°～60°。

6.各账户在一张账页记满时，要在该账页的最末一行加计发生额合计数，并结出余额。在该行“摘要”栏注明“转次页”字样，然后，再把这个发生额合计数和余额填列在下一页的第一行内，并在“摘要”栏内注明“承前页”，以保证账簿记录的连续性。

7.凡需结出余额的账户，结出余额后，应在“借或贷”栏内写明“借”或“贷”的字样。没有余额的账户，应在“借或贷”栏内写“平”字，并在余额栏“元”位上用“φ”表示。

库存现金日记账或银行存款日记账须逐日结出余额。(但不必每一笔都结出余额)

8.登记完毕后，要在记账凭证上签名或者盖章；并在记账凭证上注明已经登账的符号或画“√”，表示已经登记入账，以进免重记、漏记。

9.在账簿记录中，红字表示对蓝色数字的冲销、冲减数或表示负数。因此，只有在下列情况下，才可以用红色墨水记账：

(1)按照红字冲账的记账凭证，冲销错误记录；

(2)在不设减少栏的多栏式账页中，登记减少数；

(3)在三栏式账户的余额栏前，未印明余额方向的，在余额栏内登记负数余额。

10.账簿记录发生错误，严禁刮擦、挖补、涂改或用药水消除字迹，账页不准重新抄写，必须按照规定的方法进行更正。

(二)实行会计电算化的单位的记账规则

用计算机打印的会计账簿必须连续编号，经审核无误后装订成册，并由记账人员和会计机构负责人、会计主管人员签字或者盖章。

总账和明细账应当定期打印。发生收款和付款业务的，在输入收款凭证和付款凭证的当天必须打印出库存现金日记账、银行存款日记账，并与库存现金核对无误。

第五节　更正错账的方法

如果账簿记录发生错误，必须根据错误的具体情况，按规定的方法予以更正。一般包括三种方法:划线更正法、红字更正法和补充登记法。

一、划线更正法

在结账之前,如果发现账簿记录有错误,而记账凭证正确,即纯属登账时文字或数字上的错误,应采用划线更正法更正。

划线更正法的具体做法:

先将错误的数字全部划一条红线予以注销,不得只划线更正其中个别数字;对已划销的数字,应当保持原有字迹仍可辨认,以备查核。然后,将正确的数字用蓝字写在划线上方,并由记账员在更正处盖章,以明确责任。

二、红字更正法

红字更正法一般适用于下列两种情况:

情况一,记账以后,发现记账凭证中应借、应贷科目有错误时,可采用红字更正法更正。

更正方法:用红字填写一份与错误凭证科目、借贷方向和金额完全相同的记账凭证,在"摘要"栏写明"冲销错账"以及错误凭证的号数和日期,并登记入账冲销原记录。然后用蓝字重新填制一份正确的记账凭证,一并登记入账。

【例 7-9】某企业 2007 年 5 月以银行存款支付当月产品广告费 5 000 元。编制记账凭证时,应借科目误编管理费用,并已登记入账。原错误会计分录:

(1)借:管理费用　　5 000

　　贷:银行存款　　5 000

注意:原错误会计分录以前已入账,不得再入账。

更正分录:

先用红字填制一张内容与原记录完全相同的记账凭证,冲销原会计分录:

(2)借:管理费用　　[5 000]

　　贷:银行存款　　[5 000] ←红字

这里方框表示红字。同时用蓝字再填制一张正确的记账凭证,其会计分录为:

(3)借:销售费用　　5 000

　　贷:银行存款　　5 000

(2)和(3)是更正会计分录。

原错账记录和新更正会计分录的登记如图 7-1 所示。

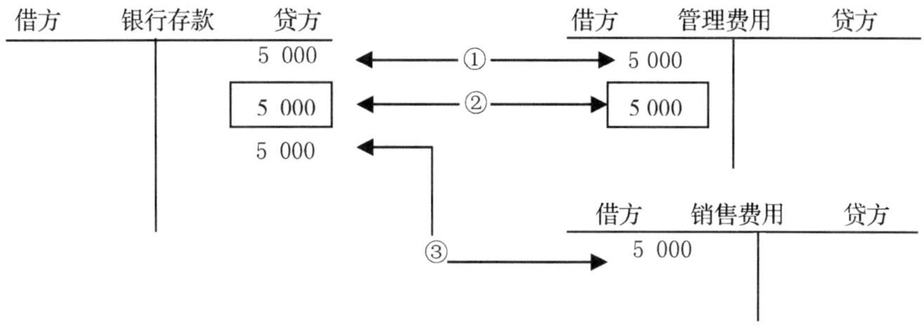

图 7-1

这三个会计分录登记的结果：最终银行存款减少 5 000 元；销售费用增加 5 000 元；管理费用的借贷方发生额均为零。

情况二，在记账以后，如发现记账凭证所记金额大于应记金额（即金额多记了），而应借、应贷会计科目并无错误，这时可采用红字更正法。

更正方法：将多记的金额（即正确数与错误数之间的差数）用红字填写一张记账凭证，并在“摘要”栏中写明“冲销多记金额”以及原错误记账凭证的号数和日期，用以冲销多记金额，并据此登记入账。

【例 7-10】某企业用银行存款偿还短期借款 60 000 元。在记账凭证中金额误记为 80 000元，并已登记入账。原错误会计分录：

（1）借：短期借款　　　80 000

　　贷：银行存款　　　　　80 000

原错误凭证多记金额 20 000 元，可用红字编制一张冲减的记账凭证，更正分录：

（2）借：短期借款　　　[20 000]

　　贷：银行存款　　　　　[20 000]

以上错账更正记录如图 7-2 所示。

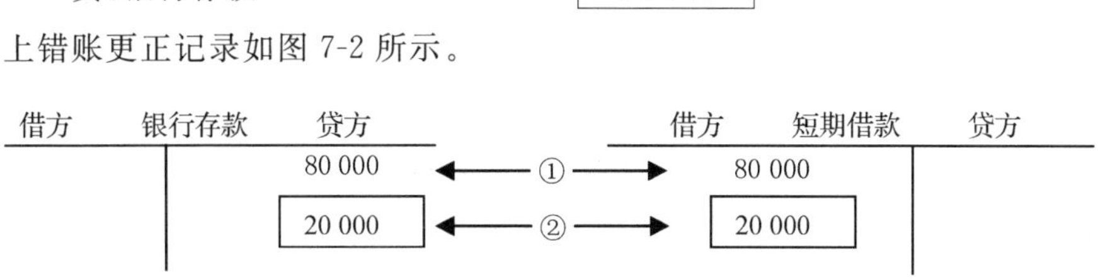

图 7-2

三、补充登记法

记账以后，如果发现记账凭证上应借、应贷的会计科目并无错误，但所填金额小于应填金额（即金额少记了），可采用补充登记法更正，即再填一张补充少记金额的记账凭证，并在“摘要”栏中写明“补充少记金额”以及原错误记账凭证的号数和日期，并将其补记入账。

【例 7-11】某企业购入一台设备，计 20 000 元，设备款已经支付。但在记账凭证中金额误记为 2 000 元，少记 18 000 元。并已登记入账。原错误分录：

(1)借：固定资产　　　2 000

　　贷：银行存款　　　　2 000

当发现上述错账时，可将少记的 18 000 元，另编一张调增的记账凭证。更正分录：

(2)借：固定资产　　　18 000

　　贷：银行存款　　　　18 000

原账簿记录和更正记账凭证登记入账后，有关账户记录如图 7-3 所示。

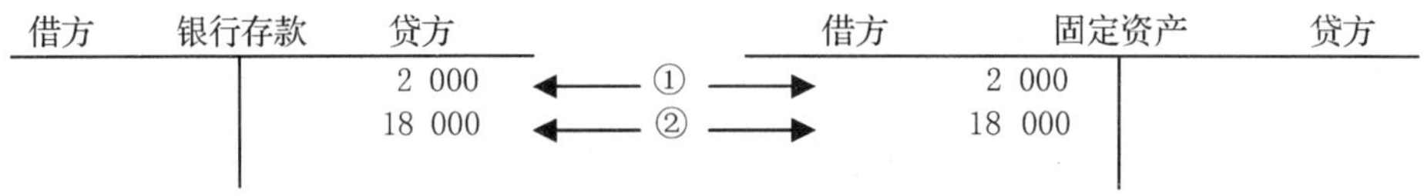

图 7-3

第六节　结账与对账

一、结账

每一会计期末（月末、季度末、年末）必须结账。企业因撤销、合并而办理账务交换时，也需要办理结账。

（一）结账的概念

结账是在期末（月末、季末、年末）将当期应记的经济业务全部登记入账的基础上，结算和登记各种账簿本期发生额和期末余额的记账工作。

（二）结账工作主要内容

1. 将本期发生的经济业务全部登记入账；

2. 按照权责发生制调整和结转有关账项；（应将所有损益类账户的余额分别转入“本年利润”账户）

3. 计算、登记本期发生额和期末余额。

注意：只能在期末结账，不能为了赶编会计报表而提前结账。

（三）年末更换新账要求

年终结账后，总账和日记账应当更换新账，明细账一般也应更换新账。但固定资产明细账（卡）等可以连续使用，不必每年更换。

二、对账

（一）对账的概念

对账就是对账簿记录进行核对。

对账的目的：保证账簿记录的完整和正确，如实地反映和监督经济活动，为编制会计报表提供真实可靠的数据资料。

（二）对账工作

对账工作包括：账证核对、账账核对和账实核对。

1. 账证核对

账证核对是指对会计账簿记录与记账凭证及其所附的原始凭证进行核对，核对时间、凭证字号、内容、余额是否一致及记账方向是否相同。

这种核对除在日常制证、记账过程中进行以外，每月终了，如果发现账账不符时，尚须溯本追源，进行账簿与会计凭证的检查核对，以确保账证相符。

2. 账账核对

账账核对是指对各种账簿之间有关数字的核对。

账账核对主要内容：

（1）全部总分类账户本期借方发生额合计数与贷方发生额合计数是否相符；期末全部总分类账各账户借方余额合计数与贷方余额合计数是否相符；（即发生额试算平衡、余额试算平衡）

（2）总分类账各账户余额与其所属明细分类账各账户余额合计数是否相符；

（3）现金日记账和银行存款日记余额是否分别与现金总分类账和银行存款总分类账余额相符；

（4）会计部门有关财产物资的明细分类账结存数应该同财产物资保管或使用部门的有关保管账的结存数核对相符。

3. 账实核对

账实核对是指将各种财产物资的账面余额与实存数额相核对。

账实核对的具体内容包括：

(1)库存现金日记账余额与现金实际库存数额相核对；

(2)银行存款日记账账面余额定期与银行对账单相核对；

(3)各种财产、物资明细分类账账面余额与财产物资实存数相核对；

(3)各种应收、应付款明细分类账余额与有关债务、债权单位或者个人的账目相核对。

在实际工作中的账实核对一般是通过财产清查进行的，有关内容将在第八章详细说明。

本章小结

1. 会计账簿是以审核无误的会计凭证为依据，用以连续、系统、全面地记录和反映各项经济业务的簿籍。

2. 账簿按其用途的分类，可分为：序时账簿、分类账簿和备查账簿。账簿按外表形式的分类，可分为：订本式账簿、活页式账簿和卡片式账簿。

3. 各种账簿具有一定的格式。

4. 总分类账户与明细分类账户平行登记的要点：登记的原始依据相同、登记的方向相同、登记的金额相等、登记的会计期间相同。

4. 为了保证会计核算工作的质量，确保账簿记录的正确、完整和清晰，登记账簿时应遵循一定的规则。

5. 错账的更正方法包括：划线更正法、红字更正法和补充登记法三种。

6. 正确使用会计账簿需要从账簿的设置、登记对账、结账、更换与保管等方面入手。

思考题

1. 设置会计账簿有何作用？

2. 账簿按用途可以分为哪几类？按外表形式可分为哪几类？

3. 明细账有哪几种格式？各适用于哪些明细分类账户？

4. 分别说明库存现金日记账和银行存款日记账的登记依据。

5. 什么是平行登记？平行登记的要点是什么？

6. 错账的更正方法有哪些？各适用于哪些错账类型？

7. 简述期末结账工作的主要内容。

8. 对账工作包括哪些具体内容？

练习题

1.目的:练习对错账的更正。

资料:某公司会计人员在结账前进行对账时,查找出以下错账:

(1)用银行存款支付建造固定资产的工程价款 75 000 元,编制的会计分录为:

借:在建工程 75 000

  贷:银行存款 75 000

在过账时,“在建工程”账户记录为 57 000 元

(2)用库存现金支付职工生活困难补助 600 元,编制的会计分录为:

借:管理费用 600

  贷:库存现金 600

(3)计提车间生产用固定资产折旧 4 600 元,编制的会计分录为:

借:制造费用 46 000

  贷:累计折旧 46 000

(4)用库存现金支付职工工资 60 000 元,编制的会计分录为:

借:应付职工薪酬 6 000

  贷:库存现金 6 000

要求:

(1)指出对上述错账应采用何种更正方法。

(2)编制错账更正的会计分录。

2. 目的:练习生产成本明细账簿的登记。

资料:某企业 2007 年 3 月发生的与 A 产品生产成本有关的经济业务已编制如下会计凭证:

根据下列转账凭证登记 A 产品生产成本明细账户。

(1)8 日,转字第 9 号转账凭证记录生产 A 产品领用的原材料的会计分录:

借:生产成本——A 产品 30 000

  贷:原材料 ——甲材料 30 000

(2)31 日,转字第 52 号转账凭证记录分配 A 产品生产工人工资和福利费的会计分录:

借:生产成本——A 产品 6 840

  贷:应付职工薪酬——工资 6 000

        ——职工福利 840

(3)31 日,转字第 56 号转账凭证记录 A 产品分配制造费用的会计分录:

借：生产成本——A 产品　　15 000

　　贷：制造费用　　　　　　15 000

(4)31 日，转字第 65 号转账凭证记录生产 A 产品领用的原材料月末退料的会计分录：

借：生产成本——A 产品　　1 000

　　贷：原材料——甲材料　　　1 000 ←—方框表示红字

(5)31 日，转字第 68 号转账凭证记录结转完工入库 A 产品成本的会计分录：

借：库存商品——A 产品　　51 620

　　贷：生产成本——A 产品　　51 620

要求：根据上述转账凭证，按编号顺序分别登记如下 A 产品的生产成本明细账户，并结出本期发生额及期末余额。

表 7-18　　生产成本明细账

产品名称：A 产品

2007 年		凭证		摘要	借方				贷方	余额
月	日	种类	编号		原材料	职工薪酬	制造费用	合计		
3	1			期初余额	5 000	2 280	3 000	10 280		10 280

3. 目的：练习库存现金日记账的登记。

资料：某企业 2007 年 5 月 1 日发生的现金收支业务见下列记录：

(1)1 日，现付字第 1 号付款凭证记录李明借支差旅费的会计分录：

借：其他应收款——李明　　600

　　贷：库存现金　　　　　　600

(2)1 日，银付字第 1 号付款凭证记录当日提取现金的会计分录：

借：库存现金　　　　2 000

　　贷：银行存款　　　　2 000

(3)1 日，现付字第 2 号付款凭证记录职工张磊报销差旅费的会计分录：

借：管理费用　　　　150

　　贷：库存现金　　　　150

要求：根据上述收付款凭证，按编号顺序分别登记如下现金日记账，并结出 1 日收付款合计数，并结出当日下班时库存现金余额。

表 7-19　　　　库存现金日记账(三栏式)

2007 年		凭　证		摘　要	对方科目	借　方（收入）	贷　方（支出）	余　额
月	日	种类	编号					
5	1			上月结余				1 800

第八章　财产清查

【学习目标】

◇ 了解财产清查的意义和种类。
◇ 熟悉财产物资、货币资金和债权债务的清查方法。
◇ 掌握“银行存款余额调节表”的编制方法。
◇ 掌握财产清查结果的账务处理方法。

第一节　财产清查概述

一、财产清查的概念

财产清查是指通过对各项实物资产、货币资金和债权债务的进行盘点和核对来确定财产的实存数额，并查明账面结存数与其实存数是否相符的一种专门方法。

准确反映财产物资的真实情况，做到账实相符，是经济管理对会计核算的客观要求。在会计核算中根据审核无误的原始凭证编制记账凭证，根据审核无误的记账凭证登记账簿，并及时进行账证核对、账账核对，做到账证相符和账账相符。从理论上讲，账簿上所记录财产增减变动的结果应该与各项财产的实有数量一致，但在实际工作中，账簿记录的正确性还不能说明其记录的真实可靠性，一些主观和客观的原因都会造成财产物资的账面数和实存数不相符，主要表现在以下几个方面：

1. 自然损溢。财产物资在保管过程中发生自然损溢，如某些含有水分的物资发生干耗、某些易于吸水的物资重量增加等。

2. 记账错误。会计人员记账时出现差错，如出现漏登或重复登记情况。

3. 计量误差。在财产收发过程中，由于计量器具不准确而发生的财产物资数量上的差异。

4. 错收错付。由于错收错付造成财产物资此长彼短账实不付。

5. 保管不善。由于管理不善或责任人失职造成的损失，如毁损、霉烂变质等。

6. 舞弊。由于不法分子舞弊所造成的财产物资的损失，如发生贪污、挪用和盗窃等。

7. 非常损失。由于意外灾害造成的财产损失，如水灾、火灾或地震等自然灾害造成的损失。

8. 由于结算中未达账项和拒付等原因，造成结算双方记账不一致。

上述情况的发生都可能引起财产物资的实存数与账存数不一致。因此，必须对财产进行定期或不定期的清查，以便查明造成差异的原因和分清责任，以做到账实相符，以保证会计信息的真实性。

二、财产清查的意义

财产清查是会计核算方法的专门方法之一。我国《会计法》规定，各单位必须建立财产清查制度，保证账簿记录与财产物资相符。财产清查的意义主要体现在以下几个方面：

1. 保证会计核算资料的真实性

通过财产清查，可以查明各项财产的实存数，并通过与账存数相核对，确定账存数与实存数是否相符。对确认的盘亏、盘盈财产及时进行账务处理，做到账实相符，保证会计账簿记录的真实准确。由于财产清查是在编制会计报表之前进行的，因此又可以保证会计报表的各项数据真实可靠，有助于会计报表使用者凭借可靠的会计信息做出科学合理的经济决策。

2. 确保财产物资安全、完整

财产清查的意义并不限于保证账实相符。通过对财产物资实存数和账存数的差异分析和责任检查，可以查明各项财产物资的保管情况，有无因保管不善造成毁损、变质，有无被非法挪用、贪污、盗窃等，可以及时发现财产物资内部控制制度存在的薄弱环节，然后有针对性地采取措施，健全保管制度，以保护各项财产物资的安全、完整。

3. 充分挖掘企业财产物资的潜力，加速资金周转

挖掘企业内部潜力，有效配置企业内部财产资源，是加速资金周转、节约资金和提高

资金效益的一个重要方面。通过财产清查，可以了解各种财产物资的储备、利用情况。对于储备不足和不配套的，应设法补充，满足生产需要；对于积压、呆滞的要及时进行处理，避免浪费和占用资金。因此，通过财产清查，可以充分挖掘企业内部财产物资的使用效率，加速资金周转。

三、财产清查的种类

财产清查按清查对象的范围不同以及在清查时间上的差别，形成不同的财产清查种类。

(一)按清查对象的范围不同，可分为全面清查和局部清查

1. 全面清查

全面清查是指对属于本单位或存放在本单位的所有财产物资、货币资金和各种债权债务都进行盘点和核对。其清查对象主要包括：

(1)货币资金及有价证券，包括库存现金、银行存款、其他货币资金和有价证券等；

(2)实物资产，包括固定资产、在建工程、工程物资和存货等；

(3)债权债务。

全面清查的特点是清查的内容全面、范围广泛，能够全面核实单位所有的财产物资、货币资金和债权债务的情况；但它需要投入的人力多，花费的时间长。

在下列情况下，企业应进行全面财产清查：

在年终决算之前、单位撤销、合并或改变隶属时、企业改制或合资前、单位主要领导调离工作前以及开展清产核资时，需要进行全面清查。

2. 局部清查

局部清查也叫重点清查，与全面清查相对应，局部清查的对象主要是流动性较强的财产。其特点是清查范围小、内容少、时间短、参与人员少，但专业性强。

需要进行局部清查的主要包括：库存现金，由出纳人员每日下班前进行清点核对；银行存款，每月至少同银行核对一次；各种债权债务，每个会计年度至少与客户核对一至两次；各项存货，除了年终清查外，年内还要轮流盘点或重点抽查，对于各种贵重物资，每月都要盘点清查。

(二)按清查的时间不同，可分为定期清查和不定期清查

1. 定期清查

定期清查是指根据预先计划安排或管理制度规定的时间对财产物资、货币资金和债

权债务所进行的清查。这种清查的对象不固定，可以是局部清查，也可以是全面清查。清查的时间一般是在年末、季末、月末结账时。清查的目的在于保证会计核算资料的真实可靠性。

2.不定期清查

不定期清查是指事先并没有规定清查时间，而是根据实际需要对财产物资所进行的临时性清查。不定期清查可以是全面清查，也可以是局部清查。一般在下列情况下才需进行不定期清查：

(1)更换财产物资保管人员或库存现金出纳员时，为了分清经济责任，要对其所保管的财产物资和库存现金进行清查。

(2)发生自然灾害或意外损失时，为了查明损失情况，要对受灾损失的有关财产物资进行清查。

(3)上级主管、财政、审计、银行等部门对单位进行会计检查时，按检查的要求和范围对财产进行清查，以验证会计资料的真实可靠性。

(4)企业撤销、合并或改变隶属关系时，需要进行清查，以摸清家底。

四、财产清查前的准备工作

财产清查是一项比较复杂的工作，特别是全面清查，涉及的财产物资范围广，需要的人员较多，操作的时间较长。为了保证财产清查的质量，在进行清查之前，必须做好充分的准备，包括组织准备和业务准备两个方面。

(一)组织准备

为了保证财产清查工作顺利进行，在清查前，应当设立由企业主要领导负责，由会计、业务、保管等有关部门人员组成的财产清查小组。清查小组的任务是：根据管理制度或有关部门的要求制定详细的清查计划，明确财产清查的目的和要求，确定财产清查的对象和范围，确定参加财产清查工作的具体人员等；在财产清查过程中检查、督促财产工作，及时掌握工作进程，及时协调解决工作出现的问题；清查结束后，将清查结果及处理意见写成书面报告，交上级和有关部门审批处理。

(二)业务准备

为了做好财产清查工作，会计部门和有关业务部门要在清查小组的组织下，做好各项业务准备工作，主要包括：

1.会计部门在财产清查前，应当将有关账簿登记齐全，结出余额，账账核对相符，做到账簿记录正确无误。

2.财产物资保管和使用部门应登记好所经管的各项财产物资明细账或实物保管账、卡，并结出各明细账的余额，同时将所保管的各项财产物资整理归类，挂上标签，标明实物名称、品种、规格和结存数量，以便盘点和核对。

3.清查领导小组要指定专门的部门或人员负责准备并调校好各种计量器具，同时还须准备财产清查登记时用的表格，如“盘点表”、“实存账存对比表”等等。

在做好上述准备后，就可以着手进行财产清查了。

第二节　财产清查的方法

一、财产物资的清查方法

财产物资清查的重要环节是确定财产物资的账面结存数量、结存金额与财产物资的实存数量和金额，确定财产物资的实存数与账存数是否相符。

(一)确定财产物资账面结存数的方法

我们知道，财产清查的目的是就是为了确定企业的各项财产物资实存数与账面数是否相符，以保证财务会计报告真实地反映各项财产物资的情况。那么在日常核算中，实存数与账存数是什么关系呢？这主要取决于各项财产物资所采用的日常核算方法，即是采用永续盘存制还是采用实地盘存制。

1.永续盘存制

永续盘存制也称为账面盘存制。采用这种核算方法，平时对各项财产物资的增减变动都必须根据会计凭证在有关账簿中进行连续登记，并随时在账上结出结存数。即：

账面期末结存数＝账面期初结存数＋本期增加数－本期减少数

采用这种方法，财产物资要设置相应的明细账，在明细账中，除平时登记收入、发出和结存数之外，通常还要登记金额。

永续盘存制的优点是核算手续严密，可以通过账簿记录，随时了解各种财产物资的增减变动和结存情况，对于加强财产物资的管理十分有利。其不足之处在于，核算工作量大。由于账簿中积累的财产物资的增减变动及结存情况都是根据有关会计凭证登记的，可能发生账实不符的情况，因此，采用永续盘存制，仍需要对各项财产物资进行实地盘点，以便确定实存数，并查明账实是否相符以及账实不符的原因。

同实地盘存制相比，永续盘存制在控制和保护财产物资安全完整方面具有明显的优越性，因此，实际工作中大多数企业均采用该方法。

下面举例说明永续盘存制的应用方法。

【例 8-1】某企业 4 月甲材料的收、发、结存情况为：月初结存数量为 800 千克，单价为 10 元；4 月 5 日，企业购入该材料 300 千克，单价为 10 元；4 月 10 日，车间领用该材料 600 千克，单价为 10 元；4 月 26 日，企业购入该材料 500 千克，单价为 10 元。根据以上资料，采用永续盘存制，甲材料的明细账簿记录如表 8-1 所示。

表 8-1　　原材料明细账

材料名称：甲材料　　计量单位：千克

07 年		凭证		摘要	收入			发出			结存		
月	日	字	号		数量	单价	金额	数量	单价	金额	数量	单价	金额
4	1			月初余额							800	10	8 000
4	5	转	8	购入	300	10	3 000				1 100	10	11 000
4	10	转	20	领用				600	10	6 000	500	10	5 000
4	26	转	45	购入	500	10	5 000				1 000	10	10 000
4	30			本月合计	800	10	8 000	600	10	6 000	1 000	10	10 000

2. 实地盘存制

实地盘存制又称实地盘存法。采用这种核算方法，平时在账上只登记收入数，不登记减少数，也不随时结出账面结存的数量和金额，期末根据盘点的实存数来确定期末结存数，并倒推出本期财产物资的减少数，以此来登记入相关账簿。即：

本期减少数＝账面期初结存数＋本期增加数－期末实际结存数

采用实地盘存制的优点是账簿登记比较简单，核算工作量较小。但是由于财产物资明细账户平时不登记财产物资发出数，核算不严密。而且，本期减少数是利用倒推的方法计算出来的，很可能发出数中包含毁损和丢失等。同时，也不能随时了解财产物资的增减变动和结存情况，不便于对财产物资进行监督和管理。因此，这种方法只适用于自然损耗大的鲜活商品等。

下面举例说明实地盘存制的应用方法。

【例 8-2】仍以上例资料为例，采用实地盘存制。经期末盘点，甲材料的实存数量为 1 000千克，则甲材料的明细账簿记录如表 8-2 所示。

表 8-2　　　　原材料明细账

材料名称：甲材料　　　　计量单位：千克

07年		凭证		摘要	收入			发出			结存		
月	日	字	号		数量	单价	金额	数量	单价	金额	数量	单价	金额
4	1			月初余额							800	10	8 000
4	5	转	8	购入	300	10	3 000						
4	26	转	45	购入	500	10	5 000						
4	30	转	50	本月发出				600	10	6 000			
4	30			本月合计	800	10	8 000	600	10	6 000	1 000	10	10 000

以上介绍了确定财产物资账面结存数量的方法，关于确定财产物资账面结存金额的方法，从理论上讲就是财产物资账面结存数与单价的乘积。由于财产物资流动性较强，收发频繁，且前后可能单价不一致。因此期末财产物资账面结存金额就取决于财产物资的发出方法以及由此影响的储存单价的情况。《企业会计准则——基本准则》规定，企业应当采用先进先出法、加权平均法或者个别计价法确定发出存货的实际成本。企业可以根据管理需要对各类财产物资采用不同的方法。这些方法将在后续课程中介绍。

(二)确定财产物资实存数的方法

1. 确定财产物资实存数的清查方法

清查财产物资时，由于存货的品种多、数量大，所占资金多，因此存货应作为财产清查的重点。对于各项财产物资，都要从数量上和质量上进行清查。由于不同财产物资的实物形态、体积、重量、堆放方式等不尽相同，因而应采用不同的清查方法。常用的财产物资清查方法主要包括以下几种：

(1)实地盘点法

实地盘点法是指在财产物资的存放现场通过逐一清点或用计量器具确定其实存数的一种方法。一般适用于机器设备、原材料、产成品等的清查。该方法要求严格，数字准确可靠，清查质量高，但工作量大。如果事先能按财产物资的实物形态进行科学的码放，如五五排列，可有助于提高实物盘点的效率和效果。

(2)技术推算法

技术推算法是指利用技术方法推算财产物资实存数量的一种方法。该方法主要针对那些数量大，价值低廉，难以逐一点数、量尺和过磅的大宗物资(如煤、矿石等)，采用丈量、目测，按体积推算等技术测算手段来确定其实际结存数量。该方法盘点数字不够准确，但工作量较小。

(3)抽样盘点法

抽样盘点法是对价值小、数量多和重量均匀的财产物资，采用从中抽取少量样品，以确定其数量的一种方法。抽样盘点法可分为随机抽样、机械抽样和分层抽样等方法。

2.确定财产物资实际结存金额的清查方法

在确定了财产物资实际结存数量之后，还需要确定其实际结存金额。对于各项财产物资实存金额的确定，一般采用账面价值法、评估确认法、协商议价法和查询核实法等。

(1)账面价值法是根据各项财产物资的实存数量乘以账面单位价值来确定实存金额的一种方法。

(2)评估确认法是根据资产评估的价值确定财产物资实存金额的一种方法。这种方法根据资产的特点，由资产评估机构对有关的财产物资进行评估，以评估确认的价值作为财产物资的实存金额。这种方法适用于企业改组、隶属关系改变、联营、单位撤销、清产核资等情况。

(3)协商议价法是根据涉及资产利益的有关各方，参考目前市场价格进行协商确定财产物资实存金额的方法。该方法适用于企业联营投资或以资产对外投资等情况。

(4)查询核实法是根据各项财产物资明细表，通过函证的方式，清查银行存款、债权债务、出租出借设备和委托加工财产物资、存放在外单位的存货以及外埠存款等的实际数的方法。

为了明确经济责任，在进行财产物资盘点时，有关财产物资的保管人员必须在场，并参加盘点工作。各项财产物资的盘点结果应逐一如实地登记在"盘存单"上，并由参加盘点的人员和实物保管人员同时签章后才有效。"盘存单"是记录各项财产物资实物盘点结果的书面证明，也是财产清查工作的重要原始凭证。"盘存单"一般为一式三份，一份由盘点人员留存备查，一份由实物保管人保存，另一份交财会部门与账面记录相核对。其一般格式见表8-3。

表8-3 **盘存单**

单位名称： 盘点时间： 编号：

财产类别： 存放地点：

序号	名称	规格型号	计量单位	实存数量	单价	金额	备注

盘点人(签章) 实物保管人(签章)

盘点结束后，为了进一步查明盘点结果与账面结存余额是否一致，确定盘盈、盘亏情况，还要根据“盘存单”和有关账簿记录填制“实存账存对比表”。通过对比，确定各种实物资产的实存数与账存数之间的差异，用以调整账簿记录，分析产生差异的原因，明确经济责任。在实际工作中，为简化工作量，一般只将账实不符的财产物资在“实存账存对比表”上反映出来，账实相符的物资不列入该表，这样该表只反映盘盈、盘亏情况，所以又称之为“盘盈盘亏报告表”，其一般格式如表 8-4 所示。

表 8-4 实存账存对比表

单位名称： 年 月 日

编号	名称	规格型号	计量单位	单价	实存		账存		实存与账存对比				备注
					数量	金额	数量	金额	盘盈		盘亏		
									数量	金额	数量	金额	
金额合计													

盘点人签章： 会计签章：

“实存账存对比表”是调整账面记录的原始凭证，也是分析盘盈盘亏原因、明确经济责任的重要依据，应严肃认真地填报。

二、货币资金的清查方法

1. 库存现金的清查

库存现金的清查方法是实地盘点法，通过盘点确定库存现金的实存金额并与库存现金日记账的账面余额相核对，以查明账实是否相符。

由于库存现金的收支业务非常频繁，且容易出差错，因此库存现金的清查工作既包括出纳人员每日的清点核对也包括清查小组进行定期、不定期的盘点和核对。清查小组盘点时间可选在上午上班前或下午下班后。盘点前应将未入账的库存现金收、付款凭证全部登记入库存现金日记账，并结出余额。为了明确责任，在清查小组组织进行库存现金盘点时，出纳员必须在场。清查的具体程序是：首先，由出纳人员对库存现金逐张清点，清查人员从旁监督，明确库存现金的实存数；然后由出纳人员和清查人员共同进行如下核对：(1) 库存现金的实存数与库存现金日记账的余额核对，以确定账实是否相符；(2) 库存现金的实存数与库存现金限额进行核对，以确认库存现金是否超过开户银行核定的库存现金限额；(3)查清有无“白条”抵库的情况，即以未经审批的借据抵充库存现金，查清有无挪用库存现金的情况。

对于库存现金的盘点结果，要填制“库存现金盘点报告表”。由盘点人和出纳员共同签字盖章方能生效。“库存现金盘点报告表”兼有“盘存单”和“实存账存对比表”的作用，是反映库存现金实有数和调整账簿记录的原始凭证，其一般格式如表8-5所示。

表8-5　库存现金盘点报告表

单位名称：　　　　　　年　月　日

实存金额	账存金额	实存与账存对比		备　注
		长　款	短　款	

盘点人签章：　　　　　　出纳员签章：

2.银行存款的清查

银行存款的清查采用的是银行存款日记账与开户银行核对账目的方法。企业在银行的存款实有数是通过银行对账单反映的。本单位的银行存款日记账与开户银行送来的对账单进行逐日逐笔的核对，如果两者金额相符，则说明双方记账没有错误；如果两者金额不一致，则可能是两个原因造成的：一是双方或某一方记账错误，对于这种情况应及时查明原因并立即予以更正；二是存在未达账项。

所谓未达账项是指对于同一项银行存款收付业务，由于结算凭证在开户银行与企业之间传递时间上的差异，造成一方已经入账，而另一方尚未收到结算凭证从而未入账的款项。未达账项主要有以下四种情况：

(1)企业已收款入账，银行尚未收款入账

例如，企业月末收到甲单位转账支票送存开户银行，可根据银行盖章后退回的“进账单”回单登记银行存款的增加，由于银行之间要进行票据交换，本单位开户银行要等甲单位开户行转入货款时才记增加。如果此时对账，则形成企业已收款入账，银行尚未收款入账。

(2)企业已付款入账，银行未付款入账

例如，企业开出一张支票支付材料款，企业可根据支票存根、发票和入库单等原始凭证，登记银行存款的减少，但月末持票单位尚未将支票送存银行转账，因而银行尚未登记企业银行存款的减少。如果此时对账，则形成企业已付款入账，银行未付款入账。

(3)银行已收款入账，企业未收款入账

例如，外地某单位给企业电汇一笔款项，银行收到汇款单后，已登记企业银行存款的增加，但月末企业由于尚未收到银行转来的“收款通知”（原始凭证），从而企业银行存款日记账尚未登记银行存款的增加。如果此时对账就形成了银行已收款入账，企业尚未收款入账。

(4)银行已付款入账，企业未付款入账

例如，银行代企业支付款项（如代付电话费、水电费等），银行取得支付款项的凭证时，就登记企业银行存款的减少，但月末企业尚未接到银行转来的“付款通知”（原始凭证），从而企业银行存款日记账尚未登记银行存款的减少。如果此时对账，则形成银行已付款入账，而企业尚未付款入账。

上述任何一种未达账项的发生都会造成企业银行存款日记账余额与银行对账单余额不一致。但随着时间的推移，结算凭证传递到达后，这种差异将随着另一方的入账而自动消失。因此，未达账项并不是错账。为了实现银行存款清查的目的，检查企业银行存款日记账记录是否正确，首先需要剔除未达账项的影响，这可通过编制“银行存款余额调节表”来进行调节，如果没有记账错误，调节后双方的余额应该相等。本书只介绍补记式“银行存款余额调节表”的编制方法。

补记式“银行存款余额调节表”的编制方法是：首先在表中分别列出企业银行存款日记账和银行对账单的月末余额。然后在此基础上，加上对方已收款入账而本方尚未入账的款项；减去对方已付款入账而本方尚未付款入账的款项。经过计算后可得出双方调节后的存款余额。在不存在其他问题的情况下，这两个调节后的余额应该相等。该方法可用如下公式表示：

$$\begin{array}{c}\text{企业银行存款}\\\text{日记账余额}\end{array}+\begin{array}{c}\text{银行已收款入账}\\\text{企业尚未入账的款项}\end{array}-\begin{array}{c}\text{银行已付款入账}\\\text{企业尚未入账的款项}\end{array}$$
$$=\begin{array}{c}\text{银行对账}\\\text{单余额}\end{array}+\begin{array}{c}\text{企业已收款入账}\\\text{银行尚未入账的款项}\end{array}-\begin{array}{c}\text{企业已付款入账}\\\text{银行尚未入账的款项}\end{array}$$

简单地说，上述调节方法对每一项未达账项只调未入账一方，收款业务(+)，付款业务(－)。

注意：按照企业内部控制制度的要求核对银行存款和编制“银行存款余额调节表”的工作应由会计人员负责，出纳员不应参与这项工作。

下面举例说明“银行存款余额调节表”的编制方法。

【例 8-3】某企业 20××年 12 月 31 日银行存款日记账的余额为 91 000 元，银行转来的对账单余额为 120 500 元，经过逐笔核对发现有如下未达账项：

(1)29 日，企业送存银行一张转账支票，金额 3 500 元，企业已记银行存款的增加，但银行尚未入账；

(2)29 日，企业开出转账支票支付甲单位购货款，金额 16 000 元，企业已记银行存款的减少，但甲单位尚未到银行办理转账手续；

(3)30 日，银行代企业收到丙单位汇来的购货款 25 000 元，银行已登记入账，但企业尚未收到收款通知；

(4)30 日，银行代企业支付水电费 8 000 元，银行已登记入账，但企业尚未收到付款通知。

根据以上资料编制“银行存款余额调节表”，调整双方余额。“银行存款余额调节表”的格式与内容见表 8-6。

表 8-6　　银行存款余额调节表(补记式)

20××年 12 月 31 日　　单位:元

项　目	金　额	项　目	金　额
企业银行存款日记账余额	91 000	银行对账单余额	120 500
加:银行已收、企业未收款	25 000	加:企业已收、银行未收款	3 500
减:银行已付、企业未付款	8 000	减:企业已付、银行未付款	16 000
调节后的存款余额	108 000	调节后的存款余额	108 000

需要说明的是，“银行存款余额调节表”中调整后的余额是本单位可以动用的银行存款实有数。但是，“银行存款余额调节表”不是会计凭证，不能作为登记银行存款日记账的依据，应在有关结算凭证到达后，依据记账凭证登记银行存款日记账。对于长期存在的未达账项应及时查明原因，予以解决。

三、往来款项的清查方法

往来款项是指企业的各种应收和应付款项，清查时一般采用“函证核对法”，即通过与对方单位核对账目的方法进行清查。具体操作程序是：首先检查核对本单位的往来款项记录，保证准确无误；然后按每一个往来单位编制“往来款项对账单”(一式两联，其中一联送交对方单位核对账目，另一联是回联单)，通过电函、信函或面询等方式，请对方单位核对。对方核对相符后，在回联单上加盖公章退回，表示已核对；如果发现双方账目不符，必须在回联单上注明情况，或另抄对账单退回本单位，进一步查明原因，再行核对，直到相符为止。“往来款项对账单”的一般格式如表 8-7 所示。

表 8-7　　往来款项对账单

×　×单位：

你单位20××年×月×日到我公司购买甲产品50件，已付货款4 000元，尚有11 000元货款未付，请核对后将回联单寄回。

清查单位：(盖章)

20××年×月×日

沿此虚线裁开，将以下回联单寄回！

往来款项对账单(回联)

×　×清查单位：

你单位寄来的“往来款项对账单”已收到，经核对相符无误。

××单位：(盖章)

20××年×月×日

收到对方寄回的回单后，清查人员应根据清查中发现的问题和情况，及时编制“往来结算款项清查结果报告表”。对于本单位同对方单位或个人有争议的款项、收回希望较小和无法支付的款项，应当在报告中尽可能的详细说明，以便有关部门及时采取措施，减少不必要的损失。“往来结算款项清查报告单”的一般格式如表8-8所示。

表 8-8　　往来结算款项清查报告单

清查日期：20××年×月×日

制表日期：20××年×月×日

总分类账户名称＿＿＿＿＿＿　　总分类账户结存余额＿＿＿＿＿＿

明细分类账户		清查结果		核对不符款项原因分析				备注
名称	账面结存金额	核对相符金额	核对不符金额	未达账项金额	有争议账项金额	无法收回(支付)的金额	其他	

清查人员签章：　　经管人员签章：

第三节 财产清查结果的处理

一、财产清查结果处理的步骤

财产清查的结果会出现以下情形：一是实存数与账存数一致，即账实相符，这种情况无需进行账务处理。二是实存数和账存数不一致，这又包括盘盈、盘亏和毁损三种情况：当实存数大于账存数时，即为盘盈；当实存数小于账存数时，即为盘亏；还有就是实存数虽与账存数一致，但实存的财产不能按正常财产物资使用，即毁损。无论是盘盈、盘亏、还是毁损都要进行相应的处理。

对财产清查的结果，应当按照国家的有关财务制度的规定严肃认真地处理。财产清查中发生的盘盈、盘亏和毁损等问题的处理程序和步骤如下：

1. 核准数字、查明原因

根据清查情况，编制"实存账存对比表"、"往来款项清查报告单"等原始凭证，对各项差异要认真查明其性质和发生的原因，并针对不同的原因提出相应的处理意见，按规定程序呈报有关部门批准。

2. 调整账簿，做到账实相符

财产清查中发生的账实不符的账务处理分两步进行：

(1)报请批准前的账务处理。对财产清查中发现的盘盈、盘亏和毁损，在报请有关上级审批前，根据已查实的财产盘盈、盘亏和毁损的数字编制记账凭证，据此登记有关账户，调整账簿记录，使各项财产的账存数和实存数保持一致。

(2)报请批准后的账务处理。经批准后，会计人员应根据差异发生的原因和审批后的处理意见，将处理结果编制成记账凭证，分别登记入账。

二、财产清查结果的账务处理

(一)账户设置

为了反映和监督企业在财产清查过程中已查明的各种财产盘盈、盘亏和毁损及其处理情况，企业应设置"待处理财产损溢"账户(资产类)。该账户的借方登记各项财产的盘亏、毁损数和盘盈的各项财产报经批准后的转销数。贷方登记各项财产的盘盈数和各项财产盘亏或毁损报经批准后的转销数。对企业的财产损溢，应查明原因，并在期末结账前处理完毕，处理后本账户应无余额。"待处理财产损溢"账户的结构如图 8-1 所示。

借方	待处理财产损溢 贷方
各项财产的盘亏或毁损数 盘盈的各项财产报经批准后的转销数	各项财产的盘盈数 盘亏或毁损的各项财产报经批准后的转销数

图 8-1

为了具体反映盘盈、盘亏财产物资的性质，该账户下还可以设置“待处理固定资产损溢”和“待处理流动资产损溢”两个明细账户，分别核算盘亏、盘盈的流动资产和盘亏、盘盈的固定资产。

(二)账务处理

1.流动资产清查结果的账务处理

(1)库存现金盘盈、盘亏的账务处理

库存现金在清查过程中，如果发现账实不符，对有待查明原因的现金短款或长款，应通过“待处理财产损溢”科目核算，按短款或长款的金额记入该科目，待查明原因后，经批准再根据不同的情况进行不同的账务处理。

①在报经批准前，首先依据“现金盘点报告表”，根据现金短款或长款情况，编制记账凭证。属于现金长款，按实际长款金额借记“库存现金”科目，贷记“待处理财产损溢——待处理流动资产损溢”科目。属于现金短款，应按实际短款金额，借记“待处理财产损溢——待处理流动资产损溢”科目，贷记“库存现金”科目；

②在报经批准后，根据所查明的原因，视不同情况分别进行处理：对于现金长款，属于应支付给有关人员或单位的，转入“其他应付款”科目；属于无法查明原因的现金长款，经批准后，转入“营业外收入”科目。对于现金短款，属于应由责任人赔偿的，转入“其他应收款”科目；属于无法查明原因的部分，根据管理权限，经批准后转入“管理费用”科目。

注意：按照企业内部控制制度要求，对财产物资盘盈、盘亏的处理，出纳员和会计员都无审批权限。

【例 8-4】某股份公司在库存现金的盘点中发现库存现金较账面余额短款 130 元。

在报经批准前，根据“库存现金盘点报告表”编制会计分录如下：

借：待处理财产损溢——待处理流动资产损溢　　130

　　贷：库存现金　　130

经查 130 元短款中有 100 元属于出纳员的责任，应由出纳人员负责赔偿，另外 30 元无法查明原因，经批准后转作管理费用。

会计分录如下：

借：其他应收款　　100

　管理费用　　30

　贷：待处理财产损溢——待处理流动资产损溢　　130

【例 8-5】企业在库存现金的清查中，发现库存现金长款 350 元。

在报经批准前，根据“库存现金盘点报告表”编制会计分录如下：

借：库存现金　　350

　贷：待处理财产损溢——待处理流动资产损溢　　350

经查 350 元长款中有 300 元属于应付给其他单位的款项，而另外的 50 元始终无法查明原因，经批准转作营业外收入。编制会计分录如下：

借：待处理财产损溢——待处理流动资产损溢　　350

　贷：其他应付款　　300

　　营业外收入　　50

(2)存货盘盈、盘亏的账务处理

①在报经批准前，首先根据“实存账存对比表”，将确认盘盈、盘亏和毁损的流动资产编制成记账凭证，登记入账，实现账实相符。对于盘盈的存货，应借记“原材料”、“库存商品”等科目，贷记“待处理财产损溢——待处理流动资产损溢”科目；对于盘亏的存货，应借记“待处理财产损溢——待处理流动资产损溢”科目，贷记“原材料”、“库存商品”等科目。

②在报经批准后，应视不同情况分别进行处理：对于盘盈的存货，无论什么原因，一律转入“管理费用”科目的贷方；对于盘亏或毁损的财产物资，应视情况而定。收回的残料入库或变卖收入，记入“原材料”、“银行存款”等科目的借方；应由责任人或保险公司负责赔偿的，记入“其他应收款”科目的借方；属于自然灾害造成的非常损失，扣除保险公司赔偿款和残料价值后的净损失，记入“营业外支出”科目的借方；属于一般经营损失或定额内损耗，记入“管理费用”科目的借方。

【例 8-6】企业在财产清查中盘盈甲材料一批，按同类材料估价 2 000 元(与增值税进项税额无关)。

在报经批准前，根据“实存账存对比表”，作如下会计分录：

借：原材料——甲材料　　2 000

　贷：待处理财产损溢——待处理流动资产损溢　　2 000

经查造成甲材料盘盈的原因在于计量不准所造成。经批准冲减管理费用。编制会计分录如下：

借：待处理财产损溢——待处理流动资产损溢　　2 000

　贷：管理费用　　2 000

【例 8-7】企业在财产清查中盘亏乙材料一批，价值为 3 500 元。（暂不考虑增值税）

在报经批准前，根据“实存账存对比表”，作如下会计分录：

借：待处理财产损溢——待处理流动资产损溢　　3 500

　　贷：原材料——乙材料　　3 500

经查造成乙材料盘亏的原因在于：由于库管员过失造成的材料损失 3 120 元，应由库管员赔偿，另外 380 元属于材料的定额内损耗，经批准转作管理费用。编制会计分录如下：

借：其他应收款　　3 120

　　管理费用　　380

　　贷：待处理财产损溢——待处理流动资产损溢　　3 500

2. 固定资产清查结果的账务处理

首先，根据“实存账存对比表”，将确认盘盈、盘亏的固定资产编制成记账凭证，登记入账，实现账实相符。对于企业盘盈的固定资产，应作为前期差错处理，记入“以前年度损益调整”科目。对于盘亏或毁损的固定资产，在报经批准前，按其账面原始价值贷记“固定资产”科目，按其已提折旧借记“累计折旧”，按二者的差额借记“待处理财产损溢”科目；在经有关机构批准后，根据批复意见，编制记账凭证，视不同情况分别结转差异。具体来说，属于自然灾害造成的非常损失，在扣除保险公司赔偿款和残料价值后的净损失后，经批准转入“营业外支出”科目的借方；属责任人过失应赔偿部分，属保险公司应赔付部分，均记入“其他应收款”科目；所收回的残料的变价收入，借记“库存现金”、“银行存款”等科目，其净损失记入“营业外支出”科目。

【例 8-8】企业在清查中发现盘亏机床一台，其账面原值为 50 000 元，已计提折旧 30 000元。

在报经批准前，根据“实存账存对比表”，应编制如下会计分录：

借：待处理财产损溢——待处理固定资产损溢　　20 000

　　累计折旧　　30 000

　　贷：固定资产　　50 000

承上例，经查发现，设备盘亏是由水灾造成的，保险公司同意赔付10 000元。净损失经批准转作营业外支出。编制如下会计分录：

借：其他应收款　　10 000

　　营业外支出　　10 000

　　贷：待处理财产损溢——待处理固定资产损溢　　20 000

3. 往来款项清查结果的账务处理

往来款项的清查重点是应收、应付款项。在财产清查中，对于经查明确认无法收回的应收账款，应作为坏账损失予以核销。现行会计制度规定，企业对发生的坏账损失采用备抵法进行处理，由于企业按期提取坏账准备，因此核销坏账时，不必通过"待处理财产损溢"科目核算，应按规定的程序批准后冲减坏账准备并核销应收账款。

【例 8-9】企业应收丙单位货款 20 000 元，已确认无法收回，经批准予以转销。

会计分录如下：

借：坏账准备　　　　20 000

　贷：应收账款　　　　　　20 000

本章小结

1. 财产清查是指通过对各项实物资产、货币资金和债权债务的核对，来确定财产的实际结存数额，并查明实存数与其账面结存数是否相符的一种专门方法。按清查对象的范围不同，财产清查可分为全面清查和局部清查。按清查的时间不同，可分为定期清查和不定期清查。

2. 确定财产物资账面结存数的方法有永续盘存制和实地盘存制。永续盘存制是平时对各项财产物资的增减变动都必须根据会计凭证在有关账簿中进行连续登记，并随时在账上结出结存数量的一种方法。实地盘存制是平时在账上只登记收入数，不登记减少数，也不随时结出账面结存的数量和金额，期末根据实地盘点的结存数来倒推出本期财产物资的减少数，以此来登记入相关账簿的一种方法。

3. 确定财产物资实存数的方法主要有实地盘点法、技术推算法和抽样盘点法。不同财产物资，其清查方法也不同。确定财产物资实际结存金额的清查方法主要有账面价值法、评估确认法、协商议价法和查询核实法等。

4. 银行存款的清查采用的是银行存款日记账与开户银行核对账目的方法。如果存在未达账项，应通过编制"银行存款余额调节表"来确定双方记账是否一致。

5. 财产清查过程中发生的盘盈、盘亏和毁损等问题，需要采用如下处理程序：一是核准数字、查明原因；二是调整账簿，做到账实相符，这里涉及到报请批准前和报请批准后的两步的账务处理。

思考题

1. 什么是财产清查？财产清查的意义是什么？

2. 什么是永续盘存制和实地盘存制？比较它们的优缺点并说明其适用范围。

3. 如何进行银行存款清查？

4. 什么叫未达账项？未达账项包括哪几种情况？

5. 怎样编制补记式“银行存款余额调节表”？

6. 简述财产清查结果的处理步骤。

练习题

1. 目的：掌握编制“银行存款余额调节表”的方法。

资料：某企业20××年3月31日企业银行存款日记账的余额为85 000元，银行转来的对账单余额为114 500元，经过逐笔核对发现有如下未达账项：

(1)29日，企业向银行送存一张转账支票，金额5 000元，企业已记银行存款的增加，但银行尚未入账；

(2)29日，企业开出转账支票向甲单位支付货款，金额14 500元，企业已记银行存款的减少，但甲单位尚未到银行办理转账手续；

(3)30日，银行代企业收到丙单位汇来的购货款24 500元，银行已登记入账，但企业尚未收到收款通知；

(4)30日，银行代企业支付水电费4 500元，银行已登记入账，但企业尚未收到付款通知。

要求：根据以上资料编制“银行存款余额调节表”，调整双方存款余额。

2. 目的：掌握流动资产盘盈、盘亏和毁损的账务处理方法。(暂不考虑增值税)

资料：乙公司20××年12月25日有关盘点流动资产的资料如下：

(1)A材料盘亏10千克，每千克30元；

(2)C材料盘盈2千克，每千克20元；

(3)D材料盘亏3千克，每千克60元。

经查明原因，批准处理如下：

(1)A材料盘亏是由于保管人过失造成，处罚决定由其赔偿；

(2)C 材料盘盈因为计量不准造成,冲减管理费用;

(3)D 材料盘亏属于自然损耗,列作管理费用。

要求:根据上述资料编制相应的会计分录。

3. 目的:掌握财产物资清查结果账务处理的方法。

资料:乙公司 20××年 12 月 30 日有关财产清查的资料如下:

盘亏设备一台,原值 50 000 元,已提折旧 10 000 元。经查发现,设备盘亏是由水灾造成的,保险公司同意赔付 28 000 元。其余净损失转作营业外支出。

要求:根据上述资料编制相应的会计分录。

第九章　财务报表

【学习目标】

◇ 熟悉会计报表的种类和作用。
◇ 掌握资产负债表的结构、编制理论依据和编制方法。
◇ 掌握利润表的结构、编制理论依据和编制方法。
◇ 了解会计报表的附注和内容。

第一节　财务报表概述

一、财务报表的概念和作用

(一)财务报表的概念

1. 财务报表是对企业的财务状况、经营成果和现金流量的结构性表述。

财务报表是会计信息的主要载体。编制财务报表是会计核算的又一种专门方法，也是会计工作的一项重要内容。

2. 财务报表至少应当包括：资产负债表、利润表、现金流量表、所有者权益（或股东权益)变动表和附注。

3.企业的财务报表的使用者包括:企业投资者、债权人、政府及有关部门和社会公众等。

(二)财务报表的作用

1.为企业投资者提供本企业有关的会计信息资料。

方便他们了解企业的财务状况和经营成果和现金流量,分析企业的财务状况、盈利能力、资源利用情况等,从而做出是否追加投资或转让股权等决策。

2.为企业债权人提供本企业的短期偿债能力和支付能力的信息资料。

会计报表可以为企业的债权人提供相关的信息资料,以供他们做出信贷决策和赊销的决策。

3.为企业内部的经营管理者进行日常经营管理提供必要的信息资料。

财务报表可以为企业经营管理者提供经济活动过程及结果的会计信息资料,满足企业的经营管理者进行正确判断和决策的需要。

4.为财政、工商、税务等政府行政管理部门提供对各企业实施监督的各项数据资料。

财政部门需要监督国有企业接受政府补助资金的管理情况;工商管理部门需要监督企业是否按法定程序增资、减资(如增资、减资超过20%,需进行注册资本变更登记等);税务部门需要监督企业税费计算和解缴情况。会计报表可以为上述各部门提供必要的数据资料,以便其对各单位实施监督和检查。

5.为审计机关检查、监督各单位的财务状况和经营成果提供重要的数据资料。

二、财务报告的组成

财务报告包括财务报表及其附注和其他应当在财务会计报表中披露的相关信息资料。

(一)财务报表的分类

分类一,按财务报表反映的经济内容不同,可分为两大类:

1.反映企业财务状况及其变动情况的财务报表,包括以下三种:

(1)总括反映企业某一特定日期(月末、季末或年末)全部资产、负债及所有者权益的财务报表。如“资产负债表”。

(2)反映企业在一定会计期间内有关现金和现金等价物的流入和流出信息的财务报

表。如“现金流量表”。

(3)反映构成所有者权益的各组成部分当期的增减变动情况的财务报表。如“所有者权益(或股东权益)变动表”。

2.反映企业一定会计期间利润(或亏损)实现情况的财务报表。如“利润表”。

分类二,按照财务报表反映的资金运动形态不同,可以分为:

1.静态财务报表,如“资产负债表”;

2.动态财务报表,如“所有者权益(或股东权益)变动表”、“利润表”和“现金流量表”。

分类三,按财务报表编报时间不同,可以分为中期财务报表和年度财务报表。

中期是指短于一个完整的会计年度的报告期间。中期财务报表进一步可以分为:月度财务报表、季度财务报表和半年度财务报表。

中期财务报表至少应当包括:资产负债表、利润表、现金流量表和附注。

表 9-1　　财务报表名称及其编报期

	编号	财务报表名称	编报期
财务报表	会企 01 表	资产负债表	中期报告、年度报告
	会企 02 表	利润表	中期报告、年度报告
	会企 03 表	现金流量表	中期报告、年度报告
	会企 04 表	所有者权益变动表	年度报告
	附注		中期报告、年度报告

分类四,按照财务报表编报的单位不同,可以分为单位财务报表和合并财务报表。

1.单位财务报表是只反映本单位财务状况、经营成果和现金流量情况的报表;

2.合并财务报表是反映母公司和其全部子公司形成的企业集团整体财务状况、经营成果和现金流量情况的报表。母公司应当编制合并财务报表。母公司应当将其全部子公司纳入合并财务报表的合并范围。

合并财务报表至少应当包括:合并资产负债表、合并利润表、合并现金流量表、合并所有者权益(或股东权益)变动表和附注。

财务报表分类表见表 9-2。

表 9-2　　财务报表分类表

<table>
<tr><td rowspan="18">财务报表</td><td rowspan="4">按财务报表反映的经济内容不同划分</td><td rowspan="3">反映企业财务状况及其变动情况的财务报表</td><td>资产负债表</td></tr>
<tr><td>所有者权益变动表</td></tr>
<tr><td>现金流量表</td></tr>
<tr><td>反映企业一定会计期间利润(或亏损)实现情况的财务报表</td><td>利润表</td></tr>
<tr><td rowspan="4">按照财务报表反映的资金运动形态不同划分</td><td>静态财务报表</td><td>资产负债表</td></tr>
<tr><td rowspan="3">动态财务报表</td><td>利润表</td></tr>
<tr><td>现金流量表</td></tr>
<tr><td>所有者权益变动表</td></tr>
<tr><td rowspan="4">按财务报表编报时间不同划分</td><td rowspan="3">中期财务报表</td><td>月度财务报表</td></tr>
<tr><td>季度财务报表</td></tr>
<tr><td>半年度财务报表</td></tr>
<tr><td colspan="2">年度财务报表</td></tr>
<tr><td rowspan="6">按照财务报表编报的单位不同划分</td><td colspan="2">单位财务报表</td></tr>
<tr><td rowspan="5">合并财务报表</td><td>合并资产负债表</td></tr>
<tr><td>合并利润表</td></tr>
<tr><td>合并所有者权益变动表</td></tr>
<tr><td>合并现金流量表</td></tr>
<tr><td>附注</td></tr>
</table>

(二)附注

附注是财务报表的主要组成部分。企业应当按照规定披露附注信息,它主要包括:

1. 企业基本情况;
2. 财务报表的编制基础;
3. 遵守企业会计准则的声明;
4. 重要会计政策和会计估计;
5. 会计政策和会计估计变更以及差错变更的说明;
6. 报表重要项目的说明;
7. 或有事项;
8. 资产负债表日后事项;
9. 关联方关系及其交易。

三、编制财务报表的基本要求

(一)编制基础的要求

企业应当以持续经营为基础编制财务报表。以持续经营不再合理的,企业应当采用其他基础编制财务报表,并在附注中披露这一事实。

如果企业正式决定或被迫在当期或将在下一个会计期间进行清算或停止营业的,表明其处于非持续经营状态。

(二)列报项目的要求

1.一致性要求

财务报表项目的列报应当在各个会计期间保持一致,不得随意变更。但下列情况除外:

(1)会计准则要求改变财务报表项目的列报;

(2)企业经营业务的性质发生重大变化后,变更财务报表项目的列报能够提供更可靠、更相关的会计信息。

2.重要性要求

性质和功能不同的重要项目应当在财务报表中单独列报,但不具有重要性的项目除外。不重要的项目可以合并反映。

重要性,是指财务报表某项目的省略、错报或漏报会影响使用者据此做出经济决策的,该项目具有重要性。重要性应当根据企业所处的环境,从项目的性质和金额的大小两方面予以判断。

判断项目的重要性,应当考虑该项目的性质是否属于企业日常活动等因素;判断金额的重要性,应当通过单项金额占资产总额、负债总额、所有者权益总额、营业收入总额、营业成本总额、净利润等直接相关项目金额的比重加以确定。

例如,固定资产、无形资产应分别在资产负债表中单独列报,而库存现金、银行存款和其他货币资金三项流动资产合并为一个"货币资金"项目在资产负债表中列报。这是因为库存现金和其他货币资金的金额占资产总额的比重都相对较小。

(三)列报金额的要求

1.列报金额不得相互抵消

财务报表中的资产项目和负债项目的金额、收入、项目和费用项目的金额不得相互抵消,但其他会计准则另有规定的除外。

例如,资产负债表中流动资产项目"预付账项"不能根据"预付账款"总账科目期末余额直接填列,这是因为"预付账款"总账科目期末余额反映的是债权与债务相互抵消后的差额，而应按有关明细账户的期末余额计算填列。

资产项目按扣除减值准备后的净额列示，不属于抵消。

例如，资产负债表中项目“长期股权投资”项目是按照“长期股权投资”总分类账户期末借方余额扣除“长期股权投资减值准备”账户贷方余额后的差额（反映长期股权投资可变现金额）填列，不属于抵消。

非日常活动产生的损益，以收入扣减费用后的净额列示，不属于抵消。

例如，利润表中的“投资收益”项目，就是当期投资收益与当期投资损失抵减后的净收益（或净损失）列示，不属于抵消。

2. 列报金额应提供比较数据

当期财务报表的列报，至少应提供所有列报项目上一可比会计期间的比较数据，以及与理解当期财务报表相关的说明，但其他会计准则另有规定的除外。

（四）特别披漏要求

企业应当在财务报表的显著位置至少披漏下列各项：

1. 编报企业名称；
2. 资产负债表日或财务报表涵盖的会计期间；
3. 人民币金额单位；
4. 财务报表是合并报表的应当予以表明。

（五）涵盖期间的要求

企业至少应当按年编制财务会计报表。年度财务报表涵盖期短于一年的，应当披漏年度财务报表的涵盖期间以及短于一年的原因。

财务报表的格式和附注分别按一般企业、商业银行、保险公司、证券公司等企业类型予以规定。企业应当根据其经营活动的性质，确定本企业使用的财务报表格式和附注。除不存在的项目外，企业应当按具体准则及应用指南规定的报表格式进行列报。

注：本书只介绍一般企业的资产负债表和利润表的编制方法。

第二节 资产负债表

一、资产负债表的概念

1. 资产负债表是反映企业某一特定日期（月末、季末、半年末或年末）财务状况的会计报表。

财务状况，是指全部资产、负债和所有者权益情况。

2. 资产负债表的编制理论依据是基本会计等式：资产＝负债＋所有者权益

3. 资产负债表的具体作用如下：

(1) 资产负债表反映了企业拥有或控制的经济资源(即资产)及其结构情况。

通过资产负债表结合其他会计资料可以分析企业资产的利用效果和资产的周转速度。

(2)资产负债表总体反映了企业资金的来源渠道和构成情况。

(3)通过对资产负债表的分析，可以了解企业的财务实力、短期偿债能力(流动比率和速动比率)和支付能力。

(4)通过对前后期资产负债表的对比分析，可以了解企业资本结构及其变化情况。

二、资产负债表的格式和内容

(一)资产负债表的格式

资产负债表的格式有账户式和报告式。我国企业资产负债表采用账户式。

1. 报告式

报告式资产负债表将资产、负债和所有者权益项目纵向排列，见表 9-3。

表 9-3　资产负债表(报告式)

项目	金额
流动资产	
非流动资产	
资产总计	
流动负债	
非流动负债	
负债合计	
所有者权益	
……	
所有者权益合计	
负债及所有者权益总计	

2. 账户式

账户式资产负债表分为左右两方。左方列示全部资产项目；右方列示负债和所有者权益项目。必有：资产总计＝负债及所有者权益总计

账户式资产负债表基本结构见表 9-4。

表 9-4　资产负债表(账户式)

资产	金额	负债及所有者权益	金额
流动资产 …… 非流动资产 ……		流动负债 …… 非流动负债 …… 负债合计 所有者权益 …… 所有者权益合计	
资产总计		负债及所有者权益总计	

1.资产项目排列顺序

资产项目按其流动性(即变现能力)排序,流动性强的排在前面:

(1)流动资产

(2)非流动资产

2.负债项目的排列顺序

负债项目按其流动性(即偿还期限长短)排序:

(1)流动负债

(2)非流动负债

3.所有者权益项目的排列顺序

所有者权益按留在企业的永久程度排序:实收资本、资本公积、盈余公积、未分配利润。

三、资产负债表的编制方法

一般企业资产负债表见表 9-5。

表 9-5　资产负债表

会企 01 表

编制单位:　　　　______年____月____日　　　　单位:元

资产	期末余额	年初余额	负债及所有者权益(或股东权益)	期末余额	年初余额
流动资产:			流动负债:		
货币资金			短期借款		

续表

资产	期末余额	年初余额	负债及所有者权益（或股东权益）	期末余额	年初余额
交易性金融资产			交易性金融负债		
应收票据			应付票据		
应收账款			应付账款		
预付款项			预收款项		
应收利息			应付职工薪酬		
应收股利			应交税费		
其他应收款			应付利息		
存货			应付股利		
一年内到期的非流动资产			其他应付款		
其他流动资产			一年内到期的非流动负债		
流动资产合计			其他流动负债		
非流动资产：			流动负债合计		
可供出售金融资产			非流动负债：		
持有至到期投资			长期借款		
长期应收款			应付债券		
长期股权投资			长期应付款		
投资性房地产			专项应付款		
固定资产			预计负债		
在建工程			递延所得税负债		
工程物资			其他非流动负债		
固定资产清理			非流动负债合计		
无形资产			负债合计		
★生产性生物资产			所有者权益(或股东权益)：		
★油气资产			实收资本		
开发支出			资本公积		
商誉			减：库存股		
长期待摊费用			盈余公积		
递延所得税资产			未分配利润		

续表

资产	期末余额	年初余额	负债及所有者权益（或股东权益）	期末余额	年初余额
其他非流动资产			所有者权益（或股东权益）合计		
非流动资产合计					
资产总计			负债和所有者权益（或股东权益）总计		

注："生产性生物资产"项目是农业企业资产负债表项目；"油气资产"项目是石油天然气开采企业资产负债表项目。

资产负债表各项目均应分别填列"年初余额"栏和"期末余额"栏。

"年初余额"栏内各项金额应根据上年末该表的"期末余额"栏对应金额填列；

"期末余额"栏内各项数字根据相应的总账科目或明细科目期末余额直接填列或分析计算填列。

由于会计报表项目与会计科目并不完全一致，因而该表的期末余额各项目有下列两种填列方法：直接填列和分析计算填列。

1. 直接填列法

根据总账期末余额直接填列的项目有：交易性金融资产、开发支出、递延所得税资产、短期借款、交易性金融负债、其他应付款、应付股利、应付利息、递延所得税负债、预计负债、实收资本、库存股、资本公积、盈余公积等。

2、分析计算填列法

将总账科目和明细科目的期末余额按照资产负债表项目的内容进行分析、计算以后填列期末余额有关项目的方法。

注意：资产负债表的各资产项目是以公允价值填列的。若有关资产账户是以成本计量的，反映的资产项目公允价值低于成本时，则需计提减值准备；而各项债权需计提坏账准备，资产负债表的各债权项目应按扣除相应坏账准备后的净额填列。下面所有期末余额都指期末结账后的余额。

（一）资产项目"期末余额"栏填列方法

1. 交易性金融资产、研发支出和递延所得税资产各项目期末余额应分别按对应总分类账户期末借方余额直接填列。

2. 货币资金项目期末余额＝"库存现金"账户期末借方余额＋"银行存款" 账户的期

末借方余额＋“其他货币资金”账户的期末借方余额

3. 存货项目期末余额应根据“在途物资”(反映期末在途材料成本)、“原材料”、“周转材料”、“库存商品”、“发出商品”、“生产成本”(反映期末在产品成本)、“委托加工物资”等账户期末借方余额合计数减去“存货跌价准备”期末贷方余额后填列。

如果企业对库存原材料采用计划成本核算,存货项目应加上“原材料”账户期末借方余额(反映原材料计划成本),减去“材料成本差异”账户的期末贷方余额或加上该账户的期末借方余额。

商品流通企业的库存商品若采用售价核算,存货项目应加上“库存商品”期末借方余额(反映库存商品售价),减去“商品进销差价”账户的期末贷方余额。

4. 应收票据项目期末余额＝“应收票据”账户期末借方余额－“坏账准备——应收票据”明细账户期末贷方余额

5. 应收利息、应收股利和其他应收款各项目的期末余额填列方法与上述“应收票据”项目的期末余额填列方法完全类似。分别按对应总分类账户期末借方余额扣除相应的坏账准备后的差额填列。

6. 应收账款项目期末余额＝“应收账款”各明细账户期末借方余额合计＋“预收账款”各明细账户期末借方余额合计－“坏账准备——应收账款”明细账户期末贷方余额

7. 预付款项项目期末余额＝“应付账款”各明细账户期末借方余额合计＋“预付账款”各明细账户期末借方余额合计－“坏账准备——预付账款”明细账户期末贷方余额

8. 一年内到期的非流动资产＝“持有至到期投资”账户期末借方余额中包含的将在一年内到期的长期债券投资＋“长期应收款”账户期末借方余额中包含的将在一年内到期的长期应收款＋将在一年内摊销的长期待摊费用

注:“一年内到期”是指在资产负债表日后一年内到期。

9. 持有至到期投资项目期末余额＝“持有至到期投资”账户期末借方余额－一年内到期的持有至到期投资－“持有至到期投资减值准备”账户期末贷方余额

10. 长期应收款项目期末余额＝“长期应收款”账户期末借方余额－一年内到期的长期应收款－“坏账准备——长期应收款”明细账户期末贷方余额

11. 长期股权投资项目期末余额＝“长期股权投资”账户期末借方余额－“长期股权投资减值准备”账户期末贷方余额

12. 可供出售的金融资产、工程物资、在建工程、商誉各项目期末余额填列方法与上述“长期股权投资”项目期末余额完全类似。分别按对应总分类账户期末借方余额扣除相应的减值准备后的差额填列。

13. 投资性房地产项目期末余额＝“投资性房地产”账户期末借方余额－“投资性房地产累计折旧”期末贷方余额－“投资性房地产减值准备”账户期末贷方余额

14. 固定资产项目期末余额＝“固定资产”账户期末借方余额－“累计折旧”账户期末贷方余额－“固定资产减值准备”账户期末贷方余额

15. 固定资产清理项目期末余额＝按“固定资产清理”科目期末借方余额填列，若为贷方余额，以“－”号填列。

16. 无形资产项目期末余额＝“无形资产”账户期末借方余额－“累计摊销”账户期末贷方余额－“无形资产减值准备”账户期末贷方余额

17. 开发支出项目期末余额＝“研发支出——资本化支出”明细账户期末借方余额

注意：“研发支出——费用化支出”明细账户期末结账后的余额为零。

18.（农业企业）生产性生物资产项目期末余额＝“生产性生物资产”账户期末借方余额－“生产性生物资产累计折旧”账户期末贷方余额－“生产性生物资产减值准备”账户期末贷方余额

19.（石油天然气开采企业）油气资产项目期末余额＝“油气资产”账户期末借方余额－“累计折耗”账户期末贷方余额－“油气资产减值准备”账户期末贷方余额

20. 长期待摊费用项目期末余额＝“长期待摊费用”账户期末借方余额－将在一年内摊销的长期待摊费用

21. 资产总计＝流动资产合计＋非流动资产合计

说明：由于“待处理财产损溢”账户期末要求处理完毕并结转，结转后无余额，故资产负债表无该项目。

（二）负债项目“期末余额”栏填列方法

1. 短期借款、交易性金融负债、其他应付款、应付股利、应付利息、递延所得税负债、预计负债各项目分别根据对应总分类账户的期末贷方余额直接填列。

2. 应付职工薪酬、应交税费等项目分别根据对应总分类账户的期末贷方余额直接填列。若为借方余额，则以负数填列。

3. 预收款项项目期末余额＝“应收账款”各明细账户期末贷方余额合计＋“预收账款”各明细账户期末贷方余额合计

4. 应付账款项目期末余额＝“应付账款”各明细账户期末贷方余额合计＋“预付账款”各明细账户期末贷方余额合计

5. 一年内到期的非流动负债项目期末数＝一年内到期的长期借款＋一年内到期的应付债券＋一年内到期的长期应付款＋一年内到期的专项应付款

6. 长期借款、应付债券、长期应付款各项目的期末余额分别按对应总分类账户期末贷方余额扣除该账户一年内到期的负债后的差额填列。

7. 负债合计＝流动负债合计＋非流动负债合计

(三)所有者权益项目“期末余额”栏填列方法

1. 实收资本、资本公积和盈余公积各项目分别根据对应总分类账户的期末贷方余额直接填列。库存股项目应根据“库存股”总分类账户的期末借方余额直接填列。

2. 未分配利润项目期末余额

(1) 1～11月份,根据“本年利润”、“利润分配”两个总账期末余额计算填列(代数和)。

未分配利润项目期末数＝±“本年利润”总账期末余额±“利润分配”总账期末余额

说明:等式右边项目,凡是期末贷方余额取“＋”号;凡是期末借方余额取“－”号。根据计算结果直接填列,即结果大于零填正数;小于零填负数。

(2)年末,未分配利润项目期末数应根据“利润分配”总账科目期末贷方余额直接填列,如果期末为借方余额则以负数填列(表示净亏损额)。

负债和所有者权益总计＝负债合计＋所有者权益合计

【例 9-1】制造业企业兴业公司2007年12月31日总分类科目和所属明细科目结账后期末余额见表9-6。设凡是未列出的会计科目假设其期末余额都为零。

根据表9-6所给资料,编制兴业公司2007年12月末资产负债表。

表 9-6　　兴业公司总分类科目和所属明细科目结账后期末余额表

2007年12月31日

总账科目	明细科目	借方余额	贷方余额	总账科目	明细科目	借方余额	贷方余额
库存现金		1 000		短期借款			60 000
银行存款		15 000		应付票据			20 000
应收账款		25 000		应付账款			15 000
	甲公司	25 000			A工厂		7 000
预付账款		4 000			B工厂		8 000
	丙公司	5 000		预收账款			1 000
	丁公司		1 000		C工厂		4 000
坏账准备			1 500		D工厂	3 000	
	应收账款		1 250	其他应付款			9 000
	预付账款		250	应付职工薪酬			30 000
在途材料		9 000		应交税费			60 000
原材料		27 000		应付股利			20 000
生产成本		8 000		应付利息			3 000

续表

总账科目	明细科目	借方余额	贷方余额	总账科目	明细科目	借方余额	贷方余额
库存商品		20 000		长期借款			30 000
长期股权投资		181 200		实收资本			380 000
在建工程		5 300		资本公积			3 500
固定资产		400 000		盈余公积			22 000
累计折旧			60 000	利润分配		5 500	
无形资产		30 000					
累计摊销			12 000				
无形资产减值准备			4 000				

补充资料：长期借款中一年内到期的长期借款为 10 000 元。

资产负债表部分项目的期末数计算如下：

(1)货币资金＝1 000＋15 000＝16 000(元)

(2)应收账款＝25 000＋3 000－1 250＝26 750(元)

(3)预付款项＝5 000－250＝4 750(元)

(4)存货＝9 000＋27 000＋8 000＋20 000＝64 000(元)

(5)固定资产＝400 000－60 000 ＝340 000(元)

(6)无形资产＝30 000－12 000－4 000＝14 000(元)

(7)应付账款＝7 000＋8 000＋1 000 ＝16 000(元)

(8)预收款项＝4 000(元)

(9)长期借款＝30 000－10 000＝20 000(元)

编制结果见表 9-7。

表 9-7　　　　资产负债表

会企 01 表

编制单位：兴业公司　　　　2007 年 12 月 31 日　　　　单位：元

资产	期末余额	年初余额	负债及所有者权益（或股东权益）	期末余额	年初余额
流动资产：		（略）	流动负债：		（略）
货币资金	16 000		短期借款	60 000	

续表

资　产	期末余额	年初余额	负债及所有者权益（或股东权益）	期末余额	年初余额
交易性金融资产	—		交易性金融负债	—	
应收票据	—		应付票据	20 000	
应收账款	26 750		应付账款	16 000	
预付款项	4 750		预收款项	4 000	
应收利息	—		应付职工薪酬	30 000	
应收股利	—		应交税费	60 000	
其他应收款	—		应付利息	3 000	
存货	64 000		应付股利	20 000	
一年内到期的非流动资产	—		其他应付款	9 000	
其他流动资产	—		一年内到期的非流动负债	10 000	
流动资产合计	111 500		其他流动负债	—	
非流动资产：			流动负债合计	232 000	
可供出售金融资产	—		非流动负债：		
持有至到期投资	—		长期借款	20 000	
长期应收款	—		应付债券	—	
长期股权投资	181 200		长期应付款	—	
投资性房地产	—		专项应付款	—	
固定资产	340 000		预计负债	—	
在建工程	5 300		递延所得税负债	—	
工程物资	—		其他非流动负债	—	
固定资产清理	—		非流动负债合计	20 000	
无形资产	14 000		负债合计	252 000	
开发支出	—		所有者权益：		
商誉	—		实收资本	380 000	
长期待摊费用	—		资本公积	3 500	
递延所得税资产	—		减：库存股	—	

续表

资　产	期末余额	年初余额	负债及所有者权益（或股东权益）	期末余额	年初余额
其他非流动资产	—		盈余公积	22 000	
非流动资产合计	540 500		未分配利润	－5 500	
			所有者权益合计	400 000	
资产总计	652 000		负债和所有者权益总计	652 000	

第三节　利润表

一、利润表的概念和作用

1. 利润表是反映企业在一定会计期间内（月度、季度、半年度和年度）经营成果（即盈亏）的会计报表。

2. 利润表编制原理：利润＝收入－费用

3. 利润表的编报期：中期报告和年度报告。

4. 利润表的作用如下：

（1）通过利润表可以了解企业利润（或亏损）的形成情况，据以分析、考核企业经营目标及利润目标的实现情况，并为进一步分析企业利润增减变动的原因提供资料；

（2）通过利润表和其他会计报表有关资料，可以分析、评价企业的经济效益（投入与产出之比）、获利能力（如总资产报酬率、资本收益率、成本费用利润率等），预测企业在未来期间的盈利趋势。

利润是一项综合性的价值指标，它是企业在经营、理财、投资等各项经济活动中管理效率和经营业绩的直接表现。

注意：利润是收入与费用配比的结果而不是投入与产出之比，因此利润本身不是经济效益指标。但通过利润指标可以计算出有关的经济效益指标：总资产报酬率、资本收益率等。

二、利润表的结构和内容

利润表的结构有单步式和多步式两种。我国新《企业会计准则 2006》规定企业利润表采用多步式格式。

(一)单步式利润表

单步式利润表是将本期的各项收入和利得的合计数减去各项费用和损失的合计数计算出净利润。它的格式和内容见表9-8。

表9-8 利润表(单步式)

项　目	本期金额	上期金额
收入：		
营业收入		
……		
合计		
费用：		
营业成本		
……		
合计		
净利润		

(二)多步式利润表

多步式利润表是通过多步计算求得本期净利润并计算每股收益。计算步骤如下：

1. 营业利润＝营业收入－营业成本－营业税金及附加－销售费用－管理费用－财务费用－资产减值损失＋公允价值变动收益＋投资收益

其中，营业收入＝主营业务收入＋其他业务收入

营业成本＝主营业务成本＋其他业务成本

2. 利润总额＝营业利润＋营业外收入－营业外支出
3. 净利润＝利润总额－所得税费用
4. 每股收益计算(略)。

多步式利润表的格式和内容见表9-9。

三、多步式利润表的编制方法

利润表中各项目的“本期金额”栏数字应根据损益类账户本期发生额分析填列。利润表中的“上期金额”栏数字应根据上期利润表中相关数字填列。

注意：如果上年度利润表与本年度利润表项目列示和分类不一致，应对上年度的利

润表按照本年度的利润表项目进行重新分类后，填入本年利润表的“上期金额”栏。

表 9-9　　利润表

会企 02 表

编制单位：　　____年____月　　单位：元

项目	本期金额	上期金额
一、营业收入		
减：营业成本		
营业税金及附加		
销售费用		
管理费用		
财务费用		
资产减值损失		
加：公允价值变动收益（损失以“－”号填列）		
投资收益（损失以“－”号填列）		
其中：对联营企业和合资企业的投资收益		
二、营业利润（亏损以“－”号填列）		
加：营业外收入		
减：营业外支出		
其中：非流动资产处置损失		
三、利润总额（亏损总额以“－”号填列）		
减：所得税费用		
四、净利润（净亏损以“－”号填列）		
五、每股收益		
（一）基本每股收益		
（二）稀释每股收益		

利润表中各项目的“本期金额”栏数字的具体填列方法如下：

1. 营业收入项目，反映企业营业收入总额。本项目应根据“主营业务收入”科目和“其他业务收入”科目的本期发生额合计数分析填列。

2. 营业成本项目，反映企业营业成本总额。本项目应根据“主营业务成本”科目和

“其他业务成本”科目的本期发生额合计数分析填列。

3. 营业税金及附加项目，反映企业应负担的营业税、消费税、资源税、土地增值税、城市维护建设税和教育费附加等税费总额。本项目应根据“营业税金及附加”科目的本期发生额分析填列。

4. 销售费用、管理费用和财务费用各项目，分别反映企业本期经营过程中发生的各项期间费用。它们应分别根据相应科目的本期发生额分析填列。

5. 资产减值损失项目，根据“资产减值损失”科目的本期发生额分析填列。

6. 公允价值变动收益项目，反映企业交易性金融资产、交易性金融负债以及采用公允价值模式计量的投资性房地产等公允价值变动形成的净收益。本项目应根据“公允价值变动损益”科目的本期发生额分析填列。若为净损失则以“－”号填列。

7. 投资收益项目，反映企业以各种方式对外投资所获得的投资净收益。本项目应根据“投资收益”科目的本期发生额分析填列。若为投资净损失则用“－”号填列。

对联营企业和合资企业的投资收益项目，可根据“投资收益——对联营企业和合资企业的投资收益”明细科目的本期发生额分析填列。

8. 营业利润项目，反映企业在本期实现的营业利润额。本项目的“本期金额”是根据以上各项目本期金额计算而得。若为亏损额则用“－”号填列。

9. 营业外收入项目，反映企业所取得的与其生产经营无直接关系的各种收入。本项目应根据“营业外收入”科目的发生额分析填列。

10. 营业外支出项目，反映企业所支付的与其生产经营无直接关系的各种支出。本项目应根据“营业外支出”科目的发生额分析填列。

非流动资产处置损失项目，可根据“营业外支出”科目的所属明细科目的本期发生额分析填列。

11. 利润总额项目，反映企业在报告期内实现的利润总数。本项目的“本期金额”是根据以上有关项目的本期金额计算而得。若为亏损额则用“－”号填列。

12. 所得税费用项目，反映企业在报告期内，按规定从本期损益中减去的所得税。本项目根据“所得税费用”科目的本期发生额分析填列。

13. “净利润”项目，反映企业本期内实现的净利润，是根据利润总额减去所得税费用而得。若为净亏损则以“－”号填列。

“上期金额”栏应根据上期利润表的数字填列。如果上期利润表与本期利润表的项目名称和内容不一致，应对上期的利润表项目名称和数字按本期的规定进行调整，然后再填入“上期金额”栏。

【例 9-2】北海公司 2007 年 3 月各损益类账户发生额见表 9-10。

表 9-10 北海公司各损益类账户发生额

2007 年 3 月

总分类科目	借方发生额	贷方发生额
主营业务收入		1 500 000
其他业务收入		200 000
公允价值变动损益		—
投资收益		160 000
营业外收入		3 000
主营业务成本	800 000	
其他业务成本	160 000	
营业税金及附加	150 000	
销售费用	35 000	
管理费用	123 000	
财务费用	10 000	
资产减值损失	6 000	
营业外支出	10 000	
所得税费用	142 250	
备　注	对联营企业和合资企业的投资收益为 0 元；非流动资产处置损失为 0 元。	

各项目本期金额：

1. 营业收入＝1 500 000＋200 000 ＝1 700 000(元)
2. 营业成本＝800 000＋160 000＝960 000(元)
3. 营业利润＝1 700 000－960 000－150 000－35 000－123 000－10 000－6 000＋160 000＝576 000(元)
4. 利润总额＝576 000＋3 000－10 000＝569 000(元)
5. 净利润＝569 000－142 250＝426 750(元)

该公司 2007 年度 3 月份利润表见表 9-11。

表 9-11　　　　利润表(简化)

会企 02 表

编制单位：北海公司　　　　2007 年3 月　　　　单位：元

项　　目	本期金额	上期金额
一、营业收入	1 700 000	(略)
减：营业成本	960 000	
营业税金及附加	150 000	
销售费用	35 000	
管理费用	123 000	
财务费用	10 000	
资产减值损失	6 000	
加：公允价值变动收益(损失以"－"号填列)	—	
投资收益(损失以"－"号填列)	160 000	
其中：对联营企业和合资企业的投资收益	—	
二、营业利润(亏损以"－"号填列)	576 000	
加：营业外收入	3 000	
减：营业外支出	10 000	
其中：非流动资产处置损失	—	
三、利润总额(亏损总额以"－"号填列)	569 000	
减：所得税费用	142 250	
四、净利润(净亏损以"－"号填列)	426 750	

第四节　报表附注

本节只介绍一般企业报表附注。

附注是财务报表的重要组成部分。企业应当按照规定披露附注信息，主要包括下列内容：

(一)企业的基本情况

1. 企业注册地、组织形式和总部地址；
2. 企业的业务性质和主要的经营活动；

3.母公司以及集团最终母公司的名称；

4.财务报告的批准报出者和财务报告批准报出日。

(二)财务报表的编制基础

企业应当以持续经营为基础编制财务报表。以持续经营不再合理的，企业应当采用其他基础编制财务报表，并在附注中披露这一事实。

如果企业正式决定或被迫在当期或将在下一个会计期间进行清算或停止营业的，表明其处于非持续经营状态，应当采用其他基础编制财务报表，并在附注中声明财务报表未以持续经营为基础列报、披露未以持续经营为基础的原因和财务报表的编制基础。

(三)遵循企业会计准则的声明

企业应当声明编制的财务报表符合企业会计准则的要求，真实反映了企业的财务状况、经营成果和现金流量等有关信息。

(四)重要会计政策和会计估计

企业应当披露采用的重要会计政策和会计估计，不重要的会计政策和会计估计可以不披露。在披露重要会计政策和会计估计时，应当披露重要会计政策的确定依据和财务报表项目的计量基础以及会计估计中所采用的关键假设和不确定因素。

(五)会计政策和会计估计变更以及差错更正的说明

企业应当按照《企业会计准则第 28 号——会计政策、会计估计变更和差错更正》及其应用指南的规定，披露会计政策和会计估计变更以及差错更正的有关情况。

(六)报表重要项目的说明

企业对报表重要项目的说明应当按照资产负债表、利润表、现金流量表、所有者权益变动表及其项目列示的顺序，采用文字和数字描述相结合的方式进行披露。报表重要项目的明细金额合计应当与报表项目金额相衔接。

需要披露的重要项目有 42 项，见财政部颁布的《企业会计准则第 30 号——财务报表列报》应用指南。

例如，营业外支出的披露格式，见表 9-12。

表 9-12

项目	本期发生额	上期发生额
1.非流动资产处置损失合计		
其中:固定资产处置损失		
无形资产处置损失		
……		
合　计		

(七)或有事项

(八)资产负债表日后事项

(九)关联方关系及其交易

本章小结

1. 财务报表是对企业的财务状况、经营成果和现金流量的结构性表述。

2. 财务报表至少应当包括:资产负债表、利润表、现金流量表、所有者权益(或股东权益)变动表和附注。

3.资产负债表是反映企业某一特定日期(月末、季末、半年末或年末)财务状况的会计报表。我国企业资产负债表采用账户式。

4.利润表是反映企业在一定会计期间(月度、季度、半年度和年度)内经营成果(即盈亏)的会计报表。我国新《企业会计准则 2006》规定企业利润表采用多步式格式。

思考题

1.什么是财务会计报表?财务报表有何作用?

2.什么是资产负债表?编制理论依据是什么?资产负债表有何作用?

3.什么是利润表?利润表有何作用?

4.中期财务报表至少包括那些内容?

练习题

1.目的:练习资产负债表有关项目的计算。

资料:某企业 2007 年 3 月末结账后,有关会计科目(并非全部)的期末余额见表 9-13。

表 9-13

会计科目	期末借方余额	会计科目	期末贷方余额
原材料	100 000	累计折旧	120 000
在途材料	3 000	固定资产减值准备	40 000
生产成本	82 000	累计摊销	20 000
库存商品	140 000	短期借款	32 000
周转材料	5 000	长期借款 (其中一年内到期的 50 000 元)	100 000
固定资产	300 000	本年利润	64 000
无形资产	80 000		
利润分配	48 000		

要求:根据上述资料计算资产负债表存货、固定资产、无形资产、长期借款、未分配利润和短期借款等项目期末数。

2. 目的:练习资产负债表有关项目的计算。

资料:某企业 2007 年 3 月末有关会计科目(并非全部)的期末余额见表 9-14。

表 9-14

总账科目	明细科目	借方余额	贷方余额	总账科目	明细科目	借方余额	贷方余额
应收账款		40 000		应付账款			13 000
	甲公司	50 000			A 工厂		7 000
	乙公司		10 000		B 工厂		8 000
预付账款		2 000			C 工厂	2 000	
	丙公司	5 000		预收账款			3 000
	丁公司		3 000		D 工厂	4 000	
应收票据		10 000			E 工厂		7 000
坏账准备			3 550				
	应收账款		2 700				
	预付账款		350				
	应收票据		500				

要求：根据上述资料计算资产负债表应收账款、应收票据、预付账款、应付账款、预收账款等项目期末数。（注：“坏账准备”总分类账户按应收款项类别设明细账）

3. 目的：练习利润表的编制。

资料：某公司有关会计科目 2007 年 3 月份发生额见表 9-15。

表 9-15

总分类科目	借方发生额	贷方发生额
主营业务收入		2 500 000
其他业务收入		200 000
公允价值变动损益		—
投资收益		150 000
营业外收入		8 000
主营业务成本	1 300 000	
其他业务成本	160 000	
营业税金及附加	22 700	
销售费用	95 000	
管理费用	123 000	
财务费用	20 000	
资产减值损失	16 000	
营业外支出	10 000	
所得税费用	277 825	
附　　注	对联营企业和合资企业的投资收益为 0 元；非流动资产处置损失为 0 元。	

要求：编制该公司 2007 年 3 月份利润表。

第十章　财务处理程序

【学习目标】

◇ 了解账务处理程序的含义、种类和要求。
◇ 熟悉记账凭证账务处理程序。
◇ 熟悉科目汇总表账务处理程序。
◇ 熟悉汇总记账凭证账务处理程序。
◇ 初步认识会计电算化原理，明确手工会计核算与电算化会计系统的主要差异。

第一节　账务处理程序的意义和种类

一、账务处理程序的意义

对于企业经营过程中发生的各项经济业务，要填制和审核原始凭证，根据原始凭证运用复式记账原理编制记账凭证，再根据记账凭证登记有关账簿。对于账簿记录，要通过财产清查加以核实，在保证账实相符的基础上，根据账簿记录，定期编制会计报表。会计核算的每一个具体核算方法都不是彼此孤立的，而是相互有联系的一个整体。由于企业的规模大小不同、业务繁简程度有异，所以不同企业采用的账务处理程序往往是不同的。

所谓账务处理程序(或会计核算组织程序),是指在会计循环中,会计凭证、会计账簿、会计报表的种类和格式与记账程序相互结合的方式和步骤。

所谓记账程序,是指运用一定的记账方法,从填制和审核会计凭证、登记账簿到编制会计报表的工作程序,也是将发生的经济业务利用会计凭证、会计账簿和会计报表进行反映的步骤与过程。

不同种类与格式的会计凭证、会计账簿、会计报表与一定的记账程序相结合就形成了不同类型的账务处理程序。

科学合理的账务处理程序,对于保证准确、及时地提供系统而完整的会计信息,具有十分重要的意义。它有利于规范会计核算的组织工作,有利于保证会计核算工作的质量,有利于提高会计核算的工作效率,从而节约会计核算的工作成本。

二、设计账务处理程序的原则

1.应从本单位的实际情况出发选择或设计账务处理程序

应根据本单位经济管理的特点、规模的大小、经济业务的繁简程度以及会计机构设置和会计人员的配置等因素,使账务处理程序与本单位会计核算工作的需要相适应。

2.在保证会计核算质量的前提下,力求降低会计核算成本

在满足会计核算工作需要,保证会计核算工作质量的前提下,力求简化核算手续,节省核算时间,降低核算成本。

3.应有利于建立会计工作岗位责任制

确定会计核算组织程序,要有利于会计部门和会计人员的分工与合作,有利于明确各会计人员工作岗位的职责。

在实际工作中,由于各个会计主体的具体情况不同,它们采用的账务处理程序可能是不同的。

三、账务处理程序的种类

账务处理程序有以下六种:

1.记账凭证账务处理程序;

2.科目汇总表账务处理程序;

3.汇总记账凭证账务处理程序;

4.通用日记账账务处理程序;

5.多栏式日记账账务处理程序;

6.日记总账账务处理程序。

其中,多栏式日记账账务处理程序和日记总账账务处理程序很少使用。本书只介绍

前四种账务处理程序。

各种会计核算形式之间的区别主要表现在登记总账的依据和方法不同。后面各节将分别介绍各种账务处理程序的特点、基本步骤、主要优缺点和适用范围。

第二节　记账凭证账务处理程序

一、记账凭证账务处理程序的特点

记账凭证账务处理程序的主要特点是根据原始凭证编制记账凭证，并直接根据各种记账凭证逐笔登记总分类账。

记账凭证账务处理程序是最基本的账务处理程序，其他各种账务处理程序都是在此基础上演变而成的。

二、记账凭证账务处理程序设置的凭证和账簿

在记账凭证账务处理程序下，记账凭证一般采用收款凭证、付款凭证和转账凭证三种专用记账凭证格式，也可以采用通用记账凭证格式。

需要设置的账簿有：库存现金日记账、银行存款日记账、总分类账和明细分类账。库存现金日记账、银行存款日记账和总分类账一般都采用三栏式；明细分类账的格式可根据管理的需要，分别采用三栏式、数量金额式或多栏式。

注意：不论在那一种会计核算形式下，会计报表的种类与格式都是相同的。

三、记账凭证账务处理程序

1. 根据原始凭证编制记账凭证；

2. 根据收款凭证、付款凭证逐笔登记库存现金日记账和银行存款日记账；

3. 根据原始凭证或记账凭证登记各种明细账；

4. 根据记账凭证逐笔登记总分类账；

5. 月末，将库存现金日记账、银行存款日记账的余额以及各种明细分类账的余额合计数，分别与总分类账中有关科目的余额核对；

6. 月末，根据核实的总分类账和明细分类账的记录编制会计报表。

记账凭证核算形式的账务处理程序用图表示，见图 10-1。

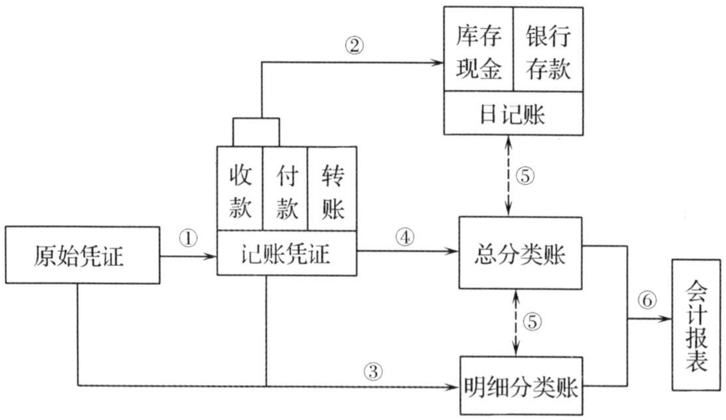

图 10-1

说明:"→"表示填制、登记或编表,"←-→"表示核对。

四、记账凭证账务处理程序的适用范围

上述程序简单明了、易于掌握;总账能详细记录经济业务发生情况,便于了解经济业务的来龙去脉。但缺点是,登记总账工作量较大。因此它仅仅适用于规模小、经济业务少的单位。

优点	▲记账凭证上能够清晰的反映账户之间的对应关系; ▲总账能比较详细地反映经济业务的发生情况; ▲总账登记方法简单,易于掌握。
缺点	◆总账登记工作量过大; ◆账页耗用多,预留账页的多少难以把握。
适用范围	◇规模较小、经济业务量小、会计凭证不多的企业。

第三节　科目汇总表账务处理程序

一、科目汇总表账务处理程序的特点

科目汇总表账务处理程序的特点是:定期地将所有记账凭证汇总编制成科目汇总

表，然后再根据科目汇总表登记总分类账。

二、科目汇总表账务处理程序设置的凭证和账簿

在科目汇总表账务处理程序下，其凭证和账簿的设置与记账凭证账务处理程序基本相同。一般设置收款凭证、付款凭证和转账凭证等专用记账凭证；并增设科目汇总表；设置库存现金日记账、银行存款日记账和总分类账，一般都采用三栏式格式；明细分类账的设置，根据所记录经济业务内容，可分别采用三栏式、数量金额式或多栏式格式。科目汇总表的编制方法见前面第六章第三节。

三、科目汇总表账务处理程序

1. 根据原始凭证编制收款凭证、付款凭证和转账凭证；

2. 根据收款凭证和付款凭证逐笔登记库存现金日记账和银行存款日记账；

3. 根据原始凭证或记账凭证登记各种明细账；

4. 根据一定时期内的全部记账凭证汇总编制科目汇总表；

5. 根据定期编制的科目汇总表登记总分类账；

6. 月末，将库存现金日记账，银行存款日记账的余额以及各种明细分类账余额合计数，分别与总分类账中有关科目的余额核对；

7. 月末，根据核实的总分类账和明细分类账的记录编制会计报表。

科目汇总表的账务处理程序用图表示，见图 10-2。

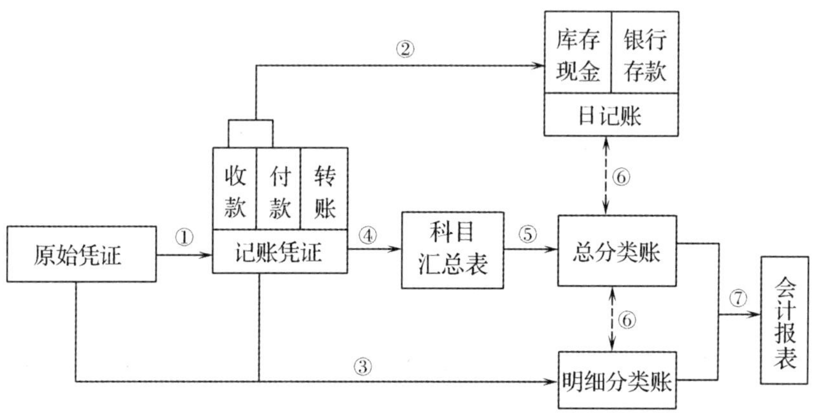

图 10-2

四、科目汇总表账务处理程序的适用范围

上述程序的优点在于，由于总分类账是根据定期编制的科目汇总表登记的，大大减

少了登记总账的工作量;通过对记账凭证汇总表各科目借贷合计数的核对,可以提高总账登记的正确性。但缺点是,科目汇总表只能作为登记总账和试算平衡的依据,不便于分析和检查账目。因此该程序主要适用于经济业务量较多的经济单位。

优点	▲ 汇总结果体现了所有账户发生额的相等关系，可用以试算平衡； ▲ 在试算平衡的基础上记账能保证总账登记的正确性； ▲ 可大大减少登记总账的工作量； ▲ 适用性强。
缺点	◆编制科目汇总表的工作量较大； ◆科目汇总表上不能清晰的反映账户之间的对应关系。
适用范围	◇大、中型企业。

第四节　汇总记账凭证账务处理程序

一、汇总记账凭证账务处理程序的特点

汇总记账凭证账务处理程序的特点是先定期将全部记账凭证按收、付款凭证和转账凭证分别归类编制成汇总记账凭证,再根据汇总记账凭证登记总分类账。

二、汇总记账凭证账务处理程序设置的凭证和账簿

在汇总记账凭证核算形式下,除设置收款凭证、付款凭证和转账凭证外,还应设置汇总收款凭证、汇总付款凭证和汇总转账凭证,并以此作为登记总分类账的依据。与记账凭证核算形式和科目汇总表核算形式相同,设置的库存现金日记账、银行存款日记账和总分类账一般都采用三栏式;明细分类账的设置可以根据需要分别采用三栏式、数量金额式或多栏式。汇总记账凭证的编制见前面第六章第三节。

三、汇总记账凭证账务处理程序

1. 根据原始凭证编制收款凭证、付款凭证和转账凭证;
2. 根据收款凭证和付款凭证逐笔登记库存现金日记账和银行存款日记账;
3. 根据原始凭证或记账凭证登记各种明细账;

4. 根据一定时期内的全部记账凭证汇总编制汇总记账凭证；

5. 根据定期编制的汇总记账凭证登记总分类账；

6. 月末，将库存现金日记账、银行存款日记账的余额以及各种明细分类账余额合计数，分别与总分类账中有关科目的余额核对；

7. 月末，根据核实的总分类账和明细分类账的记录编制会计报表。

汇总记账凭证账务处理程序用图表示，见图 10-3。

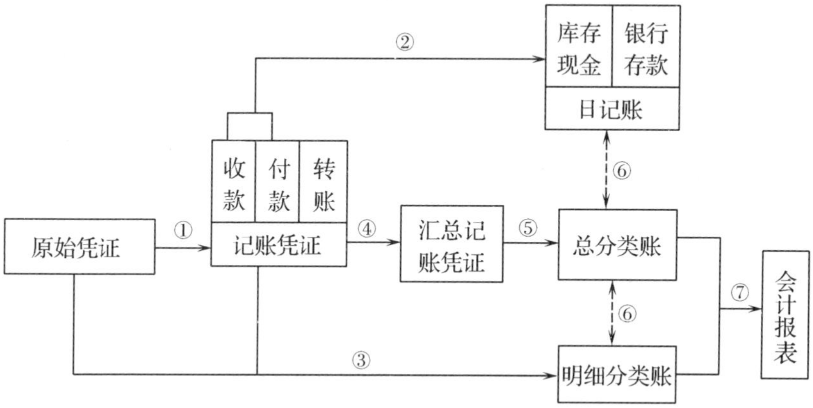

图 10-3

四、汇总记账凭证账务处理程序的适用范围

上述程序简化了登记总分类账的工作量，同时可反映账户数据的来龙去脉，一般适用于规模较大、业务较多的企业。

优点	▲汇总记账凭证上能够清晰的反映账户之间的对应关系； ▲大大减少了登记总账的工作量。
缺点	◆定期编制汇总记账凭证的工作量较大； ◆不易发现汇总过程中可能存在的错误。
适用范围	◇规模较大、经济业务比较多、记账凭证也比较多的企业。

第五节 通用日记账账务处理程序

一、通用日记账账务处理程序的特点

通用日记账账务处理程序的特点是将所有经济业务按所涉及的会计科目，以分录的形式记入通用日记账，月末根据通用日记账记录的会计分录登记总分类账。

二、通用日记账核算形式设置的凭证和账簿

通用日记账核算形式不填制记账凭证，而是根据原始凭证直接登记通用日记账。这种作法实际上是用订本式账簿代替记账凭证，是记账凭证与日记账的结合。

通用日记账又称为分录簿，它也是会计分录的载体。

通用日记账核算形式需设置通用日记账，其格式和内容见表 10-1。

表 10-1　　通用日记账

2007 年		原始凭证	摘　要	会计科目	记账符号 √	借方	贷方
月	日						
6	1	现金支票	从银行提现金	库存现金		1 000	
				银行存款			1 000
6	1	发货票	购办公用品	管理费用		600	
		转账支票		银行存款			600

通用日记账的登记方法：

1. 经济业务发生后，根据原始凭证登记通用日记账，将经济业务发生的时间登记在“日期栏”内；

2. 在“摘要栏”内填写经济业务内容；

3. 将应借应贷的会计科目记入“会计科目”栏内，先填写借方科目，后填写贷方科目；

4. 将应借方金额记入“借方”栏内，将应贷方金额记入“贷方”栏内。

对于通用日记账核算形式，总分类账是根据通用日记账逐笔登记的。总分类账一般采用不反映对应科目的借贷余三栏式，不登记对应科目。

对于通用日记账核算形式，一般不设现金日记账和银行存款日记账。

因此，对库存现金的每日收付金额和余额，需要根据总账"库存现金"科目的记录进行了解，或者根据通用日记账的相应记录计算求出。单位与开户银行之间有关银行存款收付金额和余额的对账，也要根据总账"银行存款"科目的记录或者通用日记账的记录进行。

在规模小，经济业务量较少的单位，为了加强对货币资金的管理，也可以设置现金日记账和银行存款日记账（可采用三栏式），可根据通用日记账所记录的会计分录及原始凭证或汇总原始凭证登记。

三、通用日记账核算形式的账务处理程序

1. 根据原始凭证登记通用日记账；
2. 根据原始凭证、通用日记账登记明细分类账；
3. 根据通用日记账逐笔登记总分类账；
4. 月终，将各种明细分类账的余额合计数与总分类账中有关科目余额核对；
5. 月终，根据核对无误的总分类账和明细分类账的记录编制会计报表。

通用日记账核算形式账务处理程序见图 10-4。

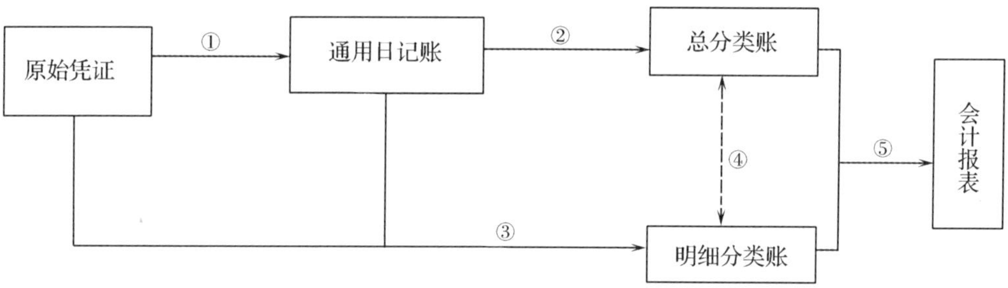

图 10-4

四、通用日记账核算形式的优、缺点和适用范围

优点	▲减少了编制记账凭证的大量工作，便于了解各单位每日每项经济业务的发生和完成情况； ▲便于按经济业务发生的时间，顺序查阅资料。
缺点	◆只设一本通用日记账，不便于会计核算工作分工； ◆根据原始凭证登记日记账，账簿记录容易发生差错； ◆根据通用日记账逐笔登记总分类账，登记总分类账的工作量较大。
适用范围	◇适用于进行会计电算化核算的企业。

阅读资料　会计电算化简介

会计电算化代表了会计信息系统的未来发展方向，它是以电子计算机为主、将当代电子技术和信息技术应用到会计实务中的简称。国内外的实践表明，会计电算化的采用，大大提高了会计数据的及时性和准确性，拓展了会计数据的领域，从而更有利于会计职能作用的充分发挥。

电子计算机应用于会计信息系统导致的主要变化有：

计算工具、数据载体以及信息查找方式的变化。计算机及一些辅助设备构成了主要的计算工具，省时又省力。手工操作系统中的数据载体主要是纸张，占用空间大，查找困难，不易保管；电算化系统以大容量的电子存储器为载体，占用空间小，便于检索，易于保管。

内部控制方式的变化。手工会计系统会计资料的正确性控制主要是通过账证核对、账账核对来实现的。在电算化系统中，这一控制通过电脑自动化实现，并产生了一些新的内部控制要求，比如计算机系统操作控制等。

尽管存在如上的变化，手工和电算化会计系统仍然存在一些基本的相同点，比如：两者的数据层次结构相同，都遵循复式记账的基本原理；两种系统的目标一致，最终目标都是为了加强经济管理，提供及时、可靠、相关的会计信息，更好地服务于经营决策。会计电算化与手工会计系统的主要区别见表 10-2。

表 10-2

手工会计系统	电算化会计系统
会计科目	分类编码，使之系统化
会计凭证	以普通日记账代替记账凭证
账簿	磁盘文件形式，打印文件形式
会计账簿	根据账簿资料直接打印(或处理后打印)

表 10-2 资料来源 陈国辉：《基础会计》，北京，清华大学出版社，2005。

本章小结

1. 账务处理程序(或会计核算组织程序)是指在会计循环中，会计凭证、会计账簿、会计报表的种类和格式与记账程序相互结合的方式和步骤。

2. 账务处理程序有以下六种：记账凭证账务处理程序、科目汇总表账务处理程序、汇总记账凭证账务处理程序、通用日记账账务处理程序、多栏式日记账账务处理程序和日记总账账务处理程序。记账凭证账务处理程序是其中最基本的账务处理程序。

3. 各种账务处理程序的主要区别是登记总账的依据和方法不同。

思考题

1. 什么是账务处理程序？各种账务处理程序的主要区别是什么？
2. 简述记账凭证账务处理程序的特点、记账程序、优缺点及适用范围。
3. 简述科目汇总表账务处理程序的特点、记账程序、优缺点及适用范围。
4. 简述汇总记账凭证账务处理程序的特点、记账程序、优缺点及适用范围。

练习题

目的：掌握借贷记账法下通用日记账的登记。
资料：见第四章习题六。
要求：根据上述经济业务资料登记通用日记账。

表 10-3　　通用日记账

年		原始凭证	摘要	会计科目	记账符号√	借方	贷方
月	日						
		（略）					

第十一章 会计工作的组织

【学习目标】

◇ 了解组织会计工作的意义与要求。
◇ 熟悉会计机构设置的原则。
◇ 熟悉会计人员的职责与权限。
◇ 熟悉会计法规制度的构成。
◇ 理解会计职业道德规范的作用与内容。
◇ 了解会计档案管理的工作规范。

第一节 组织会计工作的意义

会计是一项复杂的、综合性的经济管理工作，在会计信息生产过程中，需要经过若干程序，各程序依赖于各部门的密切配合和会计机构内部的合理分工协作，因此，会计工作需要有效地组织才能顺利完成。会计工作组织作为会计工作的基本环节，它有广义和狭义之分。从广义上讲，它包括一切与组织会计工作有关的事务；从狭义上讲，它主要包括会计人员的配置、会计机构的设置、会计法规的制定与执行和会计档案的保管等工作。

一、组织会计工作的意义

科学合理地组织会计工作，对于实现会计目标，充分发挥会计在经济管理中的作用具有重要的意义。

1.有利于保证会计工作的质量,提高会计工作的效率

会计反映了企业生产经营全过程的经济活动,从编制会计凭证到登记账簿,再到编制会计报表,连续地进行收集、记录、分类、汇总和分析,需要一系列的程序和手续,它们之间环环相扣,联系紧密。任何一个环节上出现差错或脱节,都会造成会计信息不能正确、及时地完成,进而影响整个会计核算的工作质量和效率。因此必须设置专职的会计机构和配备高素质的会计人员,制定科学的工作制度和严密的工作程序,才能组织好会计工作,顺利地完成会计任务。

2.有利于会计工作同其他经济管理工作之间的协调,提高整体管理水平

会计作为经济管理工作的重要组成部分,它从属于管理工作,但又具有相对独立性,同其他管理工作之间有着相互制约、相互促进的关系。核算和监督作为会计工作的两大基本职能,它们在企业生产经营的各个环节中所发挥的监督和控制的作用有利于其他管理活动的有效开展。科学地组织好会计工作,充分发挥会计同其他经济管理工作之间的协同性,才能保证整体管理水平的提高,从而有效地实现组织目标。

3.有利于遵守和维护国家的财经法纪

国家各项财经法规和财经纪律主要通过会计工作来贯彻执行。企业的经济活动和财务收支都必须按照国家的方针、政策、法令和制度的规定进行。会计工作既要如实地反映企业的经济活动和财务收支的情况,同时还要以国家的方针、政策、法令和制度为依据,对企业的经济活动进行有效地监督。因此,科学合理地组织会计工作,可以保证国家的各项财经法规和财经纪律得以有效地贯彻执行,从而保护各方利益,促进社会经济发展有序进行。

4.有利于巩固和加强企业内部的经济责任制

经济责任制是现代企业经济管理的重要手段,经济责任制采用的以货币表现的有关目标、指标及绩效考核都离不开会计。科学地组织会计工作,可以促进企业内部各部门更好地履行自己的经济责任,有利于增收节支,讲求效益,进而提高企业的整体经营效益。

二、组织会计工作的要求

组织会计工作的要求是指企业在组织会计工作的过程中,为保证会计工作质量、提高会计工作效率必须遵守的原则。具体包括以下内容:

(一)统一性与适应性相结合的原则

组织会计工作必须按照会计法规对会计工作的统一要求,贯彻执行国家的有关规定。只有按照统一要求组织会计工作,才能发挥会计工作在维护社会主义市场经济秩

序，加强经济管理，提高经济效益中的作用。国家对会计工作的统一要求只是一般性原则规定，各个单位在与《中华人民共和国会计法》（以下简称《会计法》）和国家统一的会计制度不相抵触的前提下，应根据本单位经营的特点、经营的规模等实际情况和具体要求来组织本单位的会计工作。这样才能使会计工作既符合国家统一要求又适应本单位的特点。

（二）工作质量与效益相结合的原则

保证会计工作的质量是组织会计工作的目的。由于会计工作十分复杂，如果组织不好，则或是造成重复劳动、资源浪费，或是影响会计核算工作的质量和效率。因此，会计机构的设置、会计人员的配备、会计制度的制定和核算方法的采用等必须力求精练、合理，以节约时间、费用，不断提高工作效率，尽量避免无效和重复劳动，同时还要符合会计内部牵制、会计监督制度的要求，以明确会计责任，达到以较少的人、财、物的投入，取得较大的经济管理效益的目的。

（三）管理制度与责任制度相结合的原则

会计工作是一项综合性的经济管理工作，它和其他经营管理活动一起，共同服务于企业目标。科学的组织会计工作，应在保证贯彻整个企业单位的经济管理制度的同时，建立和完善会计工作本身的责任制度，合理分工、建立会计岗位管理制度，实现会计工作程序的规范化、标准化。

第二节　会计机构

会计机构是指由会计人员组成，负责办理会计事务的职能机构。会计机构包括会计机构的设置、会计工作的组织形式、会计机构的岗位责任制等。建立和健全会计机构是保证会计工作顺利进行的重要条件。

一、会计机构的设置

《会计法》第三十六条明确规定，“各单位应当根据会计业务的需要，设置会计机构，或者在有关机构中设置会计人员并指定会计主管人员；不具备设置条件的，应当委托经批准设立从事会计代理记账业务的中介机构代理记账。”从原则上来说，各单位要科学合理地组织会计工作，就应当设立专门从事会计工作的职能部门即会计机构。但由于各单位在经营规模、业务的复杂程度、办公自动化程度、经济管理要求等方面都各不相同，因此单位可以依据自身情况，根据自己的会计业务需要来决定如何设置会计机构。从国家财政主管部门的管理要求和各单位的实践来看，会计机构通常按以下原则设置：

实行独立核算的大中型企业、实行企业化管理的事业单位以及财务收支数额较大、会计业务较多的机关团体和其他组织，都要设置由本单位领导人直接领导的财务会计机构，如会计（或财务）处、部、科、股、组等，并配备必要的会计人员。

对于那些财务收支数额不大、会计业务比较简单的不具备单独设置会计机构条件的单位，应当在有关机构中配备专职会计人员并指定会计主管人员，这类机构一般应是单位内部与财务会计工作接近的机构，如计划、统计或经营管理部门，或者是有利于发挥会计职能作用的内部综合部门，如办公室等。只配备专职会计人员的单位也必须具有健全的财务会计制度和严格的财务手续，其专职会计人员的专业职能不能被其他职能所替代。

没有设置会计机构和配备会计人员的单位，应当根据财政部颁发的《代理记账管理办法》（2005 年 3 月 1 日起施行）委托持有代理记账许可证书的代理记账机构进行代理记账，以满足这些不具备设置会计机构、配备计人员的小型经济组织解决记账、算账、报账问题的要求。

二、会计工作的组织形式

会计工作组织形式与企业规模大小、会计机构设置和会计人员的配备有关，一般可分为集中核算和分散核算两种核算方式。

（一）集中核算

集中核算是指单位的会计工作主要集中在会计部门进行的核算组织形式。在这种组织形式下，单位内部的其他部门和下属单位只对其发生的经济业务填制原始凭证或原始凭证汇总表，然后送交会计部门。会计部门根据审核后的原始凭证填制记账凭证、登记有关账簿并编制会计报表。实行集中核算可以减少核算环节，简化核算手续，精简会计人员，便于会计部门全面及时地掌握单位的财务状况和经济成果。其缺点是不利于单位内部经济责任制的贯彻落实。

（二）分散核算

分散核算，又称为非集中核算，是指将会计工作分散在单位内部会计部门以外的其他部门和下属单位进行的核算组织形式。在分散核算形式下，会计部门以外的其他部门和下属单位对其发生的经济业务进行全面的核算，包括凭证的整理、明细账的登记、成本的核算、内部报表的编制等；单位会计部门进行总分类核算并编制单位会计报表。实行分散核算，可使各职能部门和下属单位随时了解其经济活动情况，及时发现和解决问题，也有利于经济责任制的贯彻落实。其缺点是核算形式层次多,手续繁杂。

集中核算与分散核算不是绝对的,在实际工作中,一个单位可能对某些业务采取集中核算,而对另外一些业务又采用分散核算形式。企业究竟采用哪种核算形式,取决于企业内部经济管理的需要,取决于企业内部是否实行分级管理、分级核算。但无论采取哪种形式,企业对外的现金收付、债权债务的结算、物资购销等都应由会计部门集中办理。

三、会计工作的岗位设置

会计工作的岗位设置应当遵循以下基本原则:

(一)按需设岗

财政部1996年6月17日颁布的《会计基础工作规范》(以后简称《规范》)中第十一条规定,各单位应当根据会计业务需要设置会计工作岗位。会计工作岗位一般可分为:会计机构负责人或者会计主管人员、出纳、财产物资核算、工资核算、成本费用核算、财务成果核算、资金核算、往来结算、总账报表、稽核、档案管理等。开展会计电算化和管理会计的单位,可以根据需要设置相应工作岗位,也可以与其他工作岗位相结合。

(二)符合内部牵制的要求

《规范》第十二条规定,会计工作岗位,可以一人一岗、一人多岗或者一岗多人。但出纳人员不得兼管稽核、会计档案保管和收入、费用、债权债务账目的登记工作。从目前会计工作出现的问题来看,出问题的单位往往是不符合这条规定而产生漏洞的。

(三)有利于会计人员熟悉全面业务,提高业务素质

《规范》第十三条规定,会计人员的工作岗位应当有计划地进行轮换。轮岗既可以全面锻炼能力,也在一定程度上有助于防止违法违纪,保护会计人员。通过定期的轮换,可以在短时间内发现和纠正某项职务的承担人员所发生的错误,可以使每一个会计岗位的工作人员认真履行自己的职责,以便在交接时经得起复核、检查,从而达到控制的目的。

会计机构的岗位责任制,也被称为会计人员岗位责任制,就是在会计机构内部按照会计工作的内容和会计人员的配备情况,将会计机构的工作划分为若干个岗位,并为每个岗位规定职责和要求的责任制度。《规范》第八十七条规定,各单位应当建立会计人员岗位责任制度。主要内容包括:会计人员的工作岗位设置;各会计工作岗位的职责和标准;各会计工作岗位的人员和具体分工;会计工作岗位轮换办法;对各会计工作岗位的考核办法。工作分工可以是一岗多人、一岗一人,也可以一人多岗。各个岗位的会计人员既要认真履行好本岗职责,又要从全局出发,与其他岗位的会计人员密切配合,相互协

作，共同做好会计工作。

第三节 会计人员

会计人员是直接从事会计工作、处理会计业务，完成会计任务的人员。合理配备一定数量和素质相应具有会计从业资格的会计人员是各单位会计工作得以正常开展的重要条件。

一、会计人员的配备

各单位应根据规模的大小及业务需要，配备适量的会计人员。设置会计机构的单位应当有符合会计从业资格和一定数量的会计人员。财务收支数额不大、会计业务比较简单、不需要设置会计机构的单位应当在有关机构中配备若干办理会计事务的专职或兼职会计人员，单位领导人应当在这些会计人员中指定一人为会计主管人员，负责领导和办理本单位的会计工作。国有的和国有资产占控股地位的或者主导地位的大、中型企业还必须设置总会计师来统筹整个单位的会计工作。总会计师的任职资格、任免程序和职责权限由国务院规定。

二、会计人员从业资格与技术职称

（一）会计人员从业资格

《会计法》第三十八条规定，从事会计工作的人员，必须取得会计从业资格证书。担任单位会计机构负责人（会计主管人员）的，除取得会计从业资格证书外，还应当具备会计师以上专业技术职务资格或者有从事会计工作三年以上的经历。

1.取得会计从业资格证书的条件

取得会计从业资格的基本条件是：遵守会计和其他财经法律、法规；具备良好的道德品质；具备会计专业基础知识和技能。

会计从业资格证书通过参加会计从业资格考试合格后获得，考试科目、考试大纲由财政部统一制定。现行会计从业资格考试科目为《财经法规与会计职业道德》、《会计基础》和《初级会计电算化》（或者《珠算五级》）。具备中专以上会计类专业学历的，自毕业之日起2年内（含2年），免试《会计基础》、《初级会计电算化》（或者《珠算五级》）。

2.会计从业资格证书实行注册登记

持证人员从事会计工作，应当自从事会计工作之日起90日内填写注册登记表，并持会计从业资格证书和所在单位出具的从事会计工作的证明向单位所在地或所属部门、系统的会计从业资格管理机构办理注册登记。持证人员离开会计工作岗位超过6个月的，应当填写注册登记表，并持会计从业资格证书向原注册登记的会计从业资格管理机构备案。

为了提高自身业务素质和会计职业道德水平，会计从业人员每年应当接受继续教育，每年参加继续教育不得少于24小时。

（二）会计人员专业技术职称

1. 会计人员专业技术职称认定的发展历程

会计人员专业技术职称是指根据一定标准授予会计人员的业务技术职称。我国会计人员的专业技术资格的认定经历了三个发展阶段：一是实行会计干部技术职称制度，将会计干部技术职称定为：高级会计师、会计师、助理会计师和会计员；二是实行会计专业职务聘任制度，会计专业职务名称仍沿用：高级会计师、会计师、助理会计师和会计员，单位根据会计工作需要，在规定的限额和批准的编制内设置，在定编定员的基础上，确定各单位高、中、初级会计专业职务的合理的结构比例和限额；三是实行会计专业技术资格考试制度，目前，只有初级、中级两个级别的会计资格考试，通过考试合格取得初级资格的会计人员，单位可根据其具体情况聘任为会计员或助理会计师，通过考试合格取得中级资格的会计人员，单位可聘任其为会计师。高级会计师一般不参加考试，由其所在单位根据相关聘任制度聘任。

2. 会计专业技术资格考试

初级会计专业技术资格考试科目为：《经济法基础》和《初级会计实务》两门。参加初级资格考试的人员必须在一个考试年度内通过全部科目的考试。中级资格考试科目分为《财务管理》、《经济法》和《中级会计实务》三门。中级资格考试以两年为一个周期，参加考试的人员必须在连续的两个考试年度内通过全部科目的考试。考试科目全部合格，才能取得相应的会计专业技术资格即初级会计专业技术资格、中级会计专业技术资格。

3. 取得会计专业技术职称的基本条件

取得会计专业技术职称依据的标准包括：会计人员的政治素质、业务素质、工作能力、业务技术水平及其学历、从事财会工作的经历等。

（1）会计员的基本条件

会计员应初步掌握财务会计知识和技能；熟悉并能认真执行有关会计法规和财务会计制度；能担任一个岗位的财务会计工作；大学专科或中等专业学校毕业，在财务会计工作岗位上见习一年期满。

（2）助理会计师的基本条件

助理会计师应掌握一般的财务会计基础理论和专业知识；熟悉并能正确执行有关的财经方针、政策和财务会计法规、制度；能担负一个方面或某个重要岗位的财务会计工作；取得硕士学位或取得第二学士学位或研究生班结业证书，具备履行助理会计师职责的能力，或者大学本科毕业后在财务会计工作岗位上见习一年期满，或者大学专科毕业并担任会计员职务两年以上，或者中等专业学校毕业并担任会计员职务 4 年以上。

（3）会计师的基本条件

会计师应较系统地掌握财务会计基础理论和专业知识；掌握并能正确贯彻执行有关的财经方针、政策和财务会计法规、制度；具有一定的财务会计工作经验，能担负一个单位或管理一个地区、一个部门或一个系统某个方面的财务会计工作；取得博士学位并具有履行会计师职责的能力，或者取得硕士学位并担任助理会计师职务两年左右，或者取得第二学士学位或研究生班结业证书并担任助理会计师职务 2～3 年，或者大学本科或专科毕业并担任助理会计师职务 4 年以上。

（4）高级会计师的基本条件

高级会计师应较系统地掌握经济、财务会计理论和专业知识；具有较高的政策水平和丰富的财务会计工作经验，能担负一个地区、一个部门或一个系统的财务会计管理工作；取得博士学位并担任会计师职务 2～3 年，或者取得硕士学位、第二学士学位或研究生班结业证书，或者大学本科毕业并担任会计师职务 5 年以上。

需要特别指出，总会计师、注册会计师不是会计专业技术职称。总会计师是一种行政职务，是单位的一个行政领导职位，它是通过行政任命的。注册会计师是指经过国家批准依法独立执行会计查账验证业务和会计咨询业务的人员，它是一种执业资格。注册会计师并不直接从事会计工作，而是对企业、单位的会计工作提供咨询、鉴证。注册会计师的资格目前主要采取全国统一考试的方式取得。我国《注册会计师法》规定，具有高等专科以上学历、或者具有会计或相关专业中级以上技术职称的人，可以报名参加注册会计师全国统一考试。考试科目为《会计》、《审计》、《财务成本管理》、《经济法》和《税法》。按照规定，在连续五年内五门考试成绩合格者，可申请加入中国注册会计师协会，完成后续教育，成绩长期有效。取得注册会计师执业资格的人员必须加入会计师事务所，才能取得注册会计师执业许可证，从事相关执业活动。

三、会计人员的职责与权限

进一步明确会计人员在整个单位经济管理的职责与权限，是实现会计人员岗位责任制，充分发挥会计人员作用的先决条件。

（一）会计人员的职责

根据《会计法》的规定，会计人员的主要职责包括以下几个方面：

1. 进行会计核算

会计人员必须根据实际发生的经济业务事项进行会计核算，填制会计凭证，登记会计账簿，编制财务会计报表，真正做到账证相符、账实相符、账账相符、账表相符；做到手续完备、内容真实、数字准确，如实反映财务状况和经营成果。单位会计人员对于下列经济业务事项，应及时办理会计手续，进行相应的会计核算：款项和有价证券的收付；财务的收发、增减和使用；债权债务的发生和结算；资本、基金的增减；收入、支出、费用、成本的计算；财务成果的计算和处理；需要办理会计手续，进行会计核算的其他事项。进行会计核算，及时提供和满足各方面需要的会计信息是会计人员应具备的最基本的职责。

2. 实行会计监督

各单位的会计机构、会计人员要对本单位的经济活动的合法性、合理性进行监督。会计监督的主要内容包括：(1)对原始凭证进行审核和监督。对不真实、不合法的原始凭证，不予受理；对弄虚作假严重违法的原始凭证，在不予受理的同时，应当予以扣留并及时向单位领导报告；对记载不准确、不完整的原始凭证，予以退回。(2)对会计账簿的监督。主要是对伪造、变造、故意毁灭会计账簿或账外行为进行制止和纠正；制止和纠正无效的，应当向上级主管单位报告。(3)对实物、款项进行监督，督促建立并严格执行财产清查制度。发现账簿记录、款项不符的，应当按照有关规定进行处理；无权进行处理的，应当立即向本单位领导报告。(4)对财务报告的监督。会计机构的会计人员对指使、强令编制、篡改财务报告的行为应当制止和纠正；制止和纠正无效的，应当向上级主管单位报告。(6)对财务收支的监督。对审批手续不全和违反国家财政、财务、会计制度规定的财务收支，应当制止和纠正；必要时，可向上级有关部门报告。(7)对其他经济活动的监督。对违反单位内部会计管理制度，以及单位制定的预算、财务计划、经济计划、业务计划的执行情况进行监督。

3. 拟定适合本单位办理会计事项的具体办法

国家制定的统一会计法规只对会计工作管理和会计事项处理办法作出一般规定。各单位要根据国家各项会计法规和其他相关规定，结合本单位的实际情况制定办理会计事项的具体办法，如建立内部会计管理体系、会计人员岗位责任制、财务处理程序制度、内部牵制和稽核制度、财产清查制度、财务收支处理制度、成本核算制度、定额管理制度、财务分析制度等。

(二)会计人员的权限

为了保障会计人员能够顺利地履行自己的职责，国家有关会计法规在明确了会计人员职责的同时，也赋予了必要的工作权限，其主要权限有以下几个方面：

1. 会计人员有权要求本单位各有关部门、人员认真执行国家和上级主管部门批准的计划和预算，严格遵守国家财经纪律、会计准则和财务会计制度。如果发现有违反法律、法规规定的，会计人员有权拒绝付款、拒绝报销或拒绝执行并及时向本单位领导和上级部门报告。

2.会计人员有权履行其管理的职能，即有权参与本单位编制计划、制定定额、签订经济合同、参加有关生产或经营管理的会议并提出自己的意见和建议。

3.会计人员有权监督和检查本单位有关部门的财务收支、资金使用和财产保管、收发、计量、检验等情况，各级领导、有关部门和有关人员要积极支持和协助会计人员的工作。

4.会计人员有权要求本单位领导、上级机关和执法部门对会计人员如实反映的严重损害国家利益和严重违法乱纪行为认真及时地调查处理，并及时反馈处理决定。

第四节 会计法规制度

会计法规制度是管理会计工作的各种法律、法令、条例、规则和制度等规范性文件的总称。它们是组织从事会计工作必须遵守的规范，是经济法规和制度的重要组成部分；对于约束会计行为，保证会计工作合法有序地进行，以及提高会计信息质量，都具有重要意义。从当今世界各国会计规范体系来看，内容虽多，但总体有三种形式：法律与法规、会计准则和会计制度。我国的会计规范体系由《中华人民共和国会计法》(以下简称《会计法》)、《企业会计准则》和《企业会计制度》这三个层次组成，并已形成了以《会计法》为核心的一个比较完整的体系。

一、《中华人民共和国会计法》

(一)《会计法》的形成和发展

新中国的第一部《会计法》于1985年1月21日，由第六届全国人民代表大会常务委员会第九次会议通过，它标志着我国社会主义会计立法取得了重大突破，标志着我国的会计工作进入了社会主义法制化的新时期。1993年12月29日，第八届全国人民代表大会常务委员会第五次会议通过了《关于修改〈中华人民共和国会计法〉的决定》对原有的《会计法》进行了修改。1999年10月31日，第九届全国人民代表大会常务委员会第十二次会议修订通过了《中华人民共和国会计法》(自2000年7月1日起施行)。

(二)《会计法》的基本内容

新修订的《会计法》共7章52条，分别为总则，会计核算，公司、企业会计核算的特别规定，会计监督，会计机构和会计人员，法律责任和附则。其基本内容包括以下几个方面：

在总则部分，主要内容包括：立法宗旨，调整范围，设置会计账簿的基本原则，单位负责人、会计机构、会计人员的基本职责及对会计人员的保护，国家统一的会计制度。

在会计核算部分，主要内容包括：会计核算的对象，会计核算的内容，会计年度，记账本位币，会计核算的基本要求、程序和方法，会计记录文字，会计档案保管。

在会计监督部分，主要内容包括：单位内部会计监督，会计师事务所代表社会公众进行的监督，财政部门及其他有关部门的监督，以及广泛的社会监督的基本内容和要求。

在会计机构和会计人员部分，主要内容包括：会计机构、会计人员的设置，会计工作岗位责任制，会计人员的从业资格，会计工作的交接，会计人员的培训。

在法律责任部分，主要内容包括：违反法定的会计核算程序、方法的责任，伪造、变造会计凭证、会计账簿或者编造虚假的财务会计报告的责任，隐匿或者故意销毁应保存的会计凭证、会计账簿、财务会计报告的责任，授意、指使、强令他人伪造、变造或者隐匿、销毁应保存的会计凭证、会计账簿，编制虚假的财务会计报告的责任，单位负责人打击报复会计人员的责任，行政部门工作人员滥用职权、玩忽职守、徇私舞弊等行为的责任。

在附则部分，主要对《会计法》有关的若干问题作了规定，即《会计法》中的重要用语的含义、个体工商户的会计管理及《会计法》的施行日期。

（三）制定和实施《会计法》的意义

《会计法》是会计工作的最高层次的规范，是指导会计工作的根本法，是制定其他会计法规的依据。会计法的制定与实施对我国的会计工作具有重大而深远的现实意义：它用法律形式确立了会计工作的地位、作用；确立了会计工作的管理体制是统一领导和分级管理；规定了会计机构、会计人员的主要职责是进行会计核算和实行会计监督，并对会计核算和会计监督的内容、原则和程序以及会计机构设置、人员配备和要求作了比较具体的规定；明确了会计人员及其有关人员的职权和行使职权的法律保障。

二、《企业会计准则》

会计准则是会计核算的基本规范，它对会计核算的原则和会计处理方法及程序作出规定，为会计制度的制定提供依据。我国企业会计准则自 1988 年起开始研究起草，1992 年 11 月 30 日，经国务院批准，以部长令的形式正式发布，并于 1993 年 7 月 1 日起全面施行。该准则分基本会计准则和具体会计准则。其中，基本会计准则主要是对会计核算的一般要求和会计核算的主要方面作出原则性的规定，为具体会计准则和会计制度的制定提供基本架构。我国从 1997 年 5 月 22 日开始陆续发布了一些具体会计准则，截至 2001 年 11 月 9 日止，国家共发布 16 项具体会计准则，见表 11-1。随着国内外环境的变化和我国经济的不断发展，又对旧准则进行了不断的修订和更新。为了实现与国际财务报告准则的实质性趋同，顺应完善我国社会主义市场经济体制和经济全球化的需要，2006 年 2

月 15 日，财政部发布了新的企业会计准则体系，规定新的企业会计准则体系从 2007 年 1 月 1 日开始在所有上市公司同时执行，同时鼓励其他企业执行。企业执行新会计准则之后，原《企业会计准则》、《企业会计制度》、《金融企业会计制度》等同时废止。新会计准则体系由三部分内容构成：一是基本准则，在整个准则体系中起统驭作用，指导具体准则的制定和为尚未有具体准则规范的会计实务问题提供处理原则；二是 38 项具体准则，主要规范企业发生的具体交易或事项的会计处理；三是会计准则应用指南，主要包括具体准则解释和会计科目、主要账务处理等，为企业执行会计准则提供操作性规范。这三项内容既相对独立又相互关联，共同构成统一的整体。下面对新会计准则体系内容分别作简要地介绍。

表 11-1　企业具体会计准则一览表

（截至 2001 年 11 月 9 日止）

准则名称	发布时间	实施日期	修订时间	实施范围
基本准则	1992 年 11 月 30 日	1993 年 7 月 1 日		适用于所有企业
关联方关系及其交易的披露	1997 年 5 月 21 日	1997 年 1 月 1 日		适用于上市公司
现金流量表	1998 年 3 月 21 日	1998 年 1 月 1 日	2001 年 1 月 18 日	适用于所有企业
资产负债表日后事项	1998 年 5 月 12 日	1998 年 1 月 1 日		适用于上市公司
债务重组	1998 年 6 月 12 日	1999 年 1 月 1 日		适用于上市公司
收入	1998 年 6 月 20 日	1999 年 1 月 1 日		适用于上市公司
投资	1998 年 6 月 24 日	1999 年 1 月 1 日	2001 年 1 月 18 日	修订前适用于上市公司，修订后适用于股份有限公司
				适用于上市公司
建造合同	1998 年 6 月 25 日	1999 年 1 月 1 日	2001 年 1 月 18 日	修订前适用于上市公司，修订后适用于所有企业
会计政策、会计估计变更和会计差错	1998 年 6 月 25 日	1999 年 1 月 1 日		适用于所有企业
非货币性交易	2000 年 6 月 28 日	2000 年 1 月 1 日	2001 年 1 月 18 日	适用于所有企业
或有事项	2000 年 4 月 27 日	2000 年 7 月 1 日		暂在股份有限公司施行
无形资产	2001 年 1 月 18 日	2001 年 1 月 1 日		适用于所有企业
借款费用	2001 年 1 月 18 日	2001 年 1 月 1 日		适用于所有企业
租赁	2001 年 1 月 18 日	2001 年 1 月 1 日		暂在股份有限公司施行
固定资产	2001 年 11 月 9 日	2002 年 1 月 1 日		暂在股份有限公司施行
存货	2001 年 11 月 9 日	2002 年 1 月 1 日		适用于所有企业
中期财务报告	2001 年 11 月 9 日	2002 年 1 月 1 日		

（一）《企业会计准则——基本准则》

《企业会计准则——基本准则》属于部门规章，是由财政部部长以部长令的形式签发的。基本会计准则的制定吸收了当代财务会计理论研究的最新成果，反映了当前会计实务发展的内在需要，体现了国际上财务会计概念框架的发展动态，构建起了完整、统一的财务会计的基本目标、假设、会计基础和会计信息质量要求、会计要素及其确认、计量原则，以及财务报告的基本规范等。它规范的核心内容包括以下方面：

1.财务报告目标

基本准则规定，财务报告的目标是向财务报告使用者提供与企业财务状况、经营成果和现金流量等有关的会计信息，反映企业管理层受托责任履行情况，有助于财务报告使用者作出经济决策。具体来说，我国企业财务报告的目标是向财务报告使用者提供决策有用的信息，其中，满足投资者决策的要求是会计准则的主要目标。但是，财务报告仅仅满足投资者的需要是不够的，除了投资者之外，企业财务报告的使用者还有债权人、政府及有关部门、社会公众等，企业应当为其所有利益相关者及时提供决策有用的信息。此外，现代企业制度强调所有权和经营权相分离，在信息不对称的情况下，财务报告也应当反映企业管理层受托责任的履行情况，以有助于评价企业的经营管理责任和资源使用的有效性。

2.会计基本假设

会计基本假设是企业会计确认、计量和报告的前提，是对会计核算所处的时间、空间环境等所作的合理设定。基本准则规定，我国企业会计基本假设包括会计主体、持续经营、会计分期和货币计量。

3.会计基础

企业会计的确认、计量和报告应当以权责发生制为基础。权责发生制要求，凡是当期已经实现的收入和已经发生或应当负担的费用，无论款项是否收付，都应当作为当期的收入和费用，计入利润表；凡是不属于当期的收入和费用，即使款项已在当期收付，也不应当作为当期的收入和费用。

4.会计信息质量要求

会计信息质量要求是对企业财务报告中所提供的会计信息的质量的基本要求，是使财务报告中所提供的会计信息对使用者决策有用应具备的基本特征，它包括可靠性、相关性、可理解性、可比性、实质重于形式、重要性、谨慎性和及时性等。

5.会计要素及其确认原则

会计要素是根据交易或者事项的经济特征所确定的财务会计对象的基本分类，它既是会计确认和计量的依据，也是确定财务报表结构和内容的基础。基本准则规定，我国企业会计要素按照其性质分为资产、负债、所有者权益、收入、费用和利润。基本准则对各会计要素的定义作了修改和完善，突出了经济利益的核心特征，建立起了会计要素确认体系。规定会计要素在确认时，均应满足相应条件：即符合会计要素的定义；相关的经济利益很可能流入或者流出企业；该经济利益流入或者流出的金额能够可靠计量。修订后的基本准则还引入了“利得”和“损失”的概念，将收入与利得、费用与损失区别开来，有助于使用者全面分析判断企业的盈利能力和可持续发展能力。

6.会计要素的计量

基本准则规范了会计要素的计量原则，规定会计要素在计量时可供选择的计量属性，除历史成本、重置成本、可变现净值、现值外，新准则还适度、谨慎和有条件地引入了公允价值这一计量属性，主要是基于我国资本市场的发展，股权分置改革的不断推进，越来越多的股票、债券、基金等在交易所挂牌上市，使得这类金融资产的交易已经形成了较为活跃的市场，在这种情况下，引入公允价值，更能反映企业的现实情况，对投资人等财务报告使用者的决策更加有用，从而实现了与国际财务报告准则的趋同。

7.财务报告的基本规范

基本准则规定，财务报告包括财务报表和其他应当在财务报告中披露的相关信息和资料。其中，财务报表至少应当包括资产负债表、利润表和现金流量表等，小企业可以不编制现金流量表。基本准则突出了附注的作用，将附注作为财务报表的有机组成部分，要求企业在附注中对重要的报表列示项目以及未能在这些报表中列示的项目作有关说明，以更加全面、系统地反映企业经营全貌，有助于使用者作出更加科学合理的决策。基本准则还规定，财务报告还应当包括除财务报表之外的其他相关信息，具体可以根据有关法律法规的规定和外部使用者的信息需求而定。如企业承担的社会责任、对社区的贡献、可持续发展能力等信息，虽属于非财务信息，无法包括在财务报表中，但是如果有规定或者使用者有需求，企业应当在财务报告中予以披露。

(二)《企业会计准则——具体准则》

具体会计准则属于规范性文件，于 2006 年 2 月 15 日以财政部文件形式印发。具体会计准则是以基本会计准则为理论依据，跨越部门和行业的界限，把发生在各企业中带有共性或具有特殊性的某个或某几项会计事项，针对其特点，在要素的确认、计量、记录与报告等方面一一加以规范。具体会计准则分为一般业务准则、特殊行业的特定业务准则和报告准则三类。一般业务准则主要规范各类企业普遍适用的一般经济业务的确认和计量要求，包括存货、会计政策、会计估计变更和会计差错更正、资产负债表日后事项、建造合同、所得税、固定资产、租赁、收入、职工薪酬、股票期权、捐赠与补助、外币折算、借款费用、投资、企业年金、每股收益、无形资产、资产减值、或有事项、投资性房地产、企业合并等准则项目。特殊行业的特定业务准则主要规范特殊行业的特定业务的确认和计量要求，如石油天然气开采、生物资产、金融工具确认和计量、金融资产转移、套期保值、金融工具列报和披露、保险合同、再保险合同等准则项目。报告准则主要规范普遍适用于各类企业的报告类准则，如财务报表列报、现金流量表、合并财务报表、中期财务报告、分部报告、关联方交易及其披露等准则项目。

(三)《企业会计准则——应用指南》

《企业会计准则——应用指南》也属于规范性文件,财政部于 2006 年 10 月 30 日发布,包括 32 项具体准则的应用指南和一个附录——会计科目和主要账务处理。应用指南是根据基本准则和具体会计准则制定的、指导会计实务的操作性指南。它有两个突出特点。一是财务报告的地位和作用得到提升。本次发布的应用指南中,财务报表(含附注)的列报说明较为详尽,而且区分了一般企业、商业银行、保险公司和证券公司等不同企业类型,基本满足所有企业各类经济业务的财务报告需要,以及信息使用者的要求。二是会计科目和主要账务处理的定位更科学。指南附录的会计科目和主要账务处理,依据企业会计准则中确认和计量的原则制定,涵盖了各类企业的交易或者事项,定位更为科学。企业在不违反企业会计准则确认、计量和报告规定的前提下,可根据本企业的实际情况自行增设、分拆或合并会计科目,对于不存在的交易或者事项可不设置相关会计科目。

三、《企业会计制度》

近年来,我国对企业会计制度体系进行了重大改革,改变了自 1993 年起按不同行业分别制定行业会计制度的状况,各企业根据所从事的主要生产经营业务来确定其适用的行业会计制度的做法,财政部制定并颁发了各行业普遍适用的统一的企业会计制度,包括大、中型企业适用的《企业会计制度》和小型企业适用的《小企业会计制度》,以及特殊行业金融企业适用的《金融企业会计制度》。这三个会计制度构成了我国新的企业会计制度体系。以统一的会计制度替代分行业的会计制度,使得会计制度体系更加简练,会计信息更具可比性,并与国际惯例接轨。

《企业会计制度》发布于 2000 年 12 月 29 日,于 2001 年 1 月 1 日起暂在股份有限公司范围内执行。这意味着《企业会计制度》的基本定位是一套跨行业、跨经济成分的统一的、通用的会计核算制度。

《企业会计制度》是在有关会计制度和准则基础之上,根据以前企业会计核算制度执行的实际情况,加以修改、完善而形成的。以前的企业会计核算制度主要包括企业会计准则和企业会计制度两类。企业会计准则只对会计确认、计量和报告作出原则性的规定,企业会计制度只针对会计科目及其使用、会计报表及其编制作出具体规定,再加上各自适用范围的限制,二者很难融合成一个有机的整体去有效地规范企业的会计核算。《企业会计制度》在结构和内容安排上博采二者之长,对企业会计确认、计量、记录和报告全过程都作出了规定,并且针对会计核算的总体要求作出了一些具体的规定,有利于更好地规范和指导企业的会计核算。

值得说明的是,由于我国目前采用的是新旧会计制度体系并行的模式,上市公司内必须施行财政部新颁布的企业会计准则体系,其他企业鼓励实施,《企业会计制度》、《金融企业会计制度》相应废止；对于尚未施行新会计准则体系的企业，1992 年颁布的《企业会计准则——基本准则》以及在此基础上后续发布的具体准则、《企业会计制度》、《金融企业会计制度》等相关法规制度仍然在实施。

第五节 会计职业道德

我国《会计法》第三十九条规定，会计人员应当遵守会计职业道德。《会计从业资格管理办法》、《会计专业技术资格考试暂行办法》等均把遵守会计职业道德作为取得会计从业资格、参加会计资格考试的前提条件。会计人员职业道德列入法律条文，将使会计人员加强职业道德修养，提高专业知识水平和业务能力，提高政治素质，使更多复合型会计人才脱颖而出，有利于迅速建设起一支高素质的会计队伍。

一、会计职业道德的含义

职业道德是指调整职业内、职业与职业、职业与社会之间关系的行为准则。会计职业道德作为职业道德的一个组成部分，是从事会计职业的人们在会计活动中应该遵循的，依靠社会舆论、传统习惯和内心信念来维持的道德原则和行业规范的总和。会计职业道德的含义包括以下几个方面：

1. 会计职业道德是调整会计职业活动利益关系的手段

在市场经济条件下，会计职业活动中的各种经济关系日趋复杂，这些经济关系的实质是经济利益关系。在我国社会主义市场经济建设中，各经济主体的利益与国家利益、社会公众利益时常发生冲突。会计职业道德可以配合国家法律制度，调整职业关系中的经济利益关系，维护正常的经济秩序。会计职业道德允许个人和各经济主体获取合法的自身利益，但反对通过损害国家和社会公众利益而获取违法利益。

2. 会计职业道德具有相对稳定性

会计是一门实用性很强的经济学科，是为加强经营管理，提高经济效益，规范市场经济秩序，维护社会公众利益服务的。在市场经济活动中，作为对单位经济业务事项进行确认、计量、记录和报告的会计，会计标准的设计，会计政策的制定，会计方法的选择，都必须遵循其内在的客观经济规律和要求。正由于人们面对的是共同的客观经济规律，因此，会计职业道德主要依附于历史继承性和经济规律，在社会经济关系不断的变迁中，保持自己的相对稳定性。没有任何一个社会制度能够容忍虚假会计信息，也没有任何一个经济主体允许会计人员私自向外界提供或者泄露单位的商业秘密，会计人员在职业活动中诚实守信、客观公正等是会计职业的普遍要求。

3. 会计职业道德具有广泛的社会性

会计职业道德是人们对会计职业行为的客观要求。从受托责任观念出发，会计目标决定了会计所承担的社会责任。尤其是随着企业产权制度改革的不断深化，会计不仅要为政府机构、企业管理层、金融机构等提供符合质量要求的会计信息，而且要为投资者、债权人及社会公众服务。医生职业道德的优劣影响的是一个或几个患者，而会计因其服务对象涉及社会的方方面面，提供的会计信息是公共产品，所以会计职业道德的优劣将影响国家和社会公众利益，会计职业道德必将受到社会关注，具有广泛的社会性。

二、会计职业道德的作用

会计职业道德的作用主要体现在以下几个方面：

1. 会计职业道德是对会计法律制度的重要补充

会计法律制度是会计职业道德的最低要求，会计职业道德是对会计法律制度的重要补充，其作用是其他会计法律制度所不能替代的。例如，会计法律只能对会计人员不得违法的行为作出规定，不宜对他们如何爱岗敬业、提高技能、强化服务等提出具体要求，但是，如果会计人员缺乏爱岗敬业的热情和态度，没有必要的职业技能和服务意识，则很难保证会计信息达到真实、完整的法定要求。很显然，会计职业道德可以对此起很重要的辅助和补充作用。

2. 会计职业道德是规范会计行为的基础

动机是行为的先导，有什么样的动机就有什么样的行为。会计行为是由内心信念支配的，信念的善与恶将导致行为的是与非。会计职业道德对会计的行为动机提出了相应的要求，如诚实守信、客观公正等，引导、规劝、约束会计人员树立正确的职业观念，遵循职业道德要求，从而达到规范会计行为的目的。

3. 会计职业道德是实现会计目标的重要保证

从会计职业关系角度讲，会计目标就是为会计职业关系中的各个服务对象提供有用的会计信息。能否为这些服务对象及时提供相关的、可靠的会计信息，取决于会计职业者能否严格履行职业行为准则。如果会计职业者故意或非故意地提供了不充分、不可靠的会计信息，会严重背离会计目标，造成会计信息严重失真，使服务对象的决策失误，甚至导致社会经济秩序混乱。因此，会计职业道德规范约束着会计人员的职业行为，是实现会计目标的重要保证。

4. 会计职业道德是会计人员提高素质的内在要求

社会的进步和发展，对会计人员的素质要求越来越高。会计职业道德是会计人员素质的重要体现。一个高素质的会计人员应当做到爱岗敬业、提高专业胜任能力，这不仅是会计职业道德的主要内容，也是会计人员遵循会计职业道德的可靠保证。倡导会计职业道德，加强会计职业道德教育，并结合会计职业活动，引导会计人员进一步加强自我修养，提高专业胜任能力，有利于促进会计人员整体素质的不断提高。

三、会计职业道德规范的内容

会计职业道德规范是根据会计这一职业的特点，对会计人员在社会经济生活中的会计行为所提出的道德要求，既是会计人员在履行其职责活动中所应具备的道德品质，又是调整会计人员与国家、不同利益群体或会计人员相互之间的社会关系及社会道德规范的总和。会计职业道德规范是财经法律、法规和制度所不能代替的。

根据我国会计工作、会计人员的实际情况，结合《公民道德建设实施纲要》、社会主义荣辱观和国际会计职业道德的一般要求，我国会计人员职业道德规范的对象既有单位会计人员，也有注册会计师，两者都是以会计信息为载体从事工作，从广义上说，都是会计人员的一部分，因此都应纳入会计职业道德规范调整的范围。

财政部 1996 年 6 月发布的《会计基础工作规范》提出了会计人员职业道德规范的八个方面的内容：

1. 爱岗敬业。要求会计人员正确认识会计职业，树立爱岗敬业的精神，戒懒、戒惰、戒拖；热爱会计工作，敬重社会职业；安心工作，任劳任怨；严肃认真，一丝不苟；忠于职守，尽职尽责，切实对单位、对社会公众、对国家负责。

2. 诚实守信。要求会计人员做老实人，说老实话，办老实事，不搞虚假；保守秘密，不为利益所诱惑。

3. 廉洁自律。要求会计人员树立正确的人生观和价值观，自觉抵制享乐主义、个人主义、拜金主义；公私分明、不贪不占；遵纪守法、清正廉洁，自觉抵制行业不正之风。

4. 客观公正。要求会计人员端正态度，依法办事，实事求是，不偏不倚，保持应有的独立性。

5. 坚持准则。要求会计人员熟悉国家法律、法规和国家统一的会计制度，始终坚持按法律、法规和国家统一的会计制度的要求，进行会计核算，实施会计监督。

6. 提高技能。要求会计人员增强提高专业技能的自觉性和紧迫感，勤学苦练，刻苦钻研；掌握科学的学习方法，向书本学、向社会学、向实际工作学，在学中思，在思中学，努力提高业务水平。

7. 参与管理。要求会计人员在做好本职工作的同时，努力钻研相关业务，全面熟悉本单位经营活动和业务流程，主动提出合理化建议，协助领导决策，积极参与管理。

8. 强化服务。要求会计人员树立服务意识，摆正位置，文明服务；提高服务质量，努力维护和提升会计职业的良好社会形象。

会计职业道德主要通过自律来实现。由于会计信息具有相当直接的经济利益后果，会计信息失真的后果将是全面且广泛的。这就要求会计人员从做人的品格出发、从会计师的职业道德出发，尽最大可能保持会计信息客观、可靠。在这一过程中，会计人员应该坚持的职业道德，首要的就是实事求是，不弄虚作假。对注册会计师而言，还要坚持客观和公正，在作出职业判断时，时刻要考虑到会计信息对一般社会公众所可能产生的影响，以最大限度地保护公众利益作为其最终的道德标准。

第六节　会计档案

会计档案是指会计凭证、会计账簿和财务报告等会计核算专业材料，是记录和反映单位经济业务的重要史料和证据。会计档案是国家经济档案的重要组成部分，也是各单位的重要档案之一。各单位必须加强对会计档案管理工作的领导，建立会计档案的立卷、归档、保管、查阅和销毁等管理制度，保证会计档案妥善保管、有序存放、方便查阅、验后销毁、防止散失和泄密。

一、会计档案的内容

1. 会计凭证类，包括原始凭证、记账凭证、汇总凭证和其他会计凭证。

2. 会计账簿类，包括总账、日记账、明细账和其他会计账簿。

3. 财务报告类，包括中期、年度和其他财务报告。财务报告中包括会计报表主表、附表、附注及文字说明。

4. 其他类，包括银行存款余额调节表、银行对账单、会计档案移交册、会计档案保管清册、会计档案销毁清册和其他应当保存的会计核算专业资料。实行会计电算化的单位存贮在磁性介质上的会计数据、程序文件及其他会计核算资料均应视同会计档案一并管理。

二、会计档案的归档

各单位每年形成的会计档案，应当由会计机构按照归档要求，负责整理立卷，装订成册，编制会计档案保管清册。当年形成的会计档案，在会计年度终了后，可由会计机构保管 1 年，期满之后，应由会计机构编制移交清册，移交给本单位的档案机构统一保管；未设立档案机构的，应当在会计机构内部指定专人保管。出纳人员不得兼管会计档案。

三、会计档案的调阅

档案部门接收保管的会计档案，原则上要保持原卷册的封装。个别需要拆封重新整理的，应当会同原财务会计部门和经办人共同拆封整理，以分清责任。各单位保存的会计档案不得借出。如有特殊需要，须经本单位负责人批准后，才可以提供查阅或复制，并办理登记手续。查阅或者复制会计档案的人员，严禁在会计档案上涂画、拆封和抽换。

四、会计档案的保管期限

会计档案的重要程度不同，其保管期限也有所不同。会计档案的保管期限可分为永久和定期两类。定期保管期限分为3年、5年、15年、25年四种。会计档案的保管期限从会计年度终了后的第一天算起。对于那些记录内容相对稳定，具有长期使用价值，并对以后财务会计工作具有重大影响和直接作用的档案就必须永久保存，而对于那些记录内容经常变化，只在一定时期内有参考价值的档案则是定期保管。

《会计档案管理办法》规定了我国企业和其他组织、预算单位等会计档案的保管期限，如表11-2所示。

表11-2 会计档案保管期限

序号	档案名称	保管期限	备注
一、	会计凭证类		
1	原始凭证	15年	
2	记账凭证	15年	
3	汇总凭证	15年	
二、	会计账簿类		
4	总账	15年	包括日记总账
5	明细账	15年	
6	日记账	15年	库存现金和银行存款日记账保管25年
7	固定资产卡片		固定资产报废清理后保管5年
8	辅助账簿	15年	
三、	财务报告类		包括各级主管部门汇总财务报告
9	月、季度财务报告	3年	包括文字分析
10	年度财务报告(决算)	永久	包括文字分析
四、	其他类		
11	会计移交清册	15年	
12	会计档案保管清册	永久	
13	会计档案销毁清册	永久	
14	银行存款余额调节表	5年	
15	银行对账单	5年	

五、会计档案的销毁

保管期满的会计档案，可以按照以下程序销毁：

1. 由本单位档案机构会同会计机构提出销毁意见，编制会计档案销毁清册，列出要销毁的会计档案的名称、卷号、册数、起止年度和档案编号、应保管期限、已保管期限、销毁时间等内容。

2. 单位负责人在会计档案销毁清册上签署意见。

3. 销毁会计档案时，应当由档案机构和会计机构共同派员监销。国家机关销毁会计档案时，应当由同级财政部门、审计部门派员参加监销。财政部门销毁会计档案时，应当由同级审计部门派员参加。

4. 监销人在销毁会计档案前，应当按照会计档案销毁清册所列内容清点核对所要销毁的会计档案。销毁后，应当在会计档案销毁清册上签名盖章，并将监销情况报告本单位负责人。

保管期满但未结清的债权债务原始凭证和涉及其他未了事项的原始凭证，不得销毁，应当单独抽出，另行立卷，由档案部门保管到未了事项完结时为止。单独抽出立卷的会计档案应当在会计档案销毁清册和会计档案保管清册中列明。正在项目建设期间的建设单位，其保管期满的会计档案不得销毁。

本章小结

1. 组织会计工作具有重要的意义，它有利于保证会计工作的质量，提高会计工作的效率；有利于会计工作同其他经济管理工作之间的协调，提高整体管理水平；有利于遵守和维护国家的财经法纪；有利于巩固和加强企业内部的经济责任制。

2. 组织会计工作的要求：统一性与适应性相结合；工作质量与效益相结合；管理制度与责任制度相结合。

3. 会计机构是指由会计人员组成，负责办理会计事务的职能机构。会计机构包括会计机构的设置、会计工作的组织形式、会计机构的岗位责任制等。

4. 会计人员的职责主要有：进行会计核算；实行会计监督；拟定适合本单位办理会计事项的具体办法等。相关会计法规同时赋予了会计人员必要的工作权限。

5. 会计法规制度是管理会计工作的各种法律、法令、条例、规则和制度等规范性文件的总称。我国的会计规范体系由《会计法》、《企业会计准则》和《企业会计制度》三个层次组成，并已形成了以《会计法》为核心的一个比较完整的体系。

6. 会计职业道德的主要内容包括：爱岗敬业、诚实守信、廉洁自律、客观公正、坚持准则、提高技能、参与管理和强化服务八个方面。

7. 会计档案是指会计凭证、会计账簿和财务报告等会计核算专业材料，是记录和反映单位经济业务的重要史料和证据。

思考题

1. 科学地组织会计工作有什么重要意义？
2. 组织会计工作应遵循哪些要求？
3. 企业应怎样科学合理地设置会计机构？
4. 会计人员有哪些职责和权限？
5. 我国的会计规范体系主要包括哪些内容？
6. 我国新颁布的《企业会计准则——基本准则2006》包括哪些内容？
7. 什么是会计人员的职业道德？会计职业道德规范的内容有哪些？
8. 什么是会计档案？保管会计档案有哪些规定？

参考文献

1. 盖地. 税务会计与纳税筹划,第 2 版 . 大连:东北财经大学出版社,2006
2. 陈国辉,陈文铭,孙光国. 基础会计 . 北京:清华大学出版社,2005
3. 张捷. 基础会计,第 2 版 . 北京:经济科学出版社,2006
4. 王允平,孙丽红. 会计学基础 . 北京:经济科学出版社,2006
5. 财政部制定. 企业会计准则 2006. 北京:经济科学出版社,2006
6. 财政部制定. 企业会计准则——应用指南 2006. 北京:中国财政经济出版社,2006
7. 财政部会计司编写组. 企业会计准则讲解 2006. 北京:人民出版社,2007
8. 中国注册会计师协会 . 会计 . 北京:中国财政经济出版社,2007
9. 陈国辉,迟旭升 . 基础会计 . 大连:东北财经大学出版社,2007